清涼國師華嚴經疏鈔

청량국사화엄경소초 21

세계성취품

청량징관 찬술 · 관허수진 현토역주

운주사

천이백 년 침묵의 역사를 깨고

오늘도 나는 여전히 거제만을 바라본다.

겹겹이 조종하는 산들

산자락 사이 실가닥 저잣길을 지나 낙동강의 시린 눈빛

그 너머 미동도 없는 평온의 물결 저 거제만을 바라본다.

십오 년 전 그날 아침을 그리며 말이다.

나는 2006년 1월 10일 은해사 운부암을 다녀왔다.

그리고 그날 밤 열한 시 대적광전에서 평소에 꿈꾸어 왔던『청량국사 화엄경소초』완역의 무장무애를 지심으로 발원하고 번역에 착수하였다.

나의 가냘픈 지혜와 미약한 지견으로 부처님의 비단과도 같은 화장 세계에 청량국사의 화려하게 수놓은 소초의 꽃을 피워내는 긴 여정을 시작한 것이다.

화엄은 바다였고 수미산이었다.

그 바다에는 부처님의 용이 살고 있었고

그 산에는 부처님의 코끼리가 노닐고 있었다.

예쁘게 단장한 청량국사 소초의 꽃잎에는 부처님의 생명이 태동하고 있었고,

겹외의 연꽃 밭에는 영원히 지지 않는 일승의 꽃이 향기를 뿜어내고

있었다.

그 바다 그 산 그리고 그 꽃밭에서 10년 7개월(구체적으로는 2006년 1월 10일부터 2016년 8월 1일까지) 동안 자유롭게 노닐었다.
때로는 산 넘고 강 건너 협곡을 지나고
때로는 은하수 별빛 따라 오작교도 다니었다.
삼경 오경의 그 영롱한 밤
숨쉬기조차 미안한 고요의 숭고함
그 시공은 영원한 나의 역경의 놀이터였다.

애시당초 이 작업은 세계 인문학의 자존심
내가 살아 숨쉬는 이 나라 대한민국 그리고 불교의 자존심에 기인한 것이다.
일찍이 그 누가 이 청량국사의 『화엄경소초』를 완역하였다면 나는 이 작업을 하지 않았을 것이다.
지금도 여전히 완역자는 없다.
더욱이 이 『청량국사화엄경소초』의 유일한 안내자 인악스님의 『잡화기』와 연담스님의 『유망기』도 그 누가 번역한 사실이 없다.
그러나 내 손안에 있는 두 분의 『사기』는 모두 다 번역하여 주석으로 정리하였다.

이 청량국사 화엄경의 소는 초를 판독하지 않으면 알 수가 없다.
그래서 그 이름을 구체적으로 대방광불화엄경수소연의초大方廣佛華嚴經隨疏演義鈔라 한 것이다.

즉 대방광불화엄경의 소문을 따라 그 뜻을 강연한 초안의 글이라는
것이다.

청량국사는 『화엄경』의 소문을 4년(혹은 5년) 쓰시되 2년차부터는
소문과 초문을 함께 써서 완성하시고 5년차부터 8년 동안 초문을
쓰셨다.

따라서 그 소문의 양은 초문에 비하면 겨우 삼분의 일에 지나지
않는다 할 것이다.

나는 1976년 해인사 강원에서 처음 『청량국사화엄경소초 현담』
여덟 권을 독파하였고,

1981년부터 3년간 금산사 화엄학림에서 『청량국사화엄경소초』를
독파하였다.

그때 이미 현토와 역주까지 최초 번역의 도면을 완성하였고,

당시에 아쉽게 독파하지 못한 십정품에서 입법계품까지의 소초는
1984년 이후 수선 안거시절 해제 때마다 독파하여 모두 정리하였다.

그러나 번역의 기연이 맞지 않아 미루다가 해인사 강주시절 잠시
번역에 착수하였으나 역시 기연이 맞지 않아 미루었다.

그리고 드디어 2006년 1월 10일 번역에 착수하여 2016년 8월 1일
십만 매 원고로 완역 탈고하고, 2020년 봄날 시공을 초월한 사상
초유 『청량국사화엄경소초』가 1,200년 침묵의 역사를 깨고 이 세상
에 처음 눈을 뜨게 된 것이다.

8

번역의 순서는 먼저 입법계품의 소초, 다음에는 세주묘엄품 소초에서 이세간품 소초까지, 마지막으로 소초 현담을 번역하였다.

번역의 형식은 직역으로 한 글자도 빠뜨리지 않고 번역하였다. 따라서 어색하게 느껴지는 곳도 있을 것이다.

예를 들면 소所 자를 "바"라 하고, 지之 자를 지시대명사로 "이것, 저것"이라 하고, 이而 자를 "그러나"로 번역한 등이 그렇다.

판본은 징광사로부터 태동한 영각사본을 뿌리로 하였고, 대만에서 나온 본과 인악스님의 『잡화기』와 연담스님의 『유망기』와 또 다른 사기 『잡화부』(잡화부는 검자권부터 광자권까지 8권만 있다)를 대조하여 번역하였다.

앞에서 이미 말한 것처럼, 그 누가 청량국사의 『화엄경소초』를 완역한 적이 있었다면 나는 이 번역에 착수하지 않았을 것이다.

지금까지 이 황금보옥黃金寶玉의 『청량국사화엄경소초』가 번역되지 아니한 것은 나에게 주어진 시대적 사명이고 역사적 명령이라 생각한다.

나는 이 『청량국사화엄경소초』의 완역으로 불조의 은혜를 갚고 청량국사와 은사이신 문성노사 그리고 나를 낳아준 부모의 은혜를 일분 갚는다 여길 것이다.

끝으로 이 『청량국사화엄경소초』가 1,200년의 시간을 지나 이 세상에 눈뜨기까지 나와 인연한 모든 사람들 그리고 영산거사 가족과 김시열 거사님께 원력의 보살이라 찬언讚言하며, 나의 미약한 번역으로 선지자의 안목을 의심케 할까 염려한다.

마지막 희망이 있다면 이 『청량국사화엄경소초』의 완역 출판으로 청량국사에 대한 더욱 깊고 넓은 연구와 『화엄경』에 대한 더욱 다양한 연구가 이루어지기를 바라는 것뿐이다.

장세토록 구안자의 자비와 질책을 기다리며 고개 들어 다시 저 멀리 거제만을 바라본다.

여전히 변함없는 저 거제만을.

2016년 8월 1일 절필시에 게송을 그리며

長廣大說無一字 장광대설무일자

無碍眞理亦無義 무애진리역무의

能所兩詮雙忘時 능소양전쌍망시

劫外一經常放光 겁외일경상방광

화엄경의 장대한 광장설에는 한 글자도 없고

화엄경의 걸림없는 진리에는 또한 한 뜻도 없다.

능전의 문자와 소전의 뜻을 함께 잊은 때에

시공을 초월한 경전 하나 영원히 광명을 놓누나.

불기 2566년 음력 1월 10일 최초 완역장

승학산 해인정사 관허 수진

영인본 3책 張字卷

대방광불화엄경수소연의초 제칠권의 이권

大方廣佛華嚴經隨疏演義鈔 第七卷之二卷

우진국 삼장사문 실차난타 번역
청량산 대화엄사 사문 징관 찬술
대한민국 조계종 사문 수진 현토역주

세계성취품 제사권
世界成就品 第四卷

初來意者는 前說緣旣具일새 此下는 正陳所說이요 總明果相하야
答法界安立海問일새 故此品來니라

처음에 여기에 온 뜻은 앞에서 설할 인연이 이미 갖추어졌기에[1]
이 아래는 바로 설할 바를 진술하는 것이요,
과보의 모습을 한꺼번에 밝혀[2] 법계 안립해에 대한 질문을 답하기에

---

1 앞에서 설할 인연이 이미 갖추어졌다고 한 것은 거과권락생신분擧果勸樂生信分
에 세 가지가 있나니 一은 교기인연분敎起因緣分이니 세주묘엄품에 해당하고,
二는 설법의식분說法儀式分이니 여래현상품과 보현삼매품에 해당하고, 三은
바로 여기 정진소설분正陳所說分이니 이 아래 삼품이다. 앞에 인연이라고
한 것은 곧 설법의식說法儀式이다.

2 과보의 모습을 한꺼번에 밝힌다고 한 등은, 이것은 곧 현수스님의 뜻은 여기에
총석과 뒤에 별석이 함께 세계해에 대한 질문을 답한 것이니, 법계 안립해는
곧 다만 이 안립해의 중생을 교화하는 법식만 말하는 것이며, 또 이 법계
가운데 안립세계만 말하는 것이니 곧 모두 세계를 떠나지 않는 까닭으로
따로 답함을 수구하지 않는다 하였고, 청량스님의 뜻은 곧 여기에 총석은

그런 까닭으로 이 품이 여기에 온 것이다.

鈔

初來意者는 疏文有二하니 初는 總明分來니 對前二品의 以爲說緣하
야 生下三品의 爲正所說이라 總明果相下는 二에 別明品來니 此句는
對下華藏에 爲別이니 別明本師之所嚴淨이라 故指此品하야 以爲總
明諸佛果相이라하니 是古德意니라 下句는 指前答問이니 二問不同
일새 故로 二品別答하고 後品은 自答世界海問이니 是疏新意니라 然
答問雖異나 總別無違일새 故로 雙存二義니라

처음에 여기에 온 뜻이라고 한 것은 소문疏文에 두 가지 뜻이 있나니
처음에는 분分이 여기에 온 뜻을 한꺼번에 밝힌 것이니,
앞에 두 품이 설할 인연이 됨을 상대하여 이 아래에 삼품이 바로
설할 바가 됨을 생기한 것이다.

세계의 인연을 밝힌 것이니, 인과를 모두 갖춘 까닭으로 법계해에 대한 질문을
답하고 뒤에 별석은 과상果相을 밝힌 것이니, 곧 저 과보에 국한한 까닭으로
세계해에 대한 질문을 답한 것이다. 곧 현수스님이 경문에 질문한 것을 답한
뜻을 해석한 것이 비록 청량스님이 경문에 질문한 것을 답한 뜻을 해석한
것으로 더불어 차이가 있으나, 그 총석과 별석의 뜻은 곧 어기는 바가 없는
까닭으로 여기에 신(청량)·구(현수)의 해석을 함께 두는 것이 필요하여 둔
것이다. 이상은 강사의 말이다. 그러나 어리석은 나는 곧 현수스님의 뜻이
반드시 여기에 총석과 뒤에 별석으로써 두 가지 질문을(세계해의 질문과 법계안
립해의 질문) 한꺼번에 답한 까닭으로 초문에 설출한 신(청량) 해석의 뜻은
곧 반드시 두 가지 질문을 따로 답한 것을 말한 것이라 하겠다 하였다.

과보의 모습을 한꺼번에 밝힌다고 한 아래는 두 번째 이 품이 여기에 온 뜻을 따로 밝힌 것이니,

이 구절은 아래 화장세계품을 상대함에 별別이 되나니

본사께서 장엄하고 청정히 한 바를 따로 밝힌 것이다.

그런 까닭으로 이 품을 가리켜 모든 부처님의 과보의 모습을 한꺼번에 밝힌 것이다 하였으니

이것은 고덕[3]의 뜻이다.

아래 구절[4]은 앞의 질문에 답한 것을 가리킨 것이니,

두 가지 질문[5]이 같지 않기에 그런 까닭으로 앞의 두 품에서는 따로 답하고[6] 뒤의 일품[7]에서는 스스로 세계해에 대한 질문을 답하였으니,

이것은 소가의 새로운 뜻이다.

그러나 질문에 답한 것이 비록 다르지만 총답과 별답[8]이 어긋남이 없기에 그런 까닭으로 두 가지 뜻[9]을 함께 두었다.

---

3 고덕은 현수스님이다.

4 아래 구절이라고 한 것은 소문에 법계 안립해에 대한 질문에 답한 것이라 한 구절이니 곧 청량스님의 뜻이다.

5 두 가지 질문이라고 한 것은 세계해世界海의 질문과 법계안립해法界安立海의 질문이다.

6 앞의 두 품에서는 따로 답한 것이라고 한 것은 삼품三品 가운데 앞의 두 품이니 즉 세계성취품에서는 세계안립해에 대한 질문을 따로 답하고, 화장세계품에서는 세계해에 대한 질문을 따로 답한 것이다.

7 뒤의 일품이라고 한 것은 비로자나품이다.

8 총답과 별답이라고 한 것은 총답은 뒤에 일품인 비로자나품이고, 별답은 앞에 두 품인 세계성취품과 화장세계품이다.

疏

二에 釋名者는 世謂三世니 墮去來今故요 界謂方分이니 有彼此
故라 又世謂隱覆이요 界亦分齊니 謂諸有爲의 可破壞世가 卽隱覆
無爲의 不可壞法하며 從眞性起하야 同無爲法일새 卽隱覆有爲의
可破壞世로대 各不相雜이 是其分齊니라 是故로 感娑婆者는 對華
藏하야도 而見娑婆하고 感華藏者는 對娑婆하야도 而見華藏이라
成就者는 卽能成之緣이니 謂十緣等이라 能所合目이니 若以世界
之成就인댄 卽依主釋也라 準梵本中云인댄 世界海成就라하고 下
文에도 辯海어늘 譯人略也니라 意云호대 佛果依正은 聞修方起하
고 衆生業報는 本自有之일새 故但標世界耳니라

두 번째 이름을 해석한 것은, 세世는 삼세를 말하는 것이니
과거와 미래와 지금에 떨어진[10] 까닭이요
계界는 방분方分[11]을 말하는 것이니
피차가 있는 까닭이다.
또 세世는 숨기고 덮는 것을 말하는 것이요
계界는 또한 분제이니
말하자면 모든 유위의 가히 파괴될 세계가 곧 무위의 가히 파괴되지
않는 법을 숨기고 덮으며

---

9 두 가지 뜻이란, 고덕의 뜻과 청량스님의 뜻이다.
10 타墮는 있다는 뜻이니 삼세가 있다는 뜻이다.
11 방분方分이란, 방위의 분한, 또는 방위의 부분이라는 뜻이다.

진성을 좇아 일어나 무위법과 같기에 곧 유위의 가히 파괴될 세계를
숨기고 덮었지만

각각 서로 섞이지 않는 것이 이것이 그 분제이다.

이런 까닭으로 사바세계를 감득한 사람은 화장세계를 대하여도
사바세계로 보고, 화장세계를 감득한 사람은 사바세계를 대하여도
화장세계로 보는 것이다.

성취成就는 곧 세계가 능히 성립하는 인연이니

말하자면 십연十緣[12] 등이다.

능·소를 합하여 제목한 것이니

만약 세계의 성취라 한다면 곧 의주석이다.

법본 가운데를 기준하여 말한다면 세계해 성취라 하였고, 아래
문장[13]에서도 바다를 분별하였거늘 번역하는 사람이 생략하였다.[14]

그 뜻에 말하기를 불과佛果의 의보와 정보는 듣고 수행하여야 바야흐
로 생기하고

중생의 업보는 본래 스스로 갖추고 있기에 그런 까닭으로 다만
세계라고 표標하였을 뿐이다.

---

12 십연十緣이란, 초문鈔文에 십문十門이라 하였으니 영인본 화엄 3책, p.689,
  9행에 해유십연海有十緣을 말하는 것이다. 영인본 화엄 3책, p.696, 1행에는
  불자야 열 가지 인연을 간략하게 설한 까닭으로 세계성취라 한다 하였다.

13 아래 문장이라고 한 것은 영인본 화엄 3책, p.666, 3행에 일체 세계의 바다와
  일체중생의 바다라고 한 등이다.

14 원문에 역인약야譯人略也라고 한 것은, 번역하는 사람이 해海 자를 생략하고
  세계성취世界成就라고만 했다는 것이다.

鈔

二에 釋名者는 世界는 有其二釋하니 一은 以破壞釋世요 二는 以隱覆釋世라 若唯前解인댄 令華藏刹로 是可破壞일새 今爲此釋하야 令華藏刹로 從無爲起하야 同於眞極하야 不可破壞니라 是故로 感娑婆下는 雙出不雜한 隱覆之義라 言成就下는 二에 釋成就二字니 能成之緣은 通因及果니 起具因緣의 此一은 是因이요 體性依住等은 皆是果故라 總具十門하야 世界成立이라 準梵本下는 四에 會梵文이니 疏唯會一海字어니와 若具梵云인댄 嚕迦馱都(世界)三慕達羅(海)濕第奢(演說)匿縛怛囊(觀察亦云照曜)三牟陀(十方)儉摩(合集)娜妅(名)鉢里勿多(品)라하니라 若依迴文인댄 總云호대 觀察十方世界海演說合集名品이라하야늘 今經은 譯家存略이 太甚하니라 餘言可略거니와 海字切要일새 故疏會取하니라 意云호대 佛果下는 出無海意니 以刹海莊嚴은 是佛修起요 直語世界인댄 衆生業成은 無始之有일새 故로 但云世界라하니라 雖爲譯家出理나 實則海言이 切要니라

두 번째 이름을 해석한다고 한 것은 세계는 그 두 가지 해석이 있나니
첫 번째는 파괴로써 세계를 해석한 것이요
두 번째는 숨기고 덮는 것으로써 세계를 해석한 것이다.
만약 오직 앞의 해석이라면 화장세계로 하여금 가히 파괴하게 하기에, 지금에 이 해석[15]을 하여 화장세계로 하여금 무위無爲로 좇아 생기하여 진극眞極[16]과 같이 가히 파괴되지 않게 하는 것이다.

이런 까닭으로 사바세계를 감득한 사람이라고 한 아래는 서로 섞이지[17] 않는 숨기고 덮는 뜻을 함께 설출한 것이다.

성취라고 말한 아래는 두 번째 성취라는 두 글자를 해석한 것이니 능히 성취하는 인연은 원인(因)과 그리고 과보(果)에 통하나니 기구인연起具因緣[18]의 이 하나는 이 원인(因)이요,

세계해 체성과 세계해 의주 등은 다[19] 이 과보(果)인 까닭이다. 십문을 모두 갖추어 세계가 성립된 것이다.

범본 가운데를 기준한다고 한 아래는 네 번째 범본의 경문을 회석한 것이니,

소문에서는 오직 한 해海 자만을 회석하였거니와, 만약 범본에 말한 것을 갖추어 말한다면 로가타도(世界) 삼모달라(海) 습제사(演說) 닉박항낭(觀察이며 또한 照曜다) 삼모타(十方) 검마(合集) 나망(名) 발리물다(品)라 하였다.

만약 회문回文[20]을 의지한다면 모두 말하기를 관찰시방세계해 연설

---

15 원문에 차석此釋이란, 제 두 번째 해석이다.

16 원문에 진극眞極이란, 뒤에서는 진여眞如에 이른다고 번역하였다. 그 이유는 그 뒤에 未極이라는 말이 나오기 때문이다.

17 이離 자는 잡雜 자의 잘못이다.

18 기구인연起具因緣이라고 한 것은 열 가지 인연 가운데 하나이니 세계해기구인 연世界海起具因緣이다. 그 뒤에 이어서 세계해체성世界海體性과 세계해의주世界海依住 등을 말하고 있다. 영인본 화엄 3책, p.689, 9행을 볼 것이다.

19 등等 자 아래 개皆 자가 있는 것이 좋다.

20 회문回文이란, 여러 사람이 차례로 돌려보도록 만든 문장이다. 혹은 여러

합집[21]명품觀察十方世界海演說合集名品이라 해야 할 것이어늘, 지금
에 경은 번역가가 그냥 두고 생략한 것이 매우 심하다.

나머지 말은 가히 생략하였거니와[22] 해海 자[23]는 아주 중요하기에
그런 까닭으로 소문에서 회석하여 취하였다.[24]

그 뜻에 말하기를 불과의 의보와 정보라고 한 아래는 해海 자가
없다는 뜻을 설출한 것이니,

화장찰해의 장엄은 이 부처님이 수행하여 생기한 것이요

바로 세계를 말한다면 중생의 업으로 이루어진 것은 무시겁래로부
터 있었기에 그런 까닭으로 다만 말하기를 세계라고만[25] 하였을
뿐이다.

비록 번역가가 이치를 설출하기는 하였지만 진실로는 곧 해海라는

사람이 돌려보고 자기에게 돌아오도록 만든 글이라고도 한다. 또 이리 보나
저리 보나 다 맞는 말이라는 뜻을 갖고 있다.

21 합집合集이라는 것은 『잡화기』에 곧 성취의 뜻이라 하였다.

22 나머지 말은 가히 생략하였다고 한 것은 관찰시방觀察十方이라고 한 등은
생략하였다는 뜻이다.

23 해海 자는 아주 중요하다고 한 것은 『잡화기』에 거과권락생신분인 까닭이라
하였다. 절요切要라는 절切 자는 아주라는 뜻이다. 해海 자는 이 品 가운데
해 자를 밝힌 까닭이다고 『유망기』는 말하였다.

24 소문에서 회석하여 취하였다고 한 것은 소문에 범본을 기준하여 세계해성취라
하여 해海 자를 취하였다는 것이다.

25 원문에 단운세계但云世界란, 화장세계華藏世界라 하지 않고 다만 세계世界라고
만 말하였다는 것이다.

말이 아주 중요한 것이다.

疏

三에 宗趣者는 標列無邊勝德하야 廣釋所知世界海로 爲宗이라
然其意趣는 乃有多種하니 一은 令諸菩薩로 發大信解하야 悟入으
로 爲趣니 謂令知佛과 及菩薩大悲行海가 廣覆無邊盡衆生界하
야 傚而行故며 世界無邊이나 悉嚴淨故며 衆生無邊이나 悉化度故
며 刹由心異나 當淨自心과 及他心故며 世界重重無盡無盡이나
以大行願으로 悉充滿故며 佛界生界가 非一非異나 能正了知하야
成大智故며 未能了者로 熏成種故니 皆意趣也니라 亦爲顯此深
意일새 故此品來니 故下頌云호대 離諸諂誑心淸淨하며 常樂慈悲
性歡喜하며 志欲廣大深信人이라야 彼聞此法生欣悅이라하니라
若不聞此無邊無盡無二之境하야 滯於權小인댄 普賢行願을 何
由可成이리요 故로 普賢自說호대 爲令衆生等文이 皆是此品之意
趣也니라

세 번째 종취는 끝없는 수승한 공덕을 표하고 열거하여 알 바 세계의
바다를 널리 해석하는 것으로 종宗을 삼는다.
그러나 그 의취는 이에 많은 종류가 있나니
첫 번째는 모든 보살로 하여금 큰 믿음과 지해(解)를 일으켜 깨달아
들어가게 하는 것으로 의취(趣)를 삼나니,
말하자면 하여금 부처님과 그리고 보살의 대비행 바다가 끝없는

중생세계를 널리 덮는 줄 알게 하여 본받아 행하게 하는 까닭이며

세계가 끝이 없지만 다 장엄하여 청정케 하는 까닭이며

중생이 끝이 없지만 다 교화하여 제도하게 하는 까닭이며

세계가 마음을 인유하여 다르지만 마땅히 자기의 마음과 그리고 다른 사람의 마음을 청정케 하는 까닭이며

세계가 중중으로 무진하고 무진하지만 큰 행원으로써 다 충만케 하는 까닭이며

부처님의 세계와 중생의 세계가 하나도 아니고 다르지도 않지만 능히 바로 요지하여 큰 지혜를 이루게 하는 까닭이며

아직도 능히 요지하지 못한 사람으로 하여금 종자를 훈습하여 이루게 하는 까닭이니,

다 의취意趣이다.

또 이 깊은 뜻을 나타내기 위하기에 그런 까닭으로 이 품이 여기에 왔나니,

그런 까닭으로 아래의 게송[26]에 말하기를

모든 아첨하고 속임을 떠나 마음이 청정하며

항상 자비를 좋아하여 성품이 환희하며

의욕[27]이 광대하고 깊게 믿는 사람이라야

저 사람이 이 법문을 듣고 기쁨을 낼 것이다 하였다.

---

26 아래의 게송이라고 한 것은 영인본 화엄 3책, p.686, 1행에 있다.

27 의욕이란, 원문에 지욕志欲을 번역한 것이다.

만약 이 끝도 없고 다함도 없고 둘도 없는 경계를 듣지 못하여
방편 대승과 소승[28]에 막혀 있다고 한다면 보현의 행원을 어떤 이유로
가히 이루겠는가.
그런 까닭으로 보현보살이 스스로 말하기를 중생으로 하여금[29] 부처
님의 지혜의 바다에 들어가게 하기 위한 까닭이다 한 등의 경문이
다 이 품의 의취이다.

鈔

然其意下는 趣中有六하니 一은 總標요 一에 令諸菩薩下는 二에 別顯
이라 別顯之中에 總有六意하니 唯初有一字하고 餘略無次第니 但以
故字로 而爲揀別이라 亦爲下는 三에 結成來意요 故下頌下는 四에
引文證成이니 雙成來意宗趣라 若不聞下는 五에 反以成立이요 故普
賢下는 六에 引普賢結이니 經文具之니라

그러나 그 의취라고 한 아래는 의취 가운데 여섯 가지가 있나니
처음에는 한꺼번에 표한 것이요
첫 번째 모든 보살로 하여금이라고 한 아래는 두 번째 따로 나타낸
것이다.

---

28 방편 대승과 소승이라고 한 것은 영인본 화엄 3책, p.685, 6행을 참고하여
  볼 것이다.
29 중생으로 하여금 운운의 문상은 영인본 화엄 3책, p.681, 9행에 있다.

따로 나타낸 가운데 모두 여섯 가지 뜻이 있나니
오직 첫 번째만 첫 번째라는 글자(一字)가 있고, 나머지는 차제가
없나니 다만 고故 자로써 가려 분별하였다.

또 이 깊은 뜻을 나타내기 위한 것이라고 한 아래는 세 번째 이
품이 여기에 온 뜻을 맺어 성립한 것이요
그런 까닭으로 아래의 게송이라고 한 아래는 네 번째 경문을 인용하
여 성립함을 증거한 것이니,
여기에 온 뜻과 종취를 함께 성립한 것이다.

만약 이 끝도 없고 다함도 없고 둘도 없는 경계를 듣지 못하여라고
한 아래는 다섯 번째 반대로 성립한 것이요

그런 까닭으로 보현보살이라고 한 아래는 여섯 번째 보현보살이
스스로 말하기를이라고 한 말을 인용하여 맺은 것이니,
경문에 갖추어져 있다.[30]

---

30 경문에 갖추어져 있다고 한 것은 아래 영인본 화엄 3책, p.681, 9행에 중생으로
하여금 부처님의 지혜의 바다에 들어가게 하려는 까닭이며 운운한 것이다.

經

爾時에 普賢菩薩摩訶薩이 以佛神力으로 遍觀察一切世界海와 一切衆生海와 一切諸佛海와 一切法界海와 一切衆生業海와 一切衆生根欲海와 一切諸佛法輪海와 一切三世海와 一切如來願力海와 一切如來神變海하야

그때에 보현보살 마하살이 부처님의 위신력으로써 두루 일체 세계
의 바다와
일체 중생의 바다와
일체 모든 부처님의 바다와
일체 법계의 바다와
일체 중생 업의 바다와
일체 중생 근욕의 바다와
일체 모든 부처님 법륜의 바다와
일체 삼세의 바다와
일체 여래 원력의 바다와
일체 여래 신변의 바다를 관찰하여

疏

四에 釋文者는 三品이 正陳法海라 於中分二하리니 初二品은 明果
요 後一品은 辨因이라 然有二意하니 一은 約兼明인댄 則前二品은
通答前三十句果問이요 後一品은 答前十句因問이니 說因은 爲

欲成果일새 從多而說하야 分名擧果니라 二는 將前二品하야 望前品末三問인댄 通答依正이요 若望下廣文인댄 正明於依하고 傍顯於正이니 留其正報하야 後分廣故니라 於中初品은 通辨諸佛과 及諸衆生의 所有刹海하고 後品은 別明本師之所嚴淨이라 又此品은 明成刹之緣하고 後品은 別辨果相이라 故로 此品은 答安立之問이니 其中雖明形等이나 亦是緣故니라

네 번째 경문을 해석한 것은 삼품三品[31]이 바로 법해法海를 진술한 것이다.

그 가운데 두 가지로 분류하리니

처음에 두 품은 과보를 밝힌 것이요

뒤에 한 품은 원인을 분별한 것이다.

그러나 두 가지 뜻이 있나니[32]

첫 번째는 겸하여 밝힘[33]을 잡는다면 곧 앞에 두 품은 앞에 삼십구의 과문果問을 모두 답한 것이요

---

31 삼품三品이란, 세계성취품世界成就品, 화장세계품華藏世界品, 비로자나품毘盧遮那品이다.

32 그러나 두 가지 뜻이 있다고 한 것은, 처음에 뜻은 곧 바로 원인을 밝히고 겸하여 과보와 정보로 거과권락생신분의 이름에 귀결하는 까닭이고, 뒤에 뜻은 곧 과보의 분상에 나아가 정보를 밝히고 겸하여 의보와 정보로 부처님의 의보와 과보를 설하는 과목의 이름에 귀결하는 까닭이다.

33 첫 번째 겸하여 밝힌다고 한 것은, 두 가지 질문을 따로 답한 것이 바로 밝힌 것이 되는 까닭으로 앞에 삼십구의 질문을 통틀어 모두 답한 것이 겸하여 밝힌 것이 되는 것이다. 이상은 『잡화기』의 말이다.

뒤에 한 품은 앞에 십구의 인문因問을 답한 것이니,

원인을 설한 것은 과보를 이루고자 함이기에 많은 것을 좇아 설하여

분分의 이름을 거과권락생신분이라 한 것이다.

두 번째는 앞에 두 품[34]을 가져 앞 품인 보현삼매품 말미에 세 가지

질문을 바라본다면 의보와 정보를 모두 답한 것이요

만약 아래의 광문廣文[35]을 바라본다면 바로는 의보를 밝히고 곁으로

는 정보를 나타내었나니,

그 정보에 머물러 후분後分[36]에서 널리 밝히는 까닭[37]이다.

그 가운데 처음 품[38]은 모든 부처님과 그리고 모든 중생이 소유한

국토의 바다를 통틀어 분별하였고

---

34 앞에 두 품이라고 한 것은 이 세계성취품과 화장세계품이다. 원문에 전품前品
  말미에 세 가지 질문이라고 한 것은 곧 전품인 보현삼매품 말미 게송에
  세 가지 질문이니 一은 국토는 무엇으로 성립함을 얻으며, 二는 모든 부처님은
  무엇으로 출현하시며, 三은 일체중생의 바다도 원컨대 연설하세요(뒤에 이구
  二句) 한 것이다. 一은 의보이고, 二는 정보이다.

35 아래 광문廣文이라고 한 것은, 강사가 말하기를 곧 세계성취품과 화장세계품의
  두 품이 이것이니 저 두 품이 바로 의보를 밝힌 까닭이라 하나, 어리석은
  나는 곧 이미 능히 바라보는 것이 곧 이 두 품이라고 한다면 곧 그 바라볼
  바 광문은 곧 그 후분後分을 가리키는 것이니, 말하자면 후분의 널리 정보를
  밝히는 문장을 바라본다면 곧 이 두 품은 의보를 바로 밝히고 정보를 겸하여
  밝힌 것이라 하겠다. 역시 『잡화기』의 말이다.

36 후분後分은 수인계과생해분修因契果生解分이다.

37 광고廣故라 한 고故 자는 소본에는 명明 자라 하였다. 그러나 나는 광廣
  자에 명明 자를 혼용하여 번역하였다.

38 원문에 초품初品이란, 세계성취품世界成就品이다.

뒤에 품[39]은 본사가 장엄하고 청정히 한 바를 따로 밝혔다.

또 이 품은 세계가 성립된 인연을 밝혔고

뒤에 품은 과보의 모습을 따로 분별하였다.

그런 까닭으로 이 품은 안립에 대한 질문을 답한 것이니,

그 가운데 비록 형상 등을 밝혔지만 역시 인연을 밝힌 까닭이다.

鈔

又此品者는 前釋은 對二種來意中前義하고 此釋은 對後義이니 此品
은 成刹之緣일새 具果具因거니와 後品唯果니라

또 이 품이라고 한 것은 앞의 해석[40]은 두 가지 여기에 온 뜻(二種來意)[41]
가운데 앞의 뜻을 상대하였고,

여기에 해석[42]은 뒤의 뜻을 상대하였나니,

이 품은 세계를 성립하는 인연이기에 원인도 갖추었고 과보도 갖추
었거니와 뒤에 품은 오직 과보만 있을 뿐이다.

---

39 원문에 후품後品이란, 비로자나품毘盧遮那品이다.

40 앞의 해석이란, 그 가운데 처음 품이라 한 이하이다.

41 두 가지 여기에 온 뜻(二種來意)이란, 一은 분分이 여기에 온 뜻이고, 二는
품品이 여기에 온 뜻이다. 그러나 두 가지라고 한 것은 『잡화기』에 앞의
品來의 뜻 가운데 신·구의 두 가지 뜻을 가리키는 것이다. 강사가 말하기를
두 가지라고 한 것은 제이종第二種을 말하는 것이라 한다 하였다.

42 여기에 해석이란, 또 이 품은 세계가 성립된 인연을 밝혔다고 한 이하의
소문이다.

疏

今初分二리라 先은 總標綱要니 即爲本分이요 後는 正陳本義니
即是說分이라 前中亦二니 先은 承力遍觀이요 後는 牒問許說이라
今初니 上入三昧는 內契其源이요 今云遍觀은 外審其相이라 十海
之義는 已如問釋거니와 但小不次耳니라 但觀於十인댄 已含餘三
十이니 佛海之中에 具身等故며 大願之中에 含因等故라

지금은 처음으로 두 가지로 분류하겠다.
먼저는 강요綱要를 한꺼번에 표한 것이니 곧 본분이 되는 것이요
뒤에는 바로 본의本義를 진술한 것이니 곧 이것은 설분說分이다.
앞의 본분 가운데 또한 두 가지가 있나니
먼저는 신력을 받아 두루 관찰하는 것이요
뒤에는 질문을 첩석하여 설하기를 허락한 것이다.

지금은 처음으로 위에서 보현이 삼매에 들어갔다고[43] 한 것은 안으로
그 근원에 계합한 것이요
지금에 두루 관찰한다고 말한 것은 밖으로 그 모습을 살피는 것이다.
여기에 열 가지 바다의 뜻은 이미 앞의 질문에서 해석한 것과 같거
와 다만 조금 차례가 같지 않을 뿐이다.

---

[43] 위에서 보현이 삼매에 들어갔다고 한 것은 위의 영인본 화엄 3책, p.572,
5행에 보현보살이 부처님의 위신력을 받아 삼매에 들어가니 이 삼매가 이름이
일체 모든 부처님 비로자나 여래 장신藏身이라 한 것이다.

다만 열 가지 바다만 관찰한다면 이미 나머지 삼십 가지 바다도
포함한 것이니
부처님의 바다 가운데 몸 등을 갖춘 까닭이며,
큰 서원 가운데 원인 등을 포함한[44] 까닭이다.

鈔

但觀於十下는 通難이니 難云호대 問有四十거늘 何唯觀十고할새 故
答意云호대 十海爲總하야 已含所餘三十別問이라하니라 佛海之中
者는 是佛必有六根三業이니 爲體相炳著之十이요 必有德用圓備니
謂佛地等이니 故具二十이요 大願海中에 已攝因中에 發趣等十이니
故四十無遺니라

다만 열 가지 바다만 관찰한다고 한 아래는 비난함을 통석한 것이니
비난하여 말하기를 질문에는 사십 가지가 있었거늘[45] 어찌 오직
열 가지 바다만 관찰한다 하는가 하기에, 그런 까닭으로 답하는
뜻에 말하기를 열 가지 바다가 총總이 되어 이미 남은 바 삼십
가지 별문別問을 포함하였다고 한 것이다.

---

44 큰 서원 가운데 원인 등을 포함하였다고 한 것은 영인본 화엄 3책, p.439,
4행에 일체 보살 서원의 바다라 한 등이니 영인본 화엄 3책, p.439, 8행
소문에 원인의 공덕이 깊고도 넓은 것을 물은 것이다 하였으니 참고할 것이다.
초문을 다시 보면 알 수 있다.

45 질문에는 사십 가지가 있다고 한 것은 영인본 화엄 3책, p.398, 1행에 정현문단
正顯問端에 사십구四十句가 있다 한 것이다.

부처님의 바다 가운데라고 한 것은 이 부처님에게 반드시 육근과 삼업이 있나니

체상이 병저함이라 한 십구+句가[46] 되는 것이요

반드시 덕용을 원만하게 갖추고 있나니

말하자면 어떤 것이 이 부처님의 지위인가(云何是諸佛地) 한 등이니

그런 까닭으로 이십 구절을 갖추었고

큰 서원의 바다[47] 가운데 이미 원인을 섭수한 가운데 일체 보살의 발취[48]의 바다(一切菩薩發趣海)라 한 등 열 구절이니,

그런 까닭으로 사십 구절이 유실된 것이 없다 하겠다.

---

46 체상이 병저(體相炳著)라고 한 것은 과목이니 영인본 화엄 3책, p.430, 7행에는 二에 운하시제불안云何是諸佛眼이라고 한 아래에 열 구절은 문체상현저問體相 顯著라 하여 병炳 자를 현顯 자로 하였다.
  열 구절은 운하제불안云何諸佛眼, 이耳, 비鼻, 설舌, 신身, 의意, 신광身光, 광명光明, 성聲, 지智이다. 모두 다 처음 구절같이 운하제불云何諸佛이라는 말이 다 있다.

47 큰 서원의 바다 운운한 것은 소문에서 이미 잘 설명하였다.

48 일체 보살의 발취는 원인을 섭수한 열 구절 가운데 제 두 번째이다.

經

如是觀察已하고 普告一切道場衆海의 諸菩薩言호대

이와 같이 관찰하여 마치고 널리 일체 도량의 대중의 바다에 모든
보살에게 일러 말하기를

疏

第二에 如是觀察已下는 牒問許說이라 於中分四하리니 一은 牒問
略歎이요 二는 許說分齊요 三은 所說成益이요 四는 讚勝誡聽이라
今初分二리니 先은 結前生後라

제 두 번째 이와 같이 관찰하여 마쳤다고 한 아래는 질문을 첩석하여
설하기를 허락한 것이다.
그 가운데 네 가지로 분류하리니
첫 번째는 질문을 첩석하여 간략하게 찬탄한 것이요
두 번째는[49] 설하기를 허락하는 분제요
세 번째는 설하는 바가 이익을 이루는 것이요[50]
네 번째는 수승함을 찬탄하여 듣기를 경계한 것이다.

---

49 두 번째 운운은 영인본 화엄 3책, p.680, 4행이다.
50 원문에 三은 소설성익所說成益이라고 한 것은 영인본 화엄 3책, p.682, 7행에는
　설소성익說所成益이라 하였으니, 그렇다면 이루게 하는 바 이익을 설하는
　것이라 할 것이니 비교하여 생각할 것이다.

지금은 처음으로 두 가지로 분류하리니

먼저는 앞에 말을 맺고 뒤에 말을 일으키는 것이다.

經

佛子 諸佛世尊은 知一切世界海成壞하는 淸淨智가 不可思議하
며 知一切衆生業海智가 不可思議하며 知一切法界安立海智가
不可思議하며 說一切無邊佛海智가 不可思議하며 入一切欲解
根海智가 不可思議하며 一念普知一切三世智가 不可思議하며
顯示一切如來無量願海智가 不可思議하며 示現一切佛神變海
智가 不可思議하며 轉法輪智가 不可思議하며 建立演說海智가
不可思議하며

불자야, 모든 부처님 세존은 일체 세계의 바다가 이루어지고 무너
지는 것을 아는 청정한 지혜가 가히 사의 할 수 없으며
일체 중생의 업의 바다를 아는 지혜가 가히 사의할 수 없으며
일체 법계의 안립의 바다를 아는 지혜가 가히 사의할 수 없으며
일체 끝없는 부처님의 바다를 설하는 지혜가 가히 사의할 수 없으며
일체 욕락과 지해와 근성의 바다에 들어가는 지혜가 가히 사의할
수 없으며
한 생각에 널리 일체 삼세를 아는 지혜가 가히 사의할 수 없으며
일체 여래의 한량없는 서원의 바다를 현시하는 지혜가 가히 사의할
수 없으며
일체 부처님의 신통변화의 바다를 시현하는 지혜가 가히 사의할
수 없으며
법륜을 전하는 지혜가 가히 사의할 수 없으며

연설의 바다를 건립하는 지혜[51]가 가히 사의할 수 없으며

疏

後에 佛子下는 正牒稱歎이니 卽從後向前하야 牒上果問三十句
也라 初十句는 牒上世界海等十問이라

뒤에 불자라고 한 아래는 바로 칭탄한 것을 첩석한 것이니,
곧 뒤를 좇아 앞을 향하여 위에 과문果問의 삼십 구절을 첩석한
것이다.
처음에 열 구절은 위에 세계의 바다 등 열 가지 질문[52]을 첩석한
것이다.

疏

觀乃觀海하고 歎乃歎智者는 智之與海가 反覆相成이니 謂前自
智觀海에 微細難知일새 知唯佛智라야 方能究盡이라 海難思故로
佛智難思요 佛智難思故로 海爲深廣이라

관찰하되 이에 바다를 관찰하고[53] 찬탄하되 이에 지혜를 찬탄한[54]

---

51 지智 자를 보증하여 번역하였다.
52 원문에 상세계해등십문上世界海等十問은 영인본 화엄 3책, p.435에 있다.
　　품품으로는 여래현상품如來現相品이다.
53 관찰하되 이에 바다를 관찰한다고 한 것은 영인본 화엄 3책, p.666에 보현보살

것은 지혜와 더불어 바다가 반복하여 서로 성립하나니,

말하자면 앞에서 보현이 스스로의 지혜로 바다를 관찰함에 미세하여 알기가 어렵기에 아는 것은 오직 부처님의 지혜라야 바야흐로 능히 궁구하여 다 아는 것이다.

바다가 사의하기 어려운 까닭으로 부처님의 지혜[55]도 사의하기 어렵고 부처님의 지혜가 사의하기 어려운 까닭으로 바다도 깊고 넓은 것이다.

鈔

觀乃觀海下는 釋妨難이니 卽心口相違難이니 此難은 因前而生이라

관찰하되 이에 바다를 관찰한다고 한 아래는 방해하여 비난함을 통석한 것이니,

곧 마음과 말이 서로 위배된다고 비난하나니 이 비난은 앞을 원인하여 생기한 것이다.

───────────

이 열 가지 바다를 관찰한 것을 말한다.

54 찬탄하되 이에 지혜를 찬탄한다고 한 것은 여기 경문에 세계의 바다가 이루어지고 무너지는 것을 아는 지혜가 가히 사의할 수 없다 한 등의 열 가지 지혜이다.

55 해海는 십해+海이고, 지智는 십지+智이다.

疏

若爾인댄 何不說智하고 而但說海고 智離海境인댄 安知其相이리
요 又表唯所證知일새 故但說海니라

만약 그러하다면 어찌 지혜를 말하지 않고 다만 바다만을 말하는가.
지혜가 바다의 경계를 떠나면 어찌 그 모습을 알겠는가.
또 오직 증득하여 아는 바를 표하기에 그런 까닭으로 다만 바다만을
말한 것이다.

鈔

三에 若爾下는 重難이니 即歎說不同難이니 此難은 望後說分而生이
라 四에 智離海境下는 再答이니 於中二라 初는 約教相이니 謂智之異
相이 因所知故라 又表已下는 二에 約證相이니 海是所證故라

세 번째 만약 그러하다면이라고 한 아래는 거듭 비난한 것이니,
곧 찬탄하고 말하는 것이 같지 않다고 비난하는 것이니 이 비난은
뒤에 설분說分[56]을 바라보고 생기한 것이다.

네 번째 지혜가 바다의 경계를 떠나면이라고 한 아래는 재차 답한
것이니

---

56 뒤에 설분說分이라고 한 것은 영인본 화엄 3책, p.680, 4행에 허설분제許說分齊
　이다.

그 가운데 두 가지가 있다.

처음에는 교상教相[57]을 잡은 것이니,

말하자면 지혜의 다른 모습이 소지所知를 인한 까닭이다.

또 오직 증득하여 아는 바를 표하였다고 한 이하는 두 번째 증상證相을 잡은 것이니,

바다가 이 소증所證인 까닭이다.

疏

十智로 望海與問인댄 開合小異하며 名或小差니 謂一中에 前問及觀에 但云世界海어니와 今加成壞하며 望前與智中인댄 亦有成壞之言하니 此乃廣略之異耳니라 言淸淨智者는 離所知障하야 決斷分明故니라 初句貫下일새 置淸淨言하고 餘皆略也니라 然皆以多故며 廣故深故細故로 重疊難知며 逈超言念일새 皆云不思議也라하니라 二에 知衆生業海者는 衆生은 卽報類差別이요 業은 卽善惡等殊니 從此別義하야 觀中엔 開爲二句하고 而因果雖殊나 同是所化衆生일새 故此及問과 幷與智中엔 竝合爲一이라 三은 卽世界都稱이며 或化衆生法이니 謂安立施設하는 方便軌則等也라 四는 能化諸佛이 數量無邊이라 五는 卽所化根欲이 差別難知니 而問

---

57 처음에 교상敎相이라고 한 것은, 『잡화기』에 말하기를 이 가운데 진리(理)와 지혜(智)가 서로 다른 것으로써 교상을 삼고, 진리 밖에 지혜가 없는 것으로써 증상證相을 삼는다 하였다.

中에 合在後之五海하니 五海가 皆須知根欲故라 六은 即所應之
時니 前就所觀일새 但云三世어니와 今就佛智일새 故云一念能知
라하니 其問及與智에 皆云佛解脱海者는 以一念에 普知三世가
是佛不思議解脱故라 七은 稱性大願이니 爲現身說法하야 遍化
之因故라 前問에 是名號海와 及壽量海와 與智之中에 名普入法
界一切世界海智는 皆由願力故也라 八은 應機作用이니 神變無
方이라 九는 轉稱性大法輪海니 若據問中인댄 攝法輪海하야 在演
說中하고 若約向觀인댄 攝演說海하야 在法輪中거니와 今此開二
하야 演說이 第十이니 謂隨方施設言音이 差別하며 及法輪隨機할
새 故로 與智中에도 亦開하야 名佛音聲智라하니라

십지로[58] 십해와 더불어 앞의 사십문四十問 가운데 십해를 바라본다
면 열고 합한 것이 조금 다르며 이름도 혹 조금 차이가 있나니,
말하자면 첫 번째 가운데 앞의 사십문과 그리고 관찰에서는 다만
말하기를 세계의 바다[59]라고만 하였거니와 지금에는 이루어지고
무너진다고 함을 더 하였으며
앞에 지혜를 준다고 한 가운데[60]를 바라본다면 또한 이루어지고

---

58 십지 운운이라 한 것은 십지는 칭탄십지稱歎十智이니 여기 경문이고, 해海는
　 십해十海이니 관찰십해觀察十海로 영인본 화엄 3책, p.666에 있다. 문問은
　 앞의 사십문四十問 가운데 십해十海이다.
59 세계의 바다는 일체 세계의 바다라 하였다.
60 앞에 지혜를 준다고 한 가운데라고 한 것은 즉 지혜를 주는 가운데 십해十海이니
　 앞에 영인본 화엄 3책, p.607에 모든 부처님이 보현보살에게 능히 일체

무너진다는 말이 있나니,

이것은 이에 광략廣略이 다를 뿐이다.

청정한 지혜라고 말한 것은 소지장을 떠나 결단코 분명한 까닭이다.

처음 구절은 아래를 관통하기에 청정하다는 말을 두었고 나머지 구절은 다 생략하였다.

그러나 다 많은 까닭이며, 넓은 까닭이며, 미세한 까닭으로 중첩하여 알기 어려우며,

말과 생각을 멀리 뛰어났기에 다 말하기를 사의할 수 없다 하였다.

두 번째 중생의 업의 바다를 안다고 한 것은 중생은 곧 과보의 유형이 차별하고 업은 곧 선과 악 등이 다르나니,

이 다른 뜻을 좇아서 관찰하는 가운데서는 열어서 두 구절[61]을 삼았고, 인과가 비록 다르지만 다 교화할 바 중생이기에 그런 까닭으로 여기 십지와 그리고 앞의 사십문의 십해와 아울러 지혜를 주는 가운데[62]서는 병합하여 한 구절을 삼았다.

세 번째는 곧 세계를 다 이름한 것이며 혹 중생을 교화하는 법이니,

지성智性인 힘에 들어가는 지혜를 주며라고 한 등 열 가지 지혜를 주는 것이 있었다. 그 가운데 제 네 번째 일체 세계가 이루어지고 무너지는 것을 아는 지혜를 준다고 한 것을 말한다.

61 두 구절이라고 한 것은 중생의 바다와 중생의 업의 바다이다.

62 지혜를 주는 가운데라고 한 것은 영인본 화엄 3책, p.607 제 다섯 번째 구절에 일체중생의 세계를 아는 광대한 지혜를 주는 것이다 하였다.

말하자면 안립하여 시설하는 방편의 궤칙 등이다.

네 번째는 능히 교화하시는 모든 부처님의 수량이 끝이 없는 것이다.

다섯 번째는 곧 교화할 바 근성과 욕락이 차별하여 알기 어렵나니 앞의 사십문에 십해 가운데 뒤의 오해五海에 포함되어[63] 있나니 오해五海가 다 반드시 근성과 욕락을 아는 까닭이다.

여섯 번째는 곧 응할 바 시간이니

앞[64]에서는 소관所觀에 나아가기에 다만 말하기를 삼세라고만 하였거니와, 지금에는 부처님의 지혜에 나아가기에 그런 까닭으로 말하기를 한 생각에 능히 안다 하였으니,

그 앞에 사십문의 십해와 그리고 지혜를 주는 가운데 다 말하기를 부처님의 해탈의 바다라[65] 한 것은 한 생각에 널리 삼세를 아는 것이 이것이 부처님의 사의할 수 없는 해탈인 까닭이다.

일곱 번째는 성품에 칭합[66]하는 큰 서원이니

몸을 나타내어 법을 설하여 두루 교화하는 원인이 되는 까닭이다. 앞의 사십문에서 이것을 부처님의 명호의 바다라 한 것과 그리고 부처님의 수량의 바다[67]라 한 것과 지혜를 주는 가운데서 이름을

---

63 원문에 합재合在라고 한 것은, 『잡화기』에 말하기를 오히려 통재通在라 할 것이다. 혹은 말하기를 합슴 자는 함슴 자의 잘못이다 한다 하였다.

64 앞이라고 한 것은 관찰십해觀察十海이다.

65 지혜를 주는 가운데 다 말하기를 부처님의 해탈의 바다라고 한 것은 영인본 화엄 3책, p.607, 10행에 있다.

66 원문에 칭성稱性이란, 중생의 성품에 칭합한다는 뜻이다.

67 원문에 불명호해佛名號海, 불수량해佛數量海라고 한 것은 영인본 화엄 3책, p.435, 9행에 있다.

널리 법계 일체 세계의 바다에 들어가는 지혜라고 한 것은 다 원력을
인유한 까닭이다.

여덟 번째는 근기에 응하여 작용하는 것이니

신통변화가 방소가 없는 것이다.

아홉 번째는 성품에 칭합하는 대법륜의 바다를 전하는 것이니,
만약 사십문 가운데를 의거한다면 법륜의 바다를 섭수하여 연설의
바다 가운데 두었고,[68] 만약 향전向前에 관찰을 잡는다면 연설의
바다를 섭수하여 법륜의 바다 가운데 두었거니와, 지금 여기서는
둘로 열어서[69] 연설이 제 열 번째에 있나니

말하자면 방소를 따라 말과 음성을 시설하는 것이 차별하며, 그리고
법륜이 근기를 따라 다르기에 그런 까닭으로 지혜를 주는 가운데도
또한 열어서 이름을 불음성지佛音聲智[70]라 하였다.

---

68 법륜의 바다를 섭수하여 연설의 바다 가운데 두었다고 한 것은 곧 법륜의
　바다가 없다는 것이다.
69 원문에 금차개이今此開二 이하는 이 십지十智에는 연설해演說海와 법륜해法輪
　海가 다 있다는 것이다.
　원문에 개이開二 등은,『잡화기』에 개이開二하니 연설演說이 제십第十이니
　吐라 하나, 개이開二하니 吐는 하야 吐가 더 좋고 나머지는 같다. 혹은 연설演說
　이라는 두 글자는 연연演衍인가 염려한다 하나 그대로 두어도 무리가 없다.
70 불음성지佛音聲智라고 한 것은 앞의 지혜를 주는 가운데는 일체 부처님의
　음성을 얻는 지혜를 준다 하였다. 영인본 화엄 3책, p.608, 2행에 있다.

鈔

十智望海下는 正釋經文이라 於中二니 先은 總明이라 十海之名이
總有五節하니 已如前品하니라 今對三文하야 幷此爲四니라 言望海
者는 卽前所觀이요 言與問者는 卽第六經初니 此唯對二이요 下別釋
中에 兼對與智니 卽是前品의 意加니라 一中前問下는 別釋이니 鉤鎖
相連하야 令義無遺어니와 今當具出하리라 問中十海는 一은 世界海
요 二는 衆生海요 三은 法界安立海요 四는 佛海요 五는 波羅蜜海요
六은 佛解脫海요 七은 佛變化海요 八은 佛演說海요 九는 佛名號海요
十은 佛壽量海라 與智中十海智는 一은 能入一切智性力智요 二는
入法界無邊量智요 三은 成就一切佛境界智요 四는 知一切世界海
成壞智요 五는 知一切衆生界廣大智요 六은 住諸佛甚深解脫과 無
差別諸三昧智요 七은 入一切菩薩根海智요 八은 一切衆生言語海
로 轉法輪詞辨智요 九는 普入法界一切世界海身智요 十은 得一切
佛音聲智라 觀中十海는 一은 一切世界海요 二는 一切衆生海요 三은
一切諸佛海요 四는 一切法界海요 五는 一切衆生業海요 六은 一切
衆生根欲海요 七은 一切諸佛法輪海요 八은 一切三世海요 九는 一
切如來願力海요 十은 一切如來神變海라 歎智中十智는 一은 知一
切世界海成壞智요 二는 知一切衆生業海智요 三은 知一切法界安
立海智요 四는 說一切無邊佛海智요 五는 入一切欲解根海智요 六은
一念普知一切三世智요 七은 顯示一切如來無量願海智요 八은 示
現一切佛神變海智요 九는 轉法輪智요 十은 建立演說海智라

십지로 십해와 앞의 사십문 가운데 십해를 바라본다고 한 아래는
바로 경문을 해석한 것이다.

그 가운데 두 가지가 있나니

먼저는 한꺼번에 밝힌[71] 것이다.

열 가지의 바다의 이름이 모두 오절五節이 있나니

이미 앞 품에서 설한 것과 같다.

지금에는 앞의 세 가지 문장[72]을 상대하여 여기 십지해[73]와 아울러
네 가지가 되는 것이다.

십해를 바라본다고 말한 것은 곧 앞의 소관所觀이요

더불어 사십문의 십해를 바라본다고 말한 것은 곧 제육경第六經
초이니,

이것은 오직 두 가지[74]만 상대한 것이요

아래 별석別釋 가운데 지혜를 주는 것을 겸하여 상대하였으니,

곧 이것은 앞 품인 보현삼매품의 의가意加[75]이다.

첫 번째 가운데 앞의 사십문의 십해라고 한 아래는 따로 해석한
것이니,

---

71 원문에 총명總明이란, 십해十海를 총명總明했다는 말이다.

72 원문에 삼문三文이란, 관찰십해觀察十海, 여지십해與智十海, 전사십문중십해前
四十問中十海이다.

73 원문에 병차幷此라 한 차此 자는 십지해十智海이다.

74 두 가지란, 십해十海와 사십문중십해四十問中十海이다.

75 원문에 전품의가前品意加라고 한 것은 영인본 화엄 3책, p.608, 4행의 전보현
삼매품前普賢三昧品에 명의가明意加라 한 과목科目이니 즉 여지십해與智十海
이다.

구鉤·쇠(鎖)처럼 서로 이어져 뜻으로 하여금 유실함이 없게 하였거
니와 지금에 마땅히 갖추어 설출하겠다.

사십문 가운데 십해十海는

첫 번째는 세계의 바다요

두 번째는 중생의 바다요

세 번째는 세계 안립의 바다요

네 번째는 부처님의 바다요

다섯 번째는 바라밀의 바다요

여섯 번째는 부처님 해탈의 바다요

일곱 번째는 부처님 변화의 바다요

여덟 번째는 부처님 연설의 바다요

아홉 번째는 부처님 명호의 바다요

열 번째는 부처님 수량의 바다이다.

지혜를 주는 가운데 십해十海의 지혜는

첫 번째는 능히 일체 지혜의 성품인 힘에 들어가는 지혜요

두 번째는 법계의 끝도 없고 한량도 없는 데에 들어가는 지혜요

세 번째는 일체 부처님의 경계를 성취하는 지혜요

네 번째는 일체 세계의 바다가 이루어지고 무너지는 것을 아는
지혜요

다섯 번째[76]는 일체 중생의 세계가 광대함을 아는 지혜요

---

[76] 오五 자 아래에 지知 자가 있어야 한다.

여섯 번째는 모든 부처님의 깊고 깊은 해탈과 차별이 없는 모든 삼매에 머무는 지혜요

일곱 번째는 일체 보살의 근성의 바다에 들어가는 지혜요

여덟 번째는 일체 중생의 언어의 바다로 법륜을 전하는 말을 아는 지혜요

아홉 번째는 널리 법계 속 일체 세계 바다의 몸에 들어가는 지혜요

열 번째는 일체 부처님의 음성을 얻는 지혜이다.

관찰하는 가운데 십해十海는

첫 번째는 일체 세계의 바다요

두 번째는 일체 중생의 바다요

세 번째는 일체 모든 부처님의 바다요

네 번째는 일체 법계의 바다요

다섯 번째는 일체 중생의 업의 바다요

여섯 번째는 일체 중생의 근성과 욕락의 바다요

일곱 번째는 일체 모든 부처님의 법륜의 바다요

여덟 번째는 일체 삼세의 바다요

아홉 번째는 일체 여래의 원력의 바다요

열 번째는 일체 여래의 신통변화의 바다이다.

지혜를 찬탄하는 가운데 십지十智는

첫 번째[77]는 일체 세계의 바다가 이루어지고 무너지는 것을 아는 지혜요

두 번째[78]는 일체 중생의 업의 바다를 아는 지혜요

세 번째[79]는 일체 법계의 안립의 바다를 아는 지혜요

네 번째[80]는 일체 끝없는 부처님의 바다를 설하는 지혜요

다섯 번째[81]는 일체 욕락과 지해와 근성의 바다에 들어가는 지혜요

여섯 번째는 한 생각에 널리 일체 삼세를 아는 지혜요

일곱 번째는 일체 여래의 한량없는 서원의 바다를 현시하는 지혜요

여덟 번째는 일체 부처님의 신통변화의 바다를 시현하는 지혜요

아홉 번째는 법륜을 전하는 지혜요

열 번째는 연설의 바다를 건립하는 지혜이다.

其勸說中十法도 亦是十海니 已如上會하니라 文無海言일새 今略不
出하고 今對會四文하야 即分爲四하리라 第一은 以歎智로 對觀海하
야 辨次第者인댄 第一智는 觀第一海요 第二智는 觀第二海와 及第五
海요 第三은 觀第四요 第四는 觀第三이요 第五는 觀第六이요 第六은
觀第八이요 第七은 觀第九요 第八은 觀第十이요 第九는 第十은 並觀
第七이니 但看前列하면 次第可知니라 疏中所會는 正是此對니라 第
二는 若將歎智하야 對與智하야 次第者인댄 所歎第一은 即與智第四
요 二는 即是五요 三은 即是二요 四는 即是三이요 五는 即是七이요

---

77 일一 자 아래에 지知 자가 있어야 한다.

78 이二 자 아래에 지知 자가 있어야 한다.

79 삼三 자 아래에 지知 자가 있어야 한다.

80 사四 자 아래에 설說 자가 있어야 한다.

81 오五 자 아래에 입入 자가 있어야 한다.

六은 亦是六이요 七은 卽是九이요 八은 卽是六이요 九는 卽是八이요
十은 卽彼十이라 彼有總句일새 故彼六中에 含此六八하니라 第三은
若將歎智하야 對問十海인댄 多同第一에 對觀海辨거니와 若具說者
인댄 前四는 如次對四海요 第五는 通遍後五요 六은 卽彼六이요 七은
卽九十이요 八은 卽第七이요 此九與十은 皆是彼八이라 第四는 若將
十種觀海하야 對問十海者인댄 此觀第一은 卽問第一이요 二는 卽彼
二요 三은 卽彼四요 四는 卽彼三이요 五는 亦彼二요 六은 遍後五며
亦可是二요 七은 卽彼八이요 八은 卽彼六이요 九는 卽彼九와 及與第
十이요 此第十海는 卽彼第七海也라 復應將觀海하야 對問十海인댄
如前問中에 已對요 更應將與智하야 對問十海인댄 前與智中에 已對
요 若更將十海하야 對加所爲中十法인댄 已如前品所爲中明이니 故
今略出四門而已니라 餘義는 疏中具會하니 細尋易了니라

그 설하기를 권하는[82] 가운데 십법도 역시 십해이니,
이미 상회上會[83]에서 설한 것과 같다.
경문에 바다라는 말이 없기에 지금에는 생략하여 설출하지 않고,
지금에 네 가지 문장을 상대하여 회석하여 곧 나누어 네 가지로
하겠다.
첫 번째는 찬탄의 십지로써 관찰의 십해를 상대하여 차례를 분별한
다면 제일지第一智는 관찰의 제일해第一海요

---

82 설하기를 권한다고 한 것은 앞의 영인본 화엄 3책, p.602, 3행의 과목에
   변가소위辨加所爲라 한 것이다.
83 상회上會란, 영인본 화엄 3책, p.602이다.

제이지는 관찰의 제이해와 그리고 제오해요

제삼지는 관찰의 제사해요

제사지는 관찰의 제삼해요

제오지는 관찰의 제육해요

제육지는 관찰의 제팔해요

제칠지는 관찰의 제구해요

제팔지는 관찰의 제십해요

제구지와 제십지는 아울러 관찰의 제칠해이니

다만 앞에서 열거한 것만 보면 차례를 가히 알 수 있을 것이다.

소문 가운데 회석한 바는 바로 여기에 상대한[84] 것이다.

제 두 번째는 만약 찬탄의 십지를 가져 여지與智의 십해를 상대하여

차례하다면 찬탄한 바에 제일지智는 곧 여지의 제사해海요

제이지는 곧 여지의 제오해요

제삼지는 곧 여지의 제이해요

제사지는 곧 여지의 제삼해요

제오지는 곧 여지의 제칠해요

제육지는 역시 여지의 제육해요

제칠지는 곧 여지의 제구해요

제팔지는 곧 여지의 제육해요

제구지는 곧 여지의 제팔해요

---

84 여기에 상대한 것이라고 한 것은 여기 제일대第一對이다.

제십지는 곧 저 여지의 제십해이다.

저 여지與智의 십해에는 총구總句가 있기에[85] 그런 까닭으로 저 여지의 육해 가운데 여기 육지와 팔지를 포함하였다.[86]

제 세 번째는 만약 찬탄의 십지를 가져 사십문의 십해를 상대한다면 다분히 첫 번째 관찰의 십해를 상대하여 분별한 것과 같거니와, 만약 갖추어서 설한다면 앞에 사지四智는 차례와 같이 사십문의 십해에 앞에 사해四海를 상대한 것이요

제오지는 뒤의 오해五海에 모두 두루한 것이요

제육지는 곧 저 사십문의 십해에 제육해[87]요

제칠지는 곧 저 사십문의 십해에 제구해와 제십해[88]요

제팔지는 곧 저 사십문의 십해에 제칠해요

---

85 저 여지與智의 십해에는 총구總句가 있다고 한 것은 앞의 영인본 화엄 3책, p.608, 5행 소문에 처음에 한 구절은 총이니, 말하자면 과해果海를 주는 것이다 한 것이다. 다시 말하면 제일구가 총이니 시방에 일체 모든 부처님이 곧 보현보살마하살에게 능히 일체 지성智性인 힘에 들어가는 지혜를 준다 한 것이니 이것을 소문에서 처음에 한 구절은 총이니 말하자면 과해의 지혜를 주는 것이다 한 것이다.

86 육지와 팔지를 포함하였다고 한 것은 여기에서 제육지는 제육해라 하고, 제팔지는 제육해라 한 것을 말한 것이니 영인본 화엄 3책, p.607, 10행의 여지與智의 제육에 모든 부처님의 깊고도 깊은 해탈과 차별이 없는 모든 삼매에 머무는 지혜를 준다 하여 해탈과 삼매를 포함하고 있다는 것이다.

87 제육해는 부처님 해탈의 바다이다.

88 제구해는 부처님 명호의 바다이고, 제십해는 부처님 수량의 바다이다.

여기 제구지와 더불어 제십지는 다 저 사십문의 십해에 제팔해[89]
이다.

제 네 번째는 만약 열 가지 관찰해를 가져 사십문의 십해를 상대한다
면 여기 관찰에 제일해는 곧 사십문의 십해에 제일해요

제이해는 곧 저 사십문의 십해에 제이해요

제삼해는 곧 저 사십문의 십해에 제삼해요

제오해는 또한 저 사십문의 십해에 제이해요

제육해[90]는 사십문의 십해에 뒤의 오해에 두루하며 또한 가히[91] 제
이해요

제칠해는 곧 저 사십문의 십해에 제팔해요

제팔해는 곧 저 사십문의 십해에 제육해요

제구해는 곧 저 사십문의 십해에 제구해와 그리고 제십해요

여기 제십해는 곧 저 사십문의 십해에 제칠해이다.

다시 응당[92] 관찰의 십해를 가져 사십문의 십해를 상대한다면 앞의

---

89 제팔해는 부처님 연설의 바다이다. 『잡화기』에는 원문의 彼八 사이에 오五
자가 빠졌다 하였다.

90 역변亦徧이라는 역亦 자는 육六 자의 잘못이다.

91 육가六可라 한 육六 자는 역亦 자의 잘못이다.

92 다시 응당이라고 한 등은, 이 가운데 문장이 더 있는(衍) 것도, 잘못된 것도
많나니 응당 말하기를 부응장관해復應將觀海하야, 대전여지對前與智하며, 갱
응장여지更應將與智하야 대문십해對問十海 운운해야 한다고 『잡화기』는 말
한다.

사십문 가운데 이미 상대한 것과 같고

다시 응당 여지의 십해를 가져 사십문의 십해를 상대한다면 앞의

여지 가운데 이미 상대한 것과 같고

만약 다시 십해를 가져 변가소위辨加所爲[93] 가운데 십법을 상대한다

면 이미 앞 품[94]의 변가소위 가운데서 밝힌 것과 같나니,

그런 까닭으로 지금에는 간략하게 사문四門만을 설출하였을 뿐이다

나머지 뜻은 소문 가운데 갖추어 회석하였으니,

자세하게 찾아보면 쉽게 알 수가 있을 것이다.

번역하지 않아도 알 수 있기에 번역하지 않고 문장만 일목요연하게 열거하였

다. 지금 초문을 보면 잘 나타나 있다.

93 변가소위辨加所爲는 영인본 화엄 3책, p.602, 3행에 있다.

94 앞 품은 보현삼매품이다.

經

淸淨佛身이 不可思議하며 無邊色相海普照明이 不可思議하며
相及隨好皆淸淨이 不可思議하며 無邊色相光明輪海가 具足淸
淨이 不可思議하며 種種色相光明雲海가 不可思議하며 殊勝寶
焰海가 不可思議하며 成就言音海가 不可思議하며 示現三種自
在海하야 調伏成熟一切衆生이 不可思議하며 勇猛調伏諸衆生
海하야 無空過者가 不可思議하며

청정한 부처님의 몸이 가히 사의할 수 없으며

끝없는 색상의 바다가 널리 비치어 밝은 것이 가히 사의할 수
없으며

삼십이상과 그리고 팔십종호가 다 청정한 것이 가히 사의할 수
없으며

끝없는 색상에 광명 바퀴의 바다가 구족하게 청정한 것이 가히
사의할 수 없으며

가지가지 색상에 광명 구름의 바다가 가히 사의할 수 없으며

수승한 보배 불꽃의 바다가 가히 사의할 수 없으며

말과 음성의 바다를 성취한 것이 가히 사의할 수 없으며

세 가지 자재한 바다[95]를 시현하여 일체중생을 조복하고 성숙케
한 것이 가히 사의할 수 없으며

---

95 세 가지 자재한 바다는 신통은 신신身이고, 기심記心은 의意이고, 교계敎誡는
구口이다. 소문에는 신통을 신족神足이라 하였다.

용맹하게 모든 중생의 바다를 조복하여 헛되이 지남이 없게 하는 것이 가히 사의할 수 없으며

疏

二에 淸淨下九句는 牒上六根과 三業十問이니 向十은 約智하야 明不思議하고 此下는 直就法體하야 爲不思議라 又望前問에 開合 影略은 顯無盡故라 以總收別하야 但廣身光等이니 一은 應機之身의 修短難測이요 二는 現金銀等의 色類無邊이요 三은 十蓮華藏刹塵數相好가 過於此요 四는 圓光大小가 隨機無盡이요 五는 隨緣放光에 色類非一이요 六은 常光如焰하야 具衆寶色이요 七은 圓音無盡하고 深廣難測이요 八은 三輪攝化니 謂神足等이요 九는 調令成益하고 得果不空이라 然其調伏이 曲有三種하니 一者는 始終軟語니 應將攝者는 而將攝故요 二者는 始終麁語니 應折伏者는 而折伏故요 三者는 有時軟語하고 有時麁語니 應成熟者는 而成熟故라 由具此三일새 故無空過라하니라

두 번째 청정한 부처님의 몸이라고 한 아래에 아홉 구절은 위에 육근과 삼업과 십문十問을 첩석한 것이니
향전向前에 열 가지[96]는 지혜를 잡아 사의할 수 없음을 밝혔고, 이 아래는 바로 법체에 나아가 사의할 수 없음을 삼은 것이다.

[96] 향전向前에 열 가지라고 한 것은 향전向前의 십해十海이니 곧 십지十智로써 영인본 화엄 3책, p.669에 칭탄십지稱歎十智이다.

또 앞의 사십문을 바라봄에 열고 합한 것이 그윽이 생략된 것은[97] 끝이 없음을 나타낸 까닭이다.

총總으로써 별別을 거두어 다만 신광身光[98] 등을 광설하였을 뿐이니 첫 번째는 근기에 응하는 몸의 길고 짧음을 측량하기 어려운 것이요 두 번째는 금·은 등 색상의 유형을 나타내는 것이 끝이 없는 것이요 세 번째는 십 연화장세계에 작은 티끌 수 상호가 이 사바세계를 지나는 것이요

네 번째는 원광圓光의 크고 작은 것이 근기를 따라 끝이 없는 것이요 다섯 번째는 인연 따라 방광放光함에 색상의 유형이 하나가 아닌 것이요

---

97 열고 합한다고 한 것은,『잡화기』에 말하기를 앞에는 육근과 삼업을 따로 말한 까닭으로 열어서 말한 것이고, 지금에는 곧 삼업으로써 육근을 섭수하는 까닭으로 합하여 말한 것이다 하였다. 그러나 단순하게는 열면 십면十+句이고, 합하면 삼업三業이다. 지금에 십구가 삼업을 벗어나지 않는다 하겠다. 그윽이 생략된 것이라고 한 것은,『잡화기』에 말하기를 앞에는 신업 가운데 수많은 뜻을 생략하였고, 지금에는 육근 등의 뜻을 생략한 까닭이다 하였다. 또 열고 합한다고 한 것은,『잡화기』에 말하기를 이상에서는 우선 총체적으로 말하였거니와 만약 또 세분한다면 앞에는 곧 육근을 열어 신·구의 이업二業에 합하였으며, 지금에는 곧 신업을 열어 수많은 뜻을 삼고 구업을 열어 두 가지 뜻을 삼아 육근에 합하였으니, 그런 까닭으로 초문에 말하기를 곧 삼업을 열어 십부사의를 삼았을 뿐이다 한다 하였다.

98 신광身光이라고 한 것은 영인본 화엄 3책, p.430, 4행에 어떤 것이 이 모든 부처님의 신광身光인가 한 것이니 같은 책 p.430 소문을 볼 것이다. 고본으로는 숙자권宿字卷 상권이고, 품품으로는 여래현상품 제일第一이다. 등等이라고 한 것은 구口와 의意를 등취한 것이다.

여섯 번째는 상광常光이 불꽃과 같아 수많은 보배 색상을 갖춘 것이요

일곱 번째는 원음圓音이 끝이 없고 깊고도 넓어 측량하기 어려운 것이요

여덟 번째는 삼륜三輪[99]으로 섭수하여 교화하는 것이니 말하자면 신족 등이요

아홉 번째는 조복하여 하여금 이익을 이루고 과보를 얻어 헛되이 지남이 없게 하는 것이다.

그러나 그 조복하는 것이 자세하게 세 가지가 있나니

첫 번째는 시·종 말을 부드럽게 하는 것이니

응당 장래에 섭수할 사람은 장래에 섭수하는 까닭이요

두 번째는 시·종 말을 거칠게 하는 것이니

응당 절복할 사람은 절복하는 까닭이요

세 번째는 어떤 때는 말을 부드럽게 하고 어떤 때는 말을 거칠게 하는 것이니

응당 성숙케 할 사람은 성숙케 하는 까닭이다.

이 세 가지를 갖춤을 인유하기에 그런 까닭으로 헛되이 지남이 없게 하는 것이다 하였다.

鈔

以總收別者는 以三業之總으로 攝六根之別이라 言但廣身光等者는

---

99 삼륜三輪은 경문에 세 가지 자재이니 경문의 주석에 설명하였다.

等取前光明과 及音聲智慧니 二光爲身이요 音聲屬口요 智慧是意라
今文並具일새 故致等言이니 卽開三業하야 而爲十耳니라

총으로써 별을 거둔다고 한 것은 삼업의 총으로써 육근의 별을
섭수한다는 것이다.
다만 신광 등을 광설하였을 뿐이라고 말한 것은 앞의 광명과 그리고
음성과 지혜를[100] 등취等取한 것이니
이광二光[101]은 신身이 되고, 음성은 구口에 속하고, 지혜는 이 의意
이다.
지금의 경문에는 아울러 다 갖추었기에[102] 그런 까닭으로 등等이라는
말을 이루나니,
곧 삼업을 열어서 십부사의十不思議를 삼았을[103] 뿐이다.

---

100 앞의 광명과 그리고 음성과 지혜라고 한 것은 앞의 사십문四十問 가운데
    육근삼업六根三業에 어떤 것이 이 모든 부처님의 광명이며, 어떤 것이 이
    모든 부처님의 음성이며, 어떤 것이 이 모든 부처님의 지혜인가 한 것이다.
    역시 영인본 화엄 3책, p.430 숙자宿字 상권, 여래현상품 제일第一이다.
101 이광二光이라고 한 것은 네 번째 끝없는 색상의 광명과 다섯 번째 가지가지
    색상의 광명이니, 다 몸에서 놓는 광명이다. 소문에서는 네 번째는 원광圓光
    (常光)이고, 다섯 번째는 방광放光이라 하였다.
102 지금의 경문에는 아울러 다 갖추었다고 한 것은, 『잡화기』에 세 가지 자재
    가운데 심자재心自在가 이 의업意業인 까닭이다 하였다.
103 삼업을 열어서 십부사의十不思議를 삼았다고 한 것은 이 십부사의가 삼업을
    벗어나지 않는다는 것이다.

經

安住佛地가 不可思議하며 入如來境界가 不可思議하며 威力護
持가 不可思議하며 觀察一切佛智所行이 不可思議하며 諸力圓
滿하야 無能摧伏이 不可思議하며 無畏功德을 無能過者가 不可
思議하며 住無差別三昧가 不可思議하며 神通變化가 不可思議
하며 淸淨自在智가 不可思議하며 一切佛法을 無能毁壞가 不可
思議하나니

부처님의 지위에 편안히 머무는 것이 가히 사의할 수 없으며
여래의 경계에 들어간 것이 가히 사의할 수 없으며
위신력으로 보호하여 가지는 것이 가히 사의할 수 없으며
일체 부처님의 지혜로 행하신 바를 관찰하는 것이 가히 사의할
수 없으며
모든 힘이 원만하여 능히 꺾어 조복할 사람이 없는 것이 가히
사의할 수 없으며
두려움이 없는 공덕을 능히 지날 사람이 없는 것이 가히 사의할
수 없으며
차별이 없는 삼매에 머무는 것이 가히 사의할 수 없으며
신통의 변화가 가히 사의할 수 없으며
청정하고 자재한 지혜가 가히 사의할 수 없으며
일체 불법을 능히 훼손하거나 무너뜨릴 수 없는 것이 가히 사의할
수 없나니

疏

三에 安住佛地下에 十句는 牒上最初德用圓備十問이니 前問中
엔 略無變化와 及自在二句나 以攝在無能攝取句中이니 義如前
會하니라 亦以前文의 十海有故니라 神變屬身하고 自在屬智하나
니 餘並可知니라

세 번째 부처님의 지위에 편안히 머무는 것이 가히 사의할 수 없다고
한 아래에 열 구절은 위의 최초에 덕용원비德用圓備의 열 가지 질문(十
問)을[104] 첩석한 것이니,
앞의 열 가지 질문(十問) 가운데는 이 변화와 그리고 자재[105]라는
두 구절이 없지만 어떤 것이 모든 부처님의 능히 섭취할 수 없는
것이며(云何諸佛無能攝取)라고 한 구절 가운데 섭속되어 있나니
그 뜻은 전회前會[106]에서 설한 것과 같다.
또 앞의 사십문 가운데[107] 십해十海에는 있는 까닭이다.

---

104 위의 최초에 덕용원비德用圓備(滿)의 열 가지 질문(十問)이라고 한 것은 위의
   영인본 화엄 3책, p.401에 어떤 것이 이 모든 부처님의 지위이며, 어떤
   것이 이 모든 부처님의 경계인가 한 등의 열 가지 질문이다.
105 변화와 그리고 자재라고 한 것은 변화는 없고 신통은 영인본 화엄 3책,
   p.422, 10행에 있다. 자재는 영인본 화엄 3책, p.425, 2행에 지금 있지만
   북장경을 의지하여 보증한 것이다.
106 전회前會는 덕용원비德用圓備이다. 앞의 책, p.400에는 덕용원만이라 하였다.
107 또 앞의 사십문 가운데 십해가 있는 까닭이라고 한 것은, 앞의 영인본
   화엄 3책, p.435, 8행 십해十海에는 제 일곱 번째 변화의 바다만 있고,
   자재의 바다는 같은 책 p.449, 9행 게송에 있다. 즉 최초 십문十問의 게송에

신변은[108] 몸에 속하고 자재는 지智에 속하나니
나머지 여덟 구절은 아울러 가히 알 수가 있을 것이다.[109]

있다는 말이다. 『잡화기』는 이 위에는 곧 변화자재가 이 앞의 무능섭취無能攝
取 가운데 섭취할 바가 되는 까닭으로 여기에서 또한 앞에 십해를 첩석한
것이요, 여기서는 곧 변화자재가 이 앞에 관찰할 바 십해 가운데 있는
바가 되는 까닭으로 역시 앞에 십해를 첩석한 것이다고 말하였다.

108 신변 운운은 『잡화기』에 이 경문을 첩석한 것이다 하였다.

109 나머지 여덟 구절은 아울러 가히 알 수가 있을 것이라고 한 것은 나머지
여덟 구절의 뜻도 알 수 있지만 사십문四十問 가운데 최초 십문十問에도
이 여덟 구절이 있다는 것이다.

經

如是等一切法을 我當承佛神力과 及一切如來의 威神力故로 具
足宣說하리라

이와 같은 등 일체 법을 내가 마땅히 부처님의 위신력과 그리고
일체 여래의 위신력을 받은 까닭으로 구족하게 선설할 것입니다.

疏

第二에 如是等下는 許說分齊니 謂具足說故라 承佛力者는 當會
佛也라 若言具者인댄 何以下文에 唯說安立과 及世界海耶아 經
來不盡故며 又雖說二世界海나 亦已通具三十句問이라

제 두 번째 이와 같은 등이라고 한 아래는 설하기를 허락하는 분제分齊
이니,
구족하게 설함을 말하는 까닭이다.
부처님의 위신력을 받았다고 한 것은 당회의 부처님이다.
만약 구족하게 선설할 것이라고 말하였다면 무슨 까닭으로 하문下文
에서 오직 안립의 바다와 그리고 세계의 바다만 선설하였는가.
경이 전래되면서 다 전래되지 아니한 까닭이며,
또 비록 두 가지 세계의 바다[110]만 설하였지만 또한 이미 삼십구의

---

110 원문에 이세계해二世界海는 전이품前二品은 안립해安立海이고, 후일품後一品

질문도 모두 갖추어 설한 때문이다.

若言具說者下는 問也라 答有二意하니 一에 經來未盡은 約顯現答
이니 遮那品末엔 無有結束故라 若經具來인댄 應更答餘三十八問하
리라

만약 구족하게 선설할 것이라고 말하였다면이라고 한 아래는 질문
이다.
답함에 두 가지 뜻이 있나니
첫 번째 경이 전래되면서 다 전래되지 아니하였다고 한 것은 경에
나타난 것만을 잡아서 답한 것이니
비로자나품 말에는 결속이 없는 까닭이다.
만약 경이 갖추어 전래되었다면 응당 다시 나머지 삼십팔문三十八
問[111]을 답해야 할 것이다.

疏

謂界必有生하야 而依住故며 有佛現故며 安立異故며 行業感故

은 세계해世界海이다.

111 나머지 삼십팔문三十八問이라고 한 것은 사십문四十問 중 안립해安立海와
세계해世界海를 제외하면 삼십팔문三十八問이다.

니 餘可意求니라

말하자면 세계에는 반드시[112] 중생이 있어서 의지하여 머무는 까닭이며,

부처님이 있어 출현하시는 까닭이며,

안립이[113] 다른 까닭이며,

행업으로 감득하는 까닭이니

나머지는 가히 뜻으로 구할 것이다.

鈔

謂界必有生下는 二에 出所兼相이라 略出三海니 謂一은 衆生이요 二는 佛이요 三은 行業이라 及能兼二일새 已有五海니라 言餘可意求者는 卽餘五海等이니 謂有生에 必有根欲이 爲一이요 有佛에 必由願力이 爲二요 必有神變普周가 爲三이요 必轉法益生이 爲四요 有作用解脫이 爲五니 則具十海矣니라 具海旣爾인댄 具餘例然이니 此依別答四十問說이라 若約十海爲總인댄 此但答二하고 下別答八이니 已如現相品明하니라 則十海之中에 兼餘三十이라

---

112 말하자면 세계에는 반드시라고 한 등은, 『잡화기』에 세계해는 중생해와 불해를 포함하고 있음을 밝힌 것이다 하였다.

113 안립이라고 한 등은, 『잡화기』에 말하기를 안립해는 행업해를 포함하고 있음을 밝힌 것이니 그 가운데 안립해는 이것은 부처님이 중생을 교화하는 행업이고, 행업해는 곧 중생이 지은 바 행업이다 하였다.

말하자면 세계에는 반드시 중생이 있다고 한 아래는 두 번째 소겸所兼의 모습을 설출한 것이다.

간략하게 세 가지 바다를 설출하였나니

말하자면 첫 번째는 중생의 바다요,

두 번째는 부처님의 바다요,

세 번째는 행업의 바다이다.

그리고 능겸能兼이 둘[114]이 있기에 이미 다섯 가지 바다가 있게 된 것이다.

나머지는 가히 뜻으로 구할 것이라고 말한 것은 곧 나머지 다섯 가지 바다 등이니,

말하자면[115] 중생이 있음에 반드시 근성과 욕락이 있는 것이 일해一海가 되는 것이요

부처님이 있음에 반드시 원력을 인유하는 것이 이해二海가 되는 것이요

반드시 신통변화가 널리 두루함이 있는 것이 삼해三海가 되는 것이요

반드시 법륜을 전하여 중생을 이익케 하는 것이 사해四海가 되는 것이요

반드시 작용해탈이 있는 것이 오해五海가 되는 것이니,

곧 열 가지 바다(十海)가 갖추어진 것이다.[116]

---

114 원문에 능겸이能兼二라고 한 것은 안립해安立海와 세계해世界海이다.

115 위謂 자 아래 일一 자는 없어야 한다.

116 열 가지 바다(十海)가 갖추어진 것이라고 한 것은 이상에서 나열한 십해는

열 가지 바다를 갖춘 것이 이미 그러하다면 나머지 바다를 갖추는 것도 예가 그러하나니,

이것은 따로 사십문에 답한 것을 의지하여[117] 설한 것이다.

만약 열 가지 바다가 총總이 됨을 잡는다면[118] 여기서는 다만[119] 두 가지 바다만 답하고 아래에 따로 여덟 가지 바다를 답할 것이니, 이미 여래현상품에서 밝힌 것과 같다.

곧 열 가지 바다 가운데 나머지 삼십 가지 바다도 겸하고 있다 하겠다.

사십문四十問 가운데 십해와 관찰하는 가운데 십해를 병용竝用한 것이다. 관찰하는 가운데 십해에는 근욕根欲이 있고 해탈 등이 없으며, 사십문 가운데 십해에는 해탈이 있고 근욕이 없는 등이다.

117 이것은 따로 사십문(問)에 답한 것을 의지하여 운운한 것은, 『잡화기』에 곧 당회에 사십문에 답한 뜻을 갖추어 말한 것이다.

118 만약 열 가지 바다가 총總이 됨을 잡는다면 운운한 것은, 곧 구회에 십해문에 답한 뜻을 통석한 것이다 하였다.

119 여기서는 다만이라고 한 아래는 차일회 뒤의 삼품三品에서 세계의 바다와 안립의 바다만 밝히고, 아래 제이회 뒤로 팔해八海를 밝혔다.

爲令衆生을 入佛智慧海故며 爲令一切菩薩을 於佛功德海中에
得安住故며 爲令一切世界海를 一切佛自在所莊嚴故며 爲令
一切劫海中에 如來種性이 恒不斷故며 爲令於一切世界海中에
顯示諸法眞實性故며 爲令隨一切衆生無量解海하야 而演說故
며 爲令隨一切衆生諸根海하야 方便令生諸佛法故며 爲令隨一
切衆生樂欲海하야 摧破一切障礙山故며 爲令隨一切衆生心行
海하야 令淨修治出要道故며 爲令一切菩薩을 安住普賢願海中
故니라

하여금 중생을 부처님의 지혜의 바다에 들어가게 하기 위한 까닭
이며

하여금 일체 보살을 부처님의 공덕의 바다 가운데 편안히 머무름을
얻게 하기 위한 까닭이며

하여금 일체 세계의 바다를 일체 부처님이 자재롭게 장엄하게
하기 위한 까닭이며

하여금 일체 세월의 바다 가운데 여래의 종성이 항상 끊어지지
않게 하기 위한 까닭이며

하여금 일체 세계의 바다 가운데 모든 법의 진실한 성품을 현시하게
하기 위한 까닭이며

하여금 일체 중생의 한량없는 지해의 바다를 따라서 연설하게
하기 위한 까닭이며

하여금 일체 중생의 모든 근욕의 바다를 따라 방편으로 하여금
모든 불법을 출생하게 하기 위한 까닭이며

하여금 일체 중생의 욕락의 바다를 따라 일체 장애의 산을 꺾어
부수기 위한 까닭이며

하여금 일체 중생의 심행의 바다를 따라 하여금 생사[120]를 벗어나는
중요한 도를 청정하게 닦아 다스리게 하기 위한 까닭이며

하여금 일체 보살을 보현의 서원의 바다 가운데 편안히 머물게
하기 위한 까닭입니다.

疏

第三에 爲令下는 說所成益이라 十句를 攝爲五對니 一은 證智成
福對요 二는 嚴刹紹種對며 亦卽時處對며 三은 顯義演敎對요 四
는 生善滅惡對요 五는 淨業普願對니 文並可知라 此亦通爲一經
의 敎起之所因也라 此十을 亦對前十海十智로대 恐繁不會니라

제 세 번째 하여금 중생을 부처님의 지혜의 바다에 들어가게 하기
위한 까닭이라고 한 아래는 이루게 하는 바 이익을 설한 것이다.

이 열 구절을 섭수하여 오대五對를 하리니
첫 번째는 지혜를 증득하는 것과 복덕을 이루는 것을 상대한 것
이요

---

120 생사生死란, 즉 삼계三界이다.

두 번째는 국토를 장엄하는 것과 종성을 잇는 것을 상대하며 또한 곧 시간과 처소를 상대한 것이요

세 번째는 진실한 뜻을 나타내는 것과 가르침을 연설하는 것을 상대한 것이요

네 번째는 선업을 출생하는 것과 악업을 소멸하는 것을 상대한 것이요

다섯 번째는 청정한 업과 넓은 서원을 상대한 것이니

문장은 아울러 가히 알 수가 있을 것이다.

이것은 또한 모두 이 한 경의 교기教起의 인연하는 바가 되는 것이다.[121]

이 열 구절을 또한 앞의 십해와 십지를[122] 상대할 것이지만 번잡할까 염려하여 회석하지 않는다.

鈔

此十을 亦對前十海十智者는 初一에 爲令이 卽具十智니 故云爲令衆生을 入佛智慧海故라하니라 餘九卽十海니 一은 卽佛海及神變海요 二는 卽世界海요 三은 卽三世海요 四는 卽法界海요 五는 卽轉法輪

海요 六은 卽衆生根海요 七八은 皆衆生海요 九는 卽願海니 十海備矣
니라 對海旣爾인댄 對智可知니 如對海故니라

이 열 구절을 앞의 십해와 십지를 상대한다고 한 것은 처음 한
구절에 하여금 하게 한다(爲令)는 것이 곧 십지를 구족한 것이니
그런 까닭으로 하여금 중생을 부처님의 지혜의 바다에 들어가게
하는 까닭이다 하였다.
나머지 아홉 구절은 곧 십해+海이니
첫 번째는 곧 부처님의 바다와 그리고 신변의 바다요
두 번째는 곧 세계의 바다요
세 번째는 곧 삼세의 바다요
네 번째는 곧 법계의 바다요
다섯 번째는 곧 법륜을 전하는 바다요
여섯 번째는 곧 중생 근욕의 바다요
일곱 번째와 여덟 번째는 다 중생의 바다요
아홉 번째는 곧 서원의 바다이니,
십해가 다 갖추어진 것이다.
십해를 상대한 것이 이미 그러하다면 십지를 상대하는 것도 가히
알 수가 있을 것이니,
십해를 상대한 것과 같은 까닭이다.

經

是時에 普賢菩薩이 復欲令無量道場衆海에 生歡喜故며

이때에 보현보살이 다시 하여금 한량없는 도량의 대중 바다에
환희심을 내게 하고자 하는 까닭이며

疏

第四에 是時普賢下는 讚勝勸聽이라 於中文二니 初는 長行辯意요
後는 偈頌正顯이라 今初十一句에 初一은 總標니 謂令聞法하면
必生喜故니라

제 네 번째 이때에 보현보살이라고 한 아래는 수승함을 찬탄하여
듣기를 권하는[123] 것이다.
그 가운데 경문이 두 가지가 있나니
처음에는 장행문이니 환희의 뜻을 분별한 것이요
뒤에는 게송문이니 바로 나타낸 것이다.
지금은 처음으로 열 한 구절에 처음 한 구절은 한꺼번에 표한 것이니
말하자면 하여금 법문을 들으면 반드시 환희를 내게 하는 까닭이다.

---

123 원문에 찬승권청讚勝勸聽이란, 前엔 찬승계청讚勝誡聽이라 하여 권勸 자가
계誡 자이다.

經

令於一切法에 增長愛樂故며 令生廣大眞實한 信解海故며 令淨
治普門의 法界藏身故며 令安立普賢願海故며 令淨治入三世하
는 平等智眼故며 令增長普照一切世間藏하는 大慧海故며 令生
陀羅尼力하야 持一切法輪故며 令於一切道場中에 盡佛境界를
悉開示故며 令開闡一切如來法門故며 令增長法界廣大甚深한
一切智性故로 卽說頌言호대

하여금 일체 법에 좋아하고 즐거워함을 증장케 하는 까닭이며
하여금 광대하고 진실한 믿음과 지해의 바다를 출생케 하는 까닭
이며
하여금 보문普門의 법계장신을 청정히 다스리게 하는 까닭이며
하여금 보현의 서원의 바다를 안립케 하는 까닭이며
하여금 삼세에 들어가는 평등한 지혜의 눈을 청정히 다스리게
하는 까닭이며
하여금 일체 세간의 창고를 널리 비추는 큰 지혜의 바다를 증장케
하는 까닭이며
하여금 다라니의 힘을 출생하여 일체 법문을 가지게 하는 까닭이며
하여금 일체 도량 가운데 모든 부처님의 경계를 다 개시하게 하는
까닭이며
하여금 일체 여래의 법문을 열어 밝히게 하는 까닭이며
하여금 법계의 광대하고 깊고도 깊은 일체 지혜의 성품을 증장케

하는 까닭으로 곧 게송을 설하여 말하기를

疏

餘十은 別顯喜義라 亦爲五對리니 初二는 樂法生信對요 二는 證
性立願對요 三은 了眞入俗對요 四는 持法示佛對요 五는 開法增
智對니 如文並顯이라

나머지 열 구절[124]은 환희의 뜻을 따로 나타낸 것이다.
또한 오대五對를[125] 하리니
처음에 두 구절은 법을 좋아하는 것과 믿음을 내는 것을 상대한
것이요
두 번째는 법성을 증득하는 것[126]과 서원을 세우는 것을 상대한
것이요
세 번째는 진제를 요달하는 것과 속제에 들어가는 것을 상대한
것이요
네 번째는 법륜을 가지는 것과 부처님의 경계를 개시하는 것을
상대한 것이요
다섯 번째는 불법을 열어 밝히는 것과 지혜를 증장하는 것을 상대한

---

124 원문에 餘十이란, 前에 一句가 있는 까닭으로 餘十이라 한 것이다.
125 또한 오대五對라고 한 또(亦)는 앞에 제 세 번째에 열 구절을 오대로 한
적이 있기에 또라 한 것이다.
126 법성을 증득하였다고 한 그 법성(性)은 제삼구에 법계장신法界藏身을 말한다.

것이니
경문에 아울러 나타난 것과 같다.

經

智慧甚深功德海가　　普現十方無量國하사
隨諸衆生所應見하야　　光明遍照轉法輪하니다

十方刹海叵思議를　　佛無量劫皆嚴淨케하시며
爲化衆生使成熟케하사　出興一切諸國土하니다

지혜가 깊고도 깊은 공덕의 바다가
널리 시방의 한량없는 국토에 나타나
모든 중생이 응당 보는 바를 따라서
광명을 두루 비추어 법륜을 전하십니다.

시방의 국토 바다가 사의할 수 없는 것을
부처님이 한량없는 세월에 다 장엄하고 청정케 하였으며
중생을 교화하여 하여금 성숙케 하기 위하여
일체 모든 국토에 출흥하셨습니다.

疏

二는 正頌이라 於中十頌을 分二리니 初八은 讃이요 後二는 勸이라
前中亦二니 初二는 明佛出現意라

두 번째는 바로 게송이다.

그 가운데 열 가지 게송을 두 가지로 분류하리니
처음에 여덟 게송은 찬탄한 것이요
뒤에 두 게송은 권한 것이다.
앞의 가운데 또한 두 가지가 있나니
처음에 두 게송은 부처님이 출현하신 뜻을 밝힌 것이다.

經

佛境甚深難可思일새 普示衆生令得入케하나
其心樂小著諸有하야 不能通達佛所悟니이다

부처님의 경계는 깊고도 깊어 가히 사의하기 어렵기에
널리 중생에게 현시하여 하여금 들어감을 얻게 하시지만
그들의 마음[127]은 소승을 좋아하고 제유諸有에 집착하여
능히 부처님이 깨달은 바를 통달하지 못하였습니다.

疏

後六은 辨定法器니 於中初一은 揀非器라

뒤에 여섯 게송은 법기를 분별하여 결정하는 것이니
그 가운데 처음에 한 게송은 법기가 아님을 가린 것이다.

---

127 그들의 마음이라고 한 것은 중생의 마음이다.

經

若有淨信堅固心인댄　常得親近善知識하리며
一切諸佛與其力하야사　此乃能入如來智니이다

離諸諂誑心淸淨하며　常樂慈悲性歡喜하며
志欲廣大深信人이라사　彼聞此法生欣悅이니이다

安住普賢諸願地하며　修行菩薩淸淨道하며
觀察法界如虛空하야사　此乃能知佛行處니이다

此諸菩薩獲善利하야　見佛一切神通力거니와
修餘道者莫能知니　普賢行人方得悟니이다

만약 청정한 믿음과 견고한 마음이 있다면
항상 선지식을 친근함을 얻을 것이며
일체 모든 부처님이 그 힘을 주어야
이 사람이 이에 능히 여래의 지혜에 들어갈 것입니다.

모든 아첨과 속임을 떠나 마음이 청정하며
항상 자비를 좋아하여 성품이 환희하며
뜻에 욕망이 광대하고 깊게 믿는 사람이라야
저 사람이 이 법문을 듣고 기뻐함을 낼 것입니다.

보현의 모든 서원의 지위에 편안히 머무르며
보살의 청정한 도를 수행하며
법계를 관찰하는 것이 허공과 같아야
이 사람이 이에 능히 부처님이 행하신 곳을 알 것입니다.

이 모든 보살은 좋은 이익을 얻어
부처님의 일체 신통력을 보거니와
나머지 도를 닦은 사람은 능히 알 수 없나니
보현의 행인이라야 바야흐로 깨달음을 얻을 것입니다.

疏

次四는 示法器라

다음에 네 가지 게송은 법기를 현시한 것이다.

經

衆生廣大無有邊거늘   如來一切皆護念하사
轉正法輪靡不至케하시니 毘盧遮那境界力이니다

중생이 광대하여 끝이 없거늘
여래가 일체를 다 보호하고 생각하여
정법의 바퀴를 전하여 이르지 아니함이 없게 하시니
비로자나 경계의 힘입니다.

疏

後一은 結歸佛力이라

뒤에 한 게송은 맺어서 부처님의 힘에 돌리는 것이다.

經

一切刹土入我身하며 所住諸佛亦復然하나니
汝應觀我諸毛孔하라 我今示汝佛境界하리다

普賢行願無邊際거늘 我已修行得具足하며
普賢境界廣大身은　是佛所行應諦聽이니다

일체 국토가 나의 몸에 들어가며
머무시는 바 모든 부처님도 또한 다시 그러하나니
그대는 응당 나의 모든 털구멍을 관찰하세요.
내가 지금 그대에게 부처님의 경계를 시현할 것입니다.

보현의 행원이 끝이 없거늘
내가 이미 수행하여 구족함을 얻었으며
보현의 경계에 광대한 몸은
이 부처님이 행하신 바이니 응당 자세히 들을 것입니다.

疏

及後二는 勸이니 文並可知라 然通此十偈는 亦是牒問以讚이니
前長行은 總顯難思요 此下는 略示難思之相이라 而三十句를 間
列不次나 含義並足하니 欲委配釋이나 恐厭繁文하니라

그리고 뒤에 두 가지 게송은 권하는 것이니

경문은 아울러 가히 알 수가 있을 것이다.

그러나 모두 이 열 가지 게송은 역시 앞에 질문을 첩석하여 찬탄한
것이니,

앞의 장행문은 사의하기 어려움을 한꺼번에 나타낸 것이요

이 아래는 사의하기 어려운 모습을 간략하게 현시한 것이다.

그러나 삼십구 과문三十句果問을 사이사이에 열거[128]한 것은 차례는
같지 않지만 포함한 뜻은 아울러 구족하였으니,

자세하게 배대하여 해석하고자 하지만 번잡한 문장을 싫어할까
염려하여 해석하지 않는다.

鈔

然通此十下는 重釋偈文이라 結云欲委配釋이나 恐厭繁文은 今當配
之하리라 初偈는 卽牒智慧地와 及無畏功德하고 兼含體相顯著等十

---

128 원문에 삼십구간열三十句間列이라고 한 것은 전삼십구문前三十句間을 여기
십게十偈 사이에 열거列擧하였다는 것이다. 삼십구문三十句間은 一에 덕용원
비德用圓備에 십문十問이니 어떤 것이 모든 부처님의 지위인가 한 등이다.
영인본 화엄 3책, p.401 이하이다. 二에 체상현저體相現著에 십문十問이니
어떤 것이 모든 부처님의 눈인가 한 등이다. 영인본 화엄 3책, p.430이다.
三에 세계의 바다 등 십문十問이니 영인본 화엄 3책, p.435이다. 이상은
과문삼십구果問三十句이다. 인문십구因問十句는 인덕심광因德深廣이니 보살
서원의 바다 등이니 영인본 화엄 3책, p.439이다. 또 사십구 가운데 처음에
이십구는 문과問果이고, 뒤에 십구는 문인問因이고, 중간에 십구는 화용보주
化用普周라 하였다. 영인본 화엄 3책, p.399, 6행이다.

句니 以言普現十方하야 光明遍照等故라 第二偈는 卽世界海와 及出
現也요 第三偈는 牒佛境이요 第四偈는 牒佛加持요 第五偈는 卽業海
와 及樂欲海와 幷調伏海요 第六偈의 前半은 波羅蜜海며 亦兼佛地요
次句는 法界海요 末句는 所行이라 第七偈는 卽神變海요 第八偈의
前半은 衆生海요 後半은 演說海라 第九偈는 卽佛解脫海와 及三自
在요 第十偈는 卽大願海라 餘皆兼含하니 可以意得이라 非益觀智일
새 疏略不言거니와 明欲委尋文일새 故鈔重出하니라

그러나 모두 이 열 가지 게송이라고 한 아래는 게송문을 거듭 해석한
것이다.
맺어서 말하기를 자세하게 배대하여 해석하고자 하지만 번잡한
문장을 싫어할까 염려하여 해석하지 않는다고 한 것은 지금에 마땅
히 그것을 배대하여 해석하겠다.
처음에 게송은 곧 지혜의 지위와 그리고 무외의 공덕을 첩석하고
겸하여 체상현저[129] 등의 십구十句도 포함하였으니,
널리 시방에[130] 나타나 광명을 두루 비춘다는 등을 말한 까닭이다.
제 두 번째 게송은 곧 세계의 바다와 그리고 출현[131]이요
제 세 번째 게송은 부처님의 경계를 첩석한 것이요

---

129 체상현저는 과목이니 그 가운데 십구문十句問이 있다.
130 널리 시방에 운운은 처음 게송이다.
131 출현이라고 한 것은, 채자권菜字卷 상권 8장에 여래의 출현으로써 부처님의
   행하는 바를 삼는다면 곧 이것은 또한 행하는 바(所行)이고 혹 가히 불해라고
   『잡화기』는 말하고 있다.

제 네 번째 게송은 부처님의 가피지력을 첩석한 것이요

제 다섯 번째 게송은 곧 업의 바다와 그리고 낙욕의 바다와 아울러 조복의 바다[132]요

제 여섯 번째 게송의 앞에 반 게송은 바라밀의 바다이며, 또한 부처님의 지위도 겸한 것이요

다음 구절은 법계의 바다요

끝 구절은 부처님이 행하신 바 처소이다.

제 일곱 번째 게송은 곧 신변의 바다요

제 여덟 번째 게송의 앞에 반 게송은 중생의 바다요

뒤에 반 게송은 연설의 바다이다.

제 아홉 번째 게송은 곧 부처님의 해탈의 바다와 그리고 세 가지 자재[133]요

제 열 번째 게송은 곧 큰 서원의 바다[134]이다.

나머지는 다 겸하고 포함하였으니[135] 가히 뜻으로 얻을 것이다.

---

132 조복의 바다라고 한 것은, 『잡화기』에 근기에 임하여 신통변화로 교화하기 어려운 중생을 조복하여 중생으로 하여금 믿고 알게 하는 것이니, 곧 이것은 또한 신변해이다 하였다.

133 세 가지 자재라고 한 것은 『잡화기』에는 곧 삼업이라 하였다. 즉 삼륜이니 신통은 몸이고, 기심은 의이고, 교계는 구이다.

134 큰 서원의 바다라고 한 것은, 『잡화기』에 말하기를 곧 명호해와 수량해를 합하고 있다 하였다.

135 나머지는 다 겸하고 포함하였다고 한 것은, 『잡화기』에 말하자면 출현은 불해를 포함하고 있고, 해탈해는 불력과 신통과 삼매와 자재와 최승 등 다섯 가지를 포함하고 있는 까닭이다 하였다.

지혜를 관찰하는 데는 유익하지 않기에 소문에서는 생략하여 말하지
아니하였거니와, 자세하게 문장을 찾고자 함을 밝히기에 그런 까닭
으로 초문에서 거듭 설출하였다.

經

爾時에 普賢菩薩摩訶薩이 告諸大衆言호대

그때에 보현보살 마하살이 모든 대중에게 일러 말하기를

疏

第二는 廣陳本義分이라 於中分二리니 初는 結集生起라

제 두 번째는 널리 본의를 진술하는 분이다.
그 가운데 두 가지로 분류하리니
처음에는 결집한 사람이 생기한 말이다.

經

諸佛子야 世界海에 有十種事하니 過去現在未來의 諸佛已說하시고 現說當說하시리라

모든 불자여, 세계의 바다에 열 가지 일이 있나니
과거와 현재와 미래의 모든 부처님이 이미 설하셨고, 현재 설하시고, 당래에 설하실 것입니다.

疏

二에 諸佛子下는 普賢顯說이라 於三十句果問中에 廣釋世界와 安立海問하고 餘並攝之니라 文分爲二리니 初는 標擧章門이요 後는 依章別釋이라 今初分三하리니 一은 立數顯同이요 二는 微數列異요 三은 結略顯廣이라 今初니 先告佛子者는 使時情으로 注其耳目也라 世界廣深일새 目之爲海니 謂積刹成種하고 積種成海니 海無別體하야 世界都名이라 然이나 事類廣多나 略擧其十하야 以表無盡하니라 三世同說은 彰其要勝이요 又顯說이 決定無改易也니라

두 번째 모든 불자라고 한 아래는 보현보살이 나타나 설한 것이다. 삼십구 과문 가운데 세계의 바다와 안립의 바다에 대한 질문을 폭넓게 해석하였고, 나머지 바다도 아울러 섭수하였다.

경문을 분류하여 두 가지로 하리니

처음에는 장문章門을 표하여 거론한 것이요

뒤에는 장문을 의지하여 따로 해석한 것이다.

지금은 처음으로 세 가지로 분류하리니

첫 번째는 숫자를 세워 같음을 나타낸[136] 것이요

두 번째는 숫자를 묻고[137] 다름을 열거한 것이요

세 번째는 간략하게 설한 것을 맺고 널리 설한 것을 나타낸 것이다.

지금은 처음으로 먼저 불자에게 일러 말한 것은 그때에 유정으로 하여금 그 이耳·목目을 기울이게[138] 하는 것이다.

세계가 깊고도 넓기에 그것을 명목하여 바다라 하나니

말하자면 세계의 국토(刹)를 쌓아[139] 세계의 종種을 이루고, 세계종을 쌓아 세계의 바다(海)를 이루나니 바다는 따로이 자체가 없어서 세계를 다 이름한 것이다.

그러나 세계에 사류事類가 넓고도 많지만 간략하게 열 가지만 들어서 끝이 없음을 표하였다.

---

136 숫자를 세워 같음을 나타낸 것이라고 한 것은, 숫자를 세웠다고 한 것은 세계의 바다에 열 가지 사류事類이다. 같음을 나타내었다고 한 것은 삼세에 모든 부처님이 삼세에 다 같이 설한 것이다.

137 숫자를 물었다고 한 것은 바로 아래 경문에 어떤 것이 열 가지가 되는가 한 것이다.

138 주注는 경주傾注니 기울인다는 뜻이다.

139 세계의 국토(刹)를 쌓는다고 한 아래는 그 뜻이 해海는 대大이고, 종種은 중中이고, 찰刹은 소小라는 것이다.

삼세에 함께 설한 것은 그것이 중요하고 수승함을 나타낸 것이요
또 설한 것이 결정코 고치거나 바꿀 수 없음을 나타낸 것이다.

經

何者爲十고 所謂世界海起具因緣과 世界海所依住와 世界海
形狀과 世界海體性과 世界海莊嚴과 世界海淸淨과 世界海佛出
興과 世界海劫住와 世界海劫轉變差別과 世界海無差別門이라

어떤 것이 열 가지가 되는가.
말하자면 세계의 바다가 생기함에 갖춘 인연과
세계의 바다가 의지하여 머무는 바와
세계의 바다에 형상과
세계의 바다에 자체 성품과
세계의 바다에 장엄과
세계의 바다에 청정과
세계의 바다에 부처님이 출흥하시는 것과
세계의 바다에 세월(劫)이 머무는 것과
세계의 바다에 세월(劫)이 전변하여 차별한 것과
세계의 바다에 차별이 없는 문입니다.

疏

二는 微列이라 於中에 一은 明攬緣成立이요 二는 成已依住요 三은
外狀區分이요 四는 內體差別이요 五는 寶等莊校요 六은 垢穢不
生이요 七은 佛出差殊요 八은 劫住修短이요 九는 隨業改變이요
十은 包容必均이라 此十이 亦攝十八圓滿이니 後品當會하리라

두 번째는 숫자를 묻고 다름을 열거한 것이다.

그 가운데 첫 번째는 인연을 잡아 성립함을 밝힌 것이요

두 번째는 성립한 이후에 의지하여 머무는 것이요

세 번째는 밖의 형상을 구분한 것이요

네 번째는 안의 몸이 차별한 것이요

다섯 번째는 보배 등으로 장엄하여 꾸민 것이요

여섯 번째는 때의 더러운 것이 생겨나지 않는 것이요

일곱 번째는 부처님의 출흥하심이 차별한 것이요

여덟 번째는 세월이 머무는 것이 길고 짧은 것이요

아홉 번째는 업을 따라 바뀌고 변하는 것이요

열 번째는 포용하는 것이 반드시 균등한 것이다.

이 열 가지가 또한 십팔원만[140]을 섭수하였나니

뒤의 화장세계품[141]에서 마땅히 회석하겠다.

---

140 십팔원만十八圓滿(또한 十八圓淨이라고도 이름한다)이란, (1) 色相圓淨, (2) 形貌圓淨, (3) 量圓淨, (4) 處圓淨, (5) 因圓淨, (6) 果圓淨, (7) 主圓淨, (8) 助圓淨, (9) 眷屬圓淨, (10) 持圓淨, (11) 業圓淨, (12) 利益圓淨, (13) 無怖畏圓淨, (14) 住處圓淨, (15) 路圓淨, (16) 乘圓淨, (17) 門圓淨, (18) 依持圓淨이다. 그 출처는 『불지경론佛地經論』이니 영인본 화엄 4책, p.78, 5행에 있다.

141 원문에 후품後品이란, 화장세계품華藏世界品이니 영인본 화엄 4책, p.78, 5행에 있다.

經

諸佛子야 略說世界海에 有此十事어니와 若廣說者인댄 與世界
海微塵數等이니 過去現在未來諸佛이 已說 現說 當說하니라

모든 불자여, 세계의 바다에 이런 열 가지 일이 있음을 간략하게
설하였거니와 만약 널리 설한다면 세계의 바다에 작은 티끌 수로
더불어 같을 것이니,
과거와 현재와 미래에 모든 부처님이 이미 설하셨고 현재에 설하시
고 당래에 설하실 것입니다.

疏

三에 諸佛子下는 結略顯廣이라 言世界海塵者는 智猶難測거든
言豈具陳하며 非證法雲인댄 安受茲說이리요

세 번째 모든 불자라고 한 아래는 간략하게 설한 것을 맺고 널리
설한 것을 나타낸 것이다.
세계의 바다에 티끌 수라고 말한 것은 지혜로도 오히려 측량하기
어렵거든 말로써 어찌 갖추어 진술하며, 법운지를 증득하지 아니하
였다면[142] 어찌 이 말을 수용하겠는가.

---

142 법운지를 증득하지 아니하였다면 운운한 것은, 『잡화기』에 말하기를 이
위에는 설하는 사람에게 나아가 간략하게 설함을 밝혔고, 여기서는 듣는
사람에게 나아가 간략하게 설함을 밝힌 것이니, 반드시 법운지를 증득해야

疏

然上十事가 於一一刹에 多少不定하니 具緣一種은 或一或二며
或三或多며 或成四句니 謂一成一하고 一成一切等이라 淸淨一
種은 或一或多며 或亦無之니 以有純穢刹故라 其次七事는 各各
唯一이니 謂依空住者는 非依光等故라 餘準思之니라 其無差別은
一切皆具니 以約體性平等하고 佛力融攝일새 故說無差니 所以로
染淨皆具也니라 有云호대 一切世界가 相望互同일새 名無差者는
則違下經文이니 經云호대 一一世界海에 有世界海微塵數의 無
差別故라하니라 若依相望互同인댄 則無有差別之事니라

그러나 이 위에 열 가지 일이 낱낱 국토에 많고 적음이 일정하지
않나니
세계의 바다가 생기할 때 갖춘 인연이라고 한 한 가지는 혹 하나이며
혹 둘이며 혹 셋이며 혹 많으며 혹 사구四句를 이루나니,
말하자면 하나가 하나를 이루기도 하고 하나가 일체를 이루기도
하는 등이다.
세계의 바다에 청정이라고 한 한 가지는 혹 하나이며 혹은 많으며
혹 또한 없기도 하나니,
순전히 더러운 국토가 있는 까닭이다.
그 다음에 일곱 가지 일은 각각 오직 하나뿐이니,

된다고 거론한 것은 대개 저 법운지 보살이라야 바야흐로 능히 시방에
모든 부처님의 한량없는 큰 법을 듣고 수지하는 까닭이다 하였다.

말하자면 허공을 의지하여 머문다고 한 것은 광명 등을 의지하지
않는 까닭이다.

나머지는 이것을 기준하여 생각할 것이다.

그 차별이 없는 문이라고 한 것은 일체를 다 갖추었나니,

자체 성품이 평등하고 부처님의 힘이 융섭함을 잡았기에 그런 까닭
으로 차별이 없다고 말한 것이니,

그런 까닭으로 더러움과 깨끗함을 다 갖추었다는 것이다.

어떤 사람[143]이 말하기를 일체 세계가 서로 바라봄에 서로 같기에
차별이 없다고 이름한다 한 것은 곧 아래 경문[144]에 위배되나니
경에 말하기를 낱낱 세계의 바다에 세계의 바다 작은 티끌 수만치
많은 무차별無差別이 있는 까닭이다 하였다.

만약 서로 바라봄에 서로 같다고 한 것을 의지한다면 곧 유차별有差別
의 일이 없을 것이다.[145]

---

143 원문에 유운有云이란,『간정기刊定記』의 혜원慧苑이다.

144 아래 경문이라고 한 것은 이 아래 영인본 화엄 3책, p.787, 5행에 있다.

145 곧 유차별의 일이 없을 것이라고 한 것은,『잡화기』에 말하기를 모습에
　　나아가서는 무차별이 아님을 반대로 나타낸 것이니 대개 소주疏主는 융섭함
　　을 잡아 무차별을 밝힌 까닭으로 모습에 나아가서는 무차별이 아님을 밝히고,
　　『간정기』는 서로 바라봄을 잡아 무차별을 밝힌 까닭으로 도리어 세계 바다로
　　하여금 유차별의 일이 없게 하는 것이다 하였다.

鈔

有云下는 敍昔이니 卽刊定意라 若依下는 結過니 謂盡世界海가 皆作
無差別일새 故剎海中에 無差別事라 餘可知니라

어떤 사람이 말하였다고 한 아래는 옛날 사람의 뜻을 서술한 것이니
곧 『간정기刊定記』의 뜻이다.
만약 서로 바라봄에 서로 같다고 한 것을 의지한다면이라고 한
아래는 허물을 맺는 것이니,
말하자면 모든 세계의 바다가 다 무차별을 짓기에 그런 까닭으로
국토 바다 가운데 차별의 일이 없는 것이다.
나머지는 가히 알 수가 있을 것이다.

疏

若將此十하야 望剎種者인댄 具緣一種은 多少不定일새 不得云一
이니 以其種中에 含有多類剎故니라 淸淨一事는 不得定言有無니
以其種中에 必含淨穢故니라 其無差別은 多少亦均이라 佛出劫
住와 隨業轉變은 不得云一이라 依形體嚴은 不得云多니 以其剎
種이 別有體等故니라

만약 이 열 가지 일(十事)을 가져 세계의 찰과 종(刹·種)을 바라본다면
세계가 생기할 때 갖춘 인연이라고 한 한 가지는 많고 적음이 일정하
지 않기에 하나라고 말함을 얻을 수 없나니,

그 세계의 종種 가운데 많은 유형의 국토(刹)를 포함하고 있는 까닭이다.

세계의 청정이라고 한 한 가지 일(一事)은 결정코 있다 없다 말함을 얻을 수 없나니,

그 세계의 종種 가운데 반드시 깨끗하고 더러운 것을 포함하고 있는 까닭이다.

그 세계의 차별이 없다고 한 것은 많고 적음이 또한 균등한 것이다.

그 세계에 부처님이 출흥하신다고 한 것과 세월(劫)이 머문다고 한 것과 업을 따라 전변한다고 한 것은 하나라고 말함을 얻을 수 없는 것이다.

세계가 허공을 의지하여 머문다고[146] 한 것과 세계에 형상이라고 한 것과 세계에 자체 성품이라고 한 것과 세계에 장엄이라고 한 것은 많다고 말함을 얻을 수 없나니,

그 세계의 찰종이 따로 자체 등이 있는 까닭이다.

疏

若以此十으로 獨望刹海인댄 形體依住莊嚴等四는 許其唯一거니와 餘必兼多니 故經云호대 一一世界海에 有種種形故라하니라

만약 이 열 가지로써 유독 찰해刹海만을 바라본다면[147] 세계에 형상이

---

146 원문에 의형체엄依形體嚴은 각각 일사一事이니 착오하지 말 것이다. 나는 나누어 잘 번역하였다.

라고 한 것과 의지하여 머문다고 한 것과 장엄이라고 한 등의 네

가지는 그 오직 하나라고 함을 허락하거니와[148] 나머지 여섯 가지는

반드시 많음도 겸하나니,

그런 까닭으로 경에 말하기를 세계의 바다에 가지가지 형상이 있는

까닭이다 하였다.

疏

今言호대 有世界海塵數者는 約融攝無盡之說也어늘 有云호대 約

一一刹海中에 所有諸刹이 各各一因等일새 故有刹海塵數者는

孟浪之甚이라 何者오 且如刹海中刹雖多나 豈如刹海盡末하야

爲塵之多이료 若欲相同인댄 即一塵一緣라야 方得相似리니 何得

以一刹一緣으로 充一刹多塵之數리요 況積具緣等十하야 有刹海

之塵하고 其一具緣에 自有刹海塵數아 是則通有刹海에 微塵數

147 만약 이 열 가지로써 유독 찰해刹海만을 바라본다면이라고 한 것은, 『잡화기』에 말하기를 대개 한 세계 바다에 수많은 종種과 수많은 찰刹이 있기에 앞에서는 수많은 찰刹과 수많은 종種을 바라보는 까닭으로 유독(獨)이라는 말이 없고, 지금에는 곧 다만 한 바다만 바라보는 까닭으로 유독(獨)이라는 말이 있다.

148 그 오직 하나라고 함을 허락한다고 한 것은, 세계의 형상과 의지하여 머문다고 한 것과 장엄과 자체는 많다고 말함을 얻을 수 없다 하였다. 『잡화기』는 지금에는 한 세계 바다와 한 세계 형상이라는 말을 증거한 까닭이니 그 문장은 아래 장자권張字卷 39장 상면에 있다 하였다. 영인본 화엄 3책, p.733, 3행 이하이다.

菌의 刹海微塵數矣어늘 一刹一緣과 一依一體로 安得充耶아 亦
不得言通一切世界海說이니 以下依住云호대 一一世界海에 有
世界海塵數의 所依住故라하나라

지금에 말하기를[149] 세계의 바다에 작은 티끌 수와 같이 있다고
한 것은 융섭하여 끝이 없다는 말을 잡은 것이어늘, 어떤 사람이
말하기를[150] 낱낱 찰해 가운데 있는 바 모든 국토가 각각 한 인연이라
는 등[151]을 잡았기에 그런 까닭으로 찰해에 티끌 수 같이 있다고

---

149 지금에 말하였다고 한 등은 지금 경문(영인본 화엄 3책, p.690, 8행)에 세계의
바다에 미진수라고 한 말이 아니다. 아래 문장을 의지하여 따로 해석한
가운데 십단에 각각 말한 바 세계의 바다에 미진수라는 경문을 모두 가리킨
것이니, 지금 경문인즉 이 세계가 생기할 때 갖춘 인연 등 열 가지 일
밖에 그 유형이 다시 세계의 바다 미지수 등이 있는 까닭이요, 이 아래
경문에 바야흐로 이 세계가 생기할 때 갖춘 인연 등 열 가지 일이 낱낱이
세계의 바다 미진수가 있는 까닭이다. 대개 회통한 뜻은 곧 이미 위에서
열 가지 일로써 헤아려 가려 말하기를 혹은 한 세계, 혹 끝이 없는 세계
등이라 하였으니, 곧 저 아래 경에 낱낱 일 가운데 다 세계가 있다고 한
경문에 어김이 있을까 염려하기에 그런 까닭으로 여기에 회통한 것이니,
이 위에 소문은 모습의 차별함에 나아가 말한 것이고, 아래 경문(영인본
화엄 3책, p.728, 1행—다음 p.693, 7행에 인용되어 있다)은 원융하게 섭수함을
잡아 말한 것이다. 이미 원융하게 섭수한즉 낱낱 세계가 각각 세계의 바다
미진수의 갖춘 인연 등이 있다는 것이니, 바로 이 『화엄경』의 종취이다.
이상은 『잡화기』의 말이고, 열 가지 일(十事)은 영인본 화엄 3책, p.680,
9행에 이미 나왔다.

150 원문에 유운有云이란, 『간정기刊定記』 원공苑公이다.

151 한 인연이란 열 가지 일 가운데 첫 번째 세계해 기구인연起具因緣이고,

한 것은 맹랑함이 막심하다 하겠다.

무엇 때문인가.

또한 찰해 가운데 국토가 비록 많은 것 같지만 어찌 찰해를 다 가루로 만들어 티끌 수를 삼은 많음과 같겠는가.

만약 서로 같고자 한다면 곧 한 티끌이 한 인연이라야 바야흐로 상사함을 얻을 것이니 어찌 한 국토에 한 인연으로써 한 국토에 수많은 티끌 수가 충만함을 얻겠는가.

하물며 세계가 생기할 때 갖춘 인연 등 열 가지를 쌓아서[152] 찰해의 티끌 수가 있고, 그 하나가 생기할 때 갖춘 인연에 스스로 찰해의 티끌 수가 있는 것이겠는가.

이러하다면 곧 모두 찰해에 작은 티끌 수 개수의 찰해에 작은 티끌 수가 있어야 하거늘, 한 국토에 한 인연과 한 의주依住와 한 체상으로

등等이라고 한 것은 나머지 아홉 가지 일을 등취한 것이다. 강사가 말하기를 한 인연은 곧 갖춘 인연 열 가지 가운데 하나이고, 등이라고 한 것은 나머지 아홉 가지 인연을 등취한 것이라 하니, 그렇지 않는 것 같아 염려한다. 이상은 다 『잡화기』의 말이다. 갖춘 인연(起具因緣)의 十은 영인본 화엄 3책, p.698, 6행에 있다.

152 하물며 세계가 생기할 때 갖춘 인연 등 열 가지를 쌓아서라고 한 등은, 이 위에는 곧 우선 갖춘 인연 등 열 가지 일(十事)의 한 개 찰해의 미진수를 잡아 말한 것이니 이미 충만하지 못한 바가 가장 많다는 것이고, 지금에는 곧 갖춘 인연 등 찰해 미진수 개의 찰해 미진수를 갖추어 잡아 말한 것이니, 더욱 충만하지 못한 바가 많고 넓다는 것을 나타낸 것이다.

그러한즉 다만 이것은 원융하게 섭수함을 잡아 말한 것일 뿐 가히 한 세계 한 사실을 말한 것이 아니니 생각할 것이다. 이상은 다 『잡화기』의 말이다.

어찌 충만케 함을 얻겠는가.

또한 일체 세계의 바다를 통틀어 설하였다고 말함을 얻을 수 없나니, 아래 의지하여 머무는[153] 바에 말하기를 낱낱 세계의 바다에 세계의 바다 작은 티끌 수가 의지하여 머무는 바가 있는 까닭이다 하였다.

鈔

孟浪之甚者는 浪謂流浪이요 孟亦猛也라 莊子齊物篇云호대 瞿鵲子가 問於長梧子曰호대 吾聞諸夫子호니 聖人은 不從事於務하며 不就利不違害하며 不喜求不緣道하며 無謂有謂하며 有謂無謂하야 而遊乎塵垢之外를 夫子는 以爲孟浪之言이어니와 而我는 以爲妙道之行也니다 吾子는 以爲奚若잇가하니라 釋曰今不取其事하고 但取孟浪所出耳니라 孟浪者는 率略之言也니 明其無當이라 向秀云호대 瀾漫하야 無所趣捨之謂라하니 二字要連用이라

맹랑함이 막심하다고 한 것은 랑浪은 흐르는 물결을 말하는 것이요 맹孟은 또한 사납다(猛)는 뜻이다.

『장자』제물편에 말하기를 구작자[154]가 장오자에게 물어 말하기를, 제가 공자에게 들으니

성인은 일을 좇아 힘쓰지 아니하며,

이익을 취구하지 아니하며,

___

153 아래 의지하여 머문다고 한 것은 아래 영인본 화엄 3책, p.728, 2행에 있다.
154 구작자瞿鵲子는 장오자長梧子의 제자로, 상고시대의 현인이다.

해로움을 피하지 아니하며,

추구함을 기뻐하지 아니하며,

도를 반연하지 아니하며,

말한 적이 없지만 말한 것이 있으며,[155]

말한 적이 있지만 말한 것이 없어서 티끌세상 밖에 노닌다는 말을 공자는 맹랑한 말이라 하였거니와 그러나 저는 묘도妙道의 실행을 삼습니다.

장오자께서는 어찌 생각하십니까 하였다.

해석하여 말하면 지금에는 그 사실을 취하지 않고 다만 맹랑하다는 말이 나온 바만 취하였을 뿐이다.

맹랑이라고 한 것은 경솔하게 대충[156] 하는 말이니, 그 말이 타당성이 없음을 밝힌 것이다.

향수[157]가 말하기를 난만하여 취사趣捨[158]할 바 말이 없다 하였으니, 맹랑이라는 두 글자를 이어서 사용하기를 요망한다.

何者下는 三에 彰非所以니 尋意可知나 而猶恐難見하야 請以喩明하

---

155 말한 적이 없지만 말한 것이 있다고 한 등은, 임주林註에 말하기를 말하지 않았지만 말한 것과 말하였지만 말하지 아니한 것이다 하였다. 두 번 부자夫子라고 말한 것(영인본 화엄 3책, p.693, 9행과 p.694, 1행)은 다 공자를 가리킨다. 역시 『잡화기』의 말이다.

156 원문에 솔략率略이란, 率은 경솔의 뜻이고, 略은 대략, 대강의 뜻이다.

157 향수向秀는 진晉나라 사람. 자字는 자기子期로 『장자莊子』 주注를 낸 사람이다.

158 취사趣捨는 곧 진퇴進退로 나아가고 머무는 것이다.

리라 如一盤中에 盛於十㯂하고 十㯂之中에 各盛十彈子하나니 一盤
如刹海하고 一㯂如刹種하고 彈子如一刹이라 若言一盤之中에 有一
盤彈子의 塵數無差인댄 豈得以一盤之內에 彈子無差로 以充其數리
요 一盤彈子는 但有一百이니 一彈子之塵도 已難知數어도 況一百彈
子를 盡抹爲塵이리요 則數不可量거늘 便將一百之數하야 以充一盤
彈子之塵數일새 故爲孟浪也라하니라 得斯喩意하고 尋疏易了니라
亦不得言通一切世界海說者는 逆遮昔救라 恐有救云호대 一刹海
中刹은 不充一刹海中塵거니와 今取一切刹海中刹하야 以充一刹海
中塵數는 豈不得耶아 亦如一盤彈子之多는 不充一盤之塵거니와 若
多盤彈子인댄 豈不充一盤之塵耶아할새 故今遮云호대 若依此義인
댄 義則粗通이나 奈何違文이리요 文中旣云호대 一世界海中이라하니
則一海中에 卽有世界海塵數요 不言一切世界海에 共爲一世界海
塵數니 豈得將此하야 而爲救耶아 亦猶一盤彈子에 卽有一盤彈子
塵數요 不言多槃에 有一盤之塵也니라

무엇 때문인가라고 한 아래는 세 번째 잘못된 까닭을 나타낸 것이니
그 뜻을 찾아보면 가히 알 수가 있을 것이지만, 오히려 보기 어려울까
염려하여 자청하여 비유로 밝히겠다.
마치 한 소반 가운데 십접十㯂을 담고 십접 가운데 각각 십탄자十彈子
를 담은 것과 같나니,
한 소반은 찰해刹海와 같고, 일접一㯂은 찰종刹種과 같고, 탄자彈子는
일찰一刹과 같다.
만약 한 소반 가운데 한 소반 탄자의 미진수가 무차로 있다고 말한다

면 어찌 한 소반 안에 탄자의 무차로써 그 소반의 탄자 수數에 차게 함을 얻겠는가.

한 소반의 탄자는 다만 일백 개가 있을 뿐이니 한 탄자의 미진수도 이미 그 수를 알기가 어렵거든, 하물며 일백 탄자를 다 가루로 만들어 미진수를 삼는 것이겠는가.

곧 그 수를 가히 헤아릴 수 없거늘, 문득 일백 탄자의 수를 가져 한 소반에 탄자의 미진수에 채우려 하기에 그런 까닭으로 맹랑하다고 한 것이다.

이 비유의 뜻을 인득하고 소문疏文을 찾아보면 쉽게 알 수가 있을 것이다.

또한 일체 세계의 바다를 통틀어 설하였다고 말함을 얻을 수 없다고 한 것은 역으로 옛날 사람이 구원하는 것을 막는 것이다.

어떤 사람이 구원하여 말하기를 한 찰해 가운데 국토는 한 찰해 가운데 미진수에 채우지 못하거니와, 지금에 일체 찰해 가운데 국토를 취하여 한 찰해 가운데 미진수에 채우는 것은 어찌 얻지 못하겠는가.

또한 마치 한 소반에 탄자가 많은 것은 한 소반의 미진수에 채우지 못하거니와, 만약 많은 소반에 탄자라면 어찌 한 소반의 미진수에 채우지 못하겠는가 함과 같다고 할까 염려하기에, 그런 까닭으로 지금에 막아서 말하기를 만약 이 뜻을 의지한다면 뜻은 대강 통하는 듯하지만 경문[159]에 위배됨을 어찌하겠는가.

경문 가운데 이미 말하기를 낱낱 세계의 바다 가운데라 하였으니

곧 한 세계의 바다 가운데 곧 세계의 바다가 미진수로 있다고 말한
것이지, 일체 세계의 바다에 똑같이 한 세계의 바다가 미진수로
있다고 말한 것이 아니니 어찌 이 뜻을 가져 구원함을 얻겠는가.
또한 마치 한 소반의 탄자에 곧 한 소반의 탄자가 미진수로 있다고
말한 것이지, 많은 소반에 한 소반의 미진이 있다고 말한 것이
아닌 것과 같다.

---

159 문文 자를 타본에는 하문下文이라 하였다. 그리고 바로 아래 문중文中을
   하문下文이라 하였다. 소문에는 下依住云 一一世界海 운운이라 하였다.
   그러나 여기 초문에 이미(旣)라고 하였다면 조금 생각해 볼 것이다.

經

諸佛子야 略說인댄 以十種因緣故로 一切世界海가 已成現成當
成하리라

모든 불자여, 간략하게 설한다면 열 가지 인연인 까닭으로 일체
세계의 바다가 이미 이루어졌고,[160] 현재에 이루어지고, 당래에
이루어질 것입니다.

疏

第二에 依章別釋者는 十事不同일새 則爲十段하리니 ——皆有長
行與偈라 長行中各三이니 謂標釋結이라 今初는 起具因緣이니 標
中에 略擧十種하야 通成三世의 一切佛刹이라

제 두 번째 문장을 의지하여 따로 해석하는 것은 열 가지 일이
같지 않기에 곧 십단으로 하리니
낱낱이 다 장행문과 게송문이 있다.

---

160 열 가지 인연인 까닭으로 일체 세계의 바다가 이미 이루어졌다고 한 등은
『능엄경』은 본각연기本覺緣起와 무명연기無明緣起로 세계가 성취된다 하여
칠대七大를 주장하고, 『아함경』과 『방등경』은 사대四大를 주장하고, 『화엄
경』은 열 가지 인연으로 세계가 성립된다 하였다. 그러나 일체는 유심조이다.
여기에서 말한 열 가지 인연, 즉 기구인연起具因緣의 열 가지는 아래 영인본
화엄 7책, p.694, 1행에서 여기에 나온다고 말하고 인용하였다.

장행 가운데 각각 세 가지가 있나니
말하자면 총표와 해석과 맺는 것이다.
지금은 처음으로 세계가 생기함에 갖춘 인연이니
총표 가운데 열 가지를 간략하게 들어 삼세에 일체 부처님의 국토가
이루어지는 것을 통석하였다.

經

何者爲十고 所謂如來神力故며 法應如是故며 一切衆生行業
故며 一切菩薩이 成一切智所得故며 一切衆生과 及諸菩薩이
同集善根故며 一切菩薩이 嚴淨國土願力故며 一切菩薩이 成就
不退行願故며 一切菩薩의 淸淨勝解自在故며 一切如來의 善根
所流와 及一切諸佛의 成道時自在勢力故며 普賢菩薩의 自在願
力故니라

어떤 것이 열 가지가 되는가.
말하자면 여래의 신통력¹⁶¹인 까닭이며
법이 응당 이와 같은 까닭이며
일체 중생의 행업인 까닭이며
일체 보살이 일체 지혜를 이루어서 얻은 바인 까닭이며
일체 중생과 그리고 모든 보살이 다 같이 선근을 모은 까닭이며
일체 보살이 국토를 장엄하고 청정케 하려는 원력인 까닭이며
일체 보살이 물러나지 않는 행원을 성취한 까닭이며
일체 보살의 청정하고 수승한 지혜가 자재한 까닭이며
일체 여래의 선근으로 유출한 바와 그리고 일체 모든 부처님이
성도하실 때에 자재한 세력인 까닭이며
보현보살의 자재한 원력인 까닭입니다.

---

161 여래신력如來神力은 소문疏文에는 신통지혜력神通智慧力이라 하였다.

疏

二에 何者下는 釋이라 然佛土之義가 雖有多種이나 不出其三이니
一은 法性土요 二는 受用土요 三은 變化土라 若開受用인댄 有自有
他니 則成四土어니와 統爲二種이니 謂淨及穢며 或性及相이라 融
而爲一이니 有異餘宗이라

두 번째 어떤 것이라고 한 아래는 해석이다.
그러나 부처님 국토의 뜻이 비록 많은 종류가 있지만 이 세 가지를
벗어나지 않나니
첫 번째는 법성토요
두 번째는 수용토요
세 번째는 변화토이다.
만약 수용토를 연다면 자수용토가 있고 타수용토가 있나니
곧 네 가지 국토를 이루거니와, 통합한다면 오직 두 가지뿐이니
말하자면 정토와 그리고 예토이며 혹 성토와 상토이다.
융합한다면 하나의 국토가 되나니[162] 나머지 종파와는 다름이 있다
하겠다.

鈔

然佛土之義下는 疏文有三하니 一은 辨類라 於中初는 說三土요 二는

---

162 원문에 融而爲一이라고 한 것은 이 화엄종을 가리킨 것이다.

開三爲四요 三은 合四爲二요 四는 融二爲一이니 前二는 則唯識第十
意라 然初說三者는 依三身故라 報有自他일새 故爲四身이니 四身은
還依四土라 論云호대 又自性身은 依法性土니 雖此身土는 體無差別
이나 而屬佛法하면 性相異故라 此佛身土는 俱非色攝일새 雖不可說
形量大小나 然隨事相하야 其量無邊하니 譬如虛空이 遍一切處라하
니라 釋曰此義는 前品已引거니와 爲下文用之일새 故重委引하노라
論云호대 自受用身은 還依自受用土하니 謂大圓鏡智相應淨識이 由
昔所修인 自利無漏하고 純淨佛土가 因緣成就하야 從初成佛로 盡未
來際토록 相續變爲純淨佛土하야 周圓無際하고 衆寶莊嚴거든 自受
用身이 常依而住하나니 如淨土量하야 身量亦爾하야 諸根相好가 一
一無邊하니 無限善根으로 所引生故니라 功德智慧는 旣非色法일새
雖不可說形量大小나 而依所證과 及所依身하야 亦可說言遍一切
處라하니라 釋曰功德은 隨所依身하고 智慧는 隨所證如하니 餘並可
知니라 論云호대 他受用身도 亦依自土하니 謂平等性智의 大慈悲力
이 由昔所修인 利他無漏하고 純淨佛土가 因緣成熟하야 隨住十地菩
薩이 所宜變爲淨土호대 或小或大하며 或劣或勝하야 前後改轉거든
他受用身이 依之而住하나니 能依身量도 亦無定限이라 若變化身인
댄 依變化土하니 謂成事智의 大慈悲力이 由昔所修인 利他無漏하고
淨穢佛土가 因緣成熟하야 隨未登地한 有情所宜하야 化爲佛土대 或
淨或穢하며 或小或大하야 前後改轉거든 佛變化身이 依之而住하나
니 能依身量도 亦無定限이라하니라 釋曰上皆論文이니 文並易了니라
下疏用之일새 須知所在니라

그러나 부처님의 국토라고 한 아래는 소문에 세 가지가 있나니
첫 번째는 유형을 분별한 것이다.

그 가운데 처음에는 세 가지 국토를 설한 것이요

두 번째는 세 가지 국토를 열면 네 가지 국토가 되는 것이요

세 번째는 네 가지 국토를 합하면 두 가지 국토가 되는[163] 것이요

네 번째는 두 가지 국토를 융합하면 하나의 국토가 되는 것이니,
앞에 두 가지는 곧 『유식론』 제십권의 뜻이다.

그러나 처음에 세 가지 국토를 설하였다고 한 것은 삼신을 의지한
까닭이다.

보신에 자수용과 타수용이 있기에 그런 까닭으로 사신四身이 되나니
사신은 도리어 사토四土를 의지하는 것이다.

『유식론』 제십권에 말하기를 또 자성신은 법성토를 의지하나니
비록 이 신토身土는 자체가 차별이 없지만 불법에 배속하면 성과
상이 다른 까닭이다.

이 부처님의 신·토는 함께 색色에 섭속되지 않기에 비록 가히 형상과
양量의 크고 작은 것을 말할 수는 없지만 그러나 사상事相을 따라서
그 양이 끝이 없나니

비유하자면 허공이 일체 처소에 두루하는 것과 같은 것이다 하였다.

해석하여 말하면 이 뜻은 앞 품에서 이미 인용하였거니와,[164] 하문下

---

163 성成 자는 위爲 자가 좋다. 아래 영인본 화엄 3책, p.699, 9행에는 위爲
자이다.

164 앞 품에서 이미 인용하였다고 한 것은 전 보현삼매품 영인본 화엄 3책,

文[165]에 인용하기 위하기에 그런 까닭으로 거듭 자세하게 인용하는 것이다.

『성유식론』[166]에 말하기를 자수용신은 도리어 자수용토를 의지하나니,

말하자면 대원경지의 상응하는 청정한 식이 옛날에 수행한 바 자리自 利의 누수가 없고 순정한 불토가 인연으로 성취함[167]을 인유하여 처음 성불함으로 좇아 미래 세월이 다하도록 순정한 불토를 상속하여 변위해서 끝이 없는 데까지 두루 원만히 하고 수많은 보배로 장엄하였거든 자수용신이 항상 의지하여 머무나니,

정토의 수량과 같아서 몸의 수량도 또한 그러하여 제근諸根의 상호 相好가 낱낱이 끝이 없나니 한없는 선근으로 인생引生한 바인 까닭이다.

공덕과 지혜는 이미 색법이 아니기에 비록 가히 형상과 수량의 크고 작은 것을 말할 수는 없지만, 그러나 증득한 바와 그리고 의지하는 바 몸을 의지하여 또한 가히 일체 처소에 두루한다고 말한 것이다 하였다.

---

p.640, 5행에 제십론에 말하기를 또 자성신은 법성토를 의지하나니 운운하여 비유하자면 허공이 일체 처소에 두루하는 것과 같다 한 것이다.

165 하문下文이란,『잡화기』는 아래 게송 가운데 소문이라 하였다. 그러나 이 아래 초문에 하소용지下疏用之라는 말이 있기에 하문은 아래 소문이다.

166 논이라고 한 것은 『유식론』이니 이 아래 영인본 화엄 3책, p.717, 3행에는 『성유식론』이라 하였다.

167 성취는 아래 영인본 화엄 3책, p.717, 4행에는 성숙成熟이라 하였다.

해석하여 말하면 공덕은 의지하는 바 몸을 따르고, 지혜는 증득한 바 진여를 따르나니 나머지는 가히 알 수가 있을 것이다.

『성유식론』에 말하기를 타수용신도 또한 자수용토를 의지하나니, 말하자면 평등성지의 대자비력이 옛날에 수행한 바 이타의 누수가 없고 순정한 불토가 인연으로 성숙함을 인유하여 십지十地에 머문 보살이 마땅한 바[168]를 따라서 정토를 변위하되 혹 작게도 하고 혹 크게도 하며, 혹 하열하게도 하고 혹 수승하게도 하여 앞뒤로 고쳐 전전히 변화하거든 타수용신이 그곳에 의지하여 머무나니, 능히 의지하는 몸의 수량도 또한 한정히 없다.

만약 변화신이라면 변화토를 의지할 것이니,

말하자면 성사지成事智[169]의 대자비력이 옛날에 수행한 바 이타의 누수가 없고 청정하고 더러운 불토가 인연으로 성숙함을 인유하여 십지에 오르지 못한 유정의 마땅한 바를 따라서 변화하여 불토를 만들되 혹 청정하게도 하고 혹 더럽게도 하며, 혹 작게도 하고 혹 크게도 하여 앞뒤로 고쳐 전전히 변화하거든 부처님의 변화신이 그곳에 의지하여 머무나니,

능히 의지하는 몸의 수량도 또한 한정이 없다고 하였다.

해석하여 말하면 이상은 다『유식론』문이니, 『유식론』문은 아울러 쉽게 알 수가 있을 것이다.

---

168 원문에 소의所宜란, 교화할 중생의 마땅한 바를 따른다는 뜻이다.
169 성사지成事智는 성소작지成所作智, 소작사지所作事智이다.

아래 소문에 인용할 것이기에 반드시 있는 곳을 알아야 하는 것이다.

統唯二種者는 三에 合四爲二也니라 諸經論中에 皆有於此二種之
二하니 先은 攝上四爲淨穢者는 乃有多義하니 一은 前三皆淨이요 四
中에 有淨有穢하니 則三類半은 爲淨이요 半類는 爲穢라 二는 前三爲
淨이니 以他受用은 斷分別障하고 已證眞如일새 故名爲淨이요 變化
皆穢니 設有七珍이라도 穢衆生住일새 故亦非淨이라 三은 後二皆穢
니 仁王經云호대 三賢十聖은 住果報하고 唯佛一人이 居淨土라하니
라 而生公說호대 有形皆穢요 無形爲淨이라하니 則唯法性이 爲淨이
라 若爾인댄 自受用土를 豈稱穢耶아 此以冥同眞性하야 不可說其形
量大小니 則同淨攝이라 二는 攝前四爲性相者는 略有二門하니 一은
法性爲性이요 餘三皆相이라 二는 自受用土가 冥同眞性일새 亦可名
性이요 餘二唯相이라 四는 融而爲一은 則淨穢性相과 三土四土가
無不圓融이니 卽此經意라 故云有異餘宗이라하니라

통합한다면 오직 두 가지뿐이라고 한 것은 세 번째 네 가지 국토를
합하면 두 가지 국토가 된다는 것이다.
모든 경론 가운데 다 이 이종二種의 두 가지가 있나니,
먼저는 위에 네 가지 국토를 섭수하면 정토·예토가 된다고 한 것은
이에 많은 뜻이 있나니
첫 번째는 앞에 세 가지는 다 정토요,
네 번째 가운데는 정토도 있고 예토도 있나니,
곧 삼류반三類半은 정토가 되고 반류半類는 예토가 되는 것이다.

두 번째는 앞에 세 가지는 정토가 되나니

타수용신[170]은 분별장을 끊고 이미 진여를 증득하였기에 그런 까닭으로 정토라 이름함을 얻는 것이요

변화신은 다 예토이니 설사 칠보가 있다 할지라도 더러운 중생이 머물기에 그런 까닭으로 또한 정토가 아니다.

세 번째는 뒤에 두 가지는 다 예토이니,

『인왕경』[171]에 말하기를 삼현과 십성은 과보에 머물고 오직 부처님 한 분 만이 정토에 거주하신다 하였다.

그러나 도생법사가 말하기를 형상이 있는 것은 다 예토요 형상이 없는 것은 정토가 된다 하였으니,

곧 오직 법성만이 정토가 되는 것이다.

만약 그렇다면 자수용토를 어찌 예토라 이름하겠는가.

이것은 진성과 명합하여 같아서 가히 그 형상과 수량의 크고 작은 것을 말할 수 없나니 곧 같이 정토에 섭수되는 것이다.

두 번째는 앞에 네 가지 국토를 섭수하면 성토·상토가 된다고 한 것은 간략하게 이문二門이 있나니

첫 번째는 법성이 성토가 되는 것이요

나머지 세 가지는 다 상토이다.

두 번째는 자수용토가 진성과 명합하여 같기에 또한 가히 성토라

---

170 타수용신은 『잡화기』에 말하기를 그 뜻이 타수용토에 거주하는 바 보살을 가리킨다 하였다.

171 『인왕경』은 이권이고, 불공삼장이 번역하였다.

이름하는 것이요
나머지 두 가지 국토[172]는 오직 상토뿐이다.

네 번째는 융합한다면 하나의 국토가 된다고 한 것은 곧 정토·예토와
성토·상토와 삼토三土와 사토四土가 원융하지 아니함이 없나니
곧 이 『화엄경』의 뜻이다.
그런 까닭으로 다른 종파와는 다름이 있다고 하였다.

疏

又此淨土가 一質不成이니 淨穢虧盈이요 異質不成이니 一理齊平
이요 有質不成이니 搜源則冥이요 無質不成이니 緣起萬形이라 故
로 形奪圓融하야 無有障礙니라

또 이 정토가 바탕이 하나라 할지라도 성립이 되지 않나니
깨끗한 것과 더러운 것이 이지러지기도 하고 차기도 한 때문이요
바탕이 다르다 할지라도 성립이 되지 않나니
한 이치로 가지런하여 평등한 때문이요
바탕이 있다 할지라도 성립이 되지 않나니
근원을 찾음에 곧 없는 때문이요
바탕이 없다 할지라도 성립이 되지 않나니
인연으로 만 가지 형상을 일으키는 때문이다.

---

172 원문에 여이토餘二土란, 타수용토他受用土와 변화토變化土이다.

그런 까닭으로 형상을 빼앗아 원융하여 장애가 없는 것이다.

鈔

又此淨土下는 第二에 融攝이니 因上第四義故로 略爲此融하니라 然
東安莊公은 本有三句하고 無有質不成거늘 今加此句하야 以成二對
하니 謂淨穢域絶일새 不可言一이요 理唯一味일새 不可言異요 冥同
性空일새 不可言有요 隨緣成立일새 不可言無니라 然一爲遣異요 無
爲遣有라 然其釋中에 一亦約理나 實則一義가 有其二種하니 一은
約理一이요 二는 約事一이니 如自受用은 十方如來가 同有淨土니
不可言無하야 而得稱一이라 故疏成四句二對不同하니라 又上에 略
舉四句하야 一向遮過나 實則卽異卽同하며 卽有卽無니라 若互相形
奪인댄 則一異兩亡하며 有無雙寂이요 若圓融無礙인댄 則卽一卽多
하며 卽有卽無리니 有是無有며 無是有無요 多是卽一之多며 一是卽
多之一이라 有無는 卽事理無礙니 一多는 兼事事無礙니 由此重重일
새 故華藏刹의 一一塵中에 皆見法界니라 餘如玄中하니라

또 이 정토라고 한 아래는 제 두 번째 융합하여 섭수한 것이니
위에 제 네 번째 뜻을[173] 인한 까닭으로 간략하게 여기에 융합하여
섭수한 것이다.
그러나 동안사 장공법사는[174] 본래 삼구三句만 두었고, 바탕이 있다

---

173 위에 제 네 번째 뜻이라고 한 것은 융이위일融而爲一이니 융합한다면 하나의
　　국토가 된다고 한 것이다.

할지라도 성립이 되지 않는다(有質不成)는 구절은 없거늘 지금에
이 구절을 더하여 이대二對[175]로 성립하였으니,
말하자면 깨끗하고 더러운 경계가 끊어졌기에 가히 하나라 말할
수 없는 것이요
이치는 오직 한맛이기에 가히 다르다 말할 수 없는 것이요
자성이 공함에 명합하여 같기에 가히 있다고 말할 수 없는 것이요
인연 따라 성립하기에 가히 없다고 말할 수 없는 것이다.
그러나 하나라는 것은 다르다는 것을 보내기 위한 것이요
없다는 것은 있다는 것을 보내기 위한[176] 것이다.

그러나 그 장공의 해석 가운데 하나라는 것을 또한 진리를 잡아
해석하였지만, 실은 곧 하나라는 뜻이 그 두 가지가 있나니
첫 번째는 진리의 하나(一)를 잡은 것이요
두 번째는 사실의 하나(一)를 잡은 것이니

---

174 동안사東安寺 장공莊公 운운한 것은,『잡화기』에 저 동안사 장공은 그 근원을
　　찾음에 곧 없다(두 줄 앞 소문이다)고 한 것은 하나의 진리가 똑같이 평등함으로
　　더불어 없는 것과 하나가 비록 다르지만 다 같이 진리를 잡은즉 가히 두
　　가지가 존재할 수 없는 까닭으로 그 한 구절은 생략하였으니 다만 이사무애만
　　성립한 것이요, 지금에는 곧 없다고 한 것은 다만 진리만 잡은 것이고 하나라
　　고 한 것은 사실과 진리에 통하는 것이니 진리는 마땅히 두 가지가 존재하기에
　　또한 사사무애에 통하는 것이다 하였다. 동안사 장공은 동안사에 도장道莊,
　　승장勝莊, 승장僧莊의 삼대 학자가 있는데 그 가운데 도장인 듯하다.
175 이대二對는 일이一異와 유무有無이다.
176 원문에 무상無相이라 한 상相 자는 위爲 자의 잘못이다.

자수용과 같은 것은 시방의 여래가 다 같이 정토가 있나니, 가히 없다고 말할 수 없어서 하나라고 이름함[177]을 얻는 것이다.

그런 까닭으로 소문에서 사구이대四句二對[178]가 같지 아니함을 성립한 것이다.

또 위에서 간략하게 사구四句를 들어[179] 한결같이 허물을 막았지만 실은 곧 다름(異)에 즉하고 같음(一)에 즉하며, 있음(有)에 즉하고 없음(無)에 즉한 것이다.

만약 서로서로 형상을 빼앗는다면 곧 하나(同)와 다름(異)이 둘 다 없을 것이며, 있는 것(有)과 없는 것(無)이 둘 다 고요할 것이요, 만약 원융하여 장애가 없다면 곧 하나(一)에 즉하고 많음(多)에 즉하며, 없음(無)에 즉하고 있음(有)에 즉할 것이니

있다는 것은 이것은 없음의 있다는 것이며

---

177 가히 없다고 말할 수 없어서 하나라고 이름한다고 한 것은, 『잡화기』에 그 뜻은 있으되 하나라고 하는 것을 나타내는 것이다 하였다.

178 사구이대四句二對라고 한 것은 일질일일一質一一과 이질일이異質一異와 유질일유有質一有와 무질일무無質一無이다.

179 또 위에서 간략하게 사구四句를 들었다고 운운한 것은, 앞에서는 허물을 떠나는 것을 밝혔고 이 아래는 진실을 나타내는 것을 밝힌 것이니, 곧 그 가운데 형상을 빼앗는 것과 원융한 것의 두 가지 뜻이 있다. 또 형상을 빼앗는다고 한 것은 곧 앞에 허물을 막는 것이고 원융한다고 한 것은 곧 이것은 진실로 나타내는 것이니, 소문에 그런 까닭이라는 말로 그 뜻을 가히 밝힌 것(영인본 화엄 3책, p.701, 2행에 그런 까닭으로 형상을 빼앗아 원융하여 장애가 없다 하였다)이 있다. 하물며 초문에 진실을 나타냄에 다만 말하기를 실은 곧 다름에 즉하고 같음(一)에 즉하며, 있음에 즉하고 없음에 즉한 것이다 한 것이겠는가. 이상은 역시 『삽화기』의 말이다.

없다는 것은 이것은 있음의 없다는 것이요

많다는 것은 이것은 하나에 즉한 많은 것이며

하나라는 것은 이것은 많음에 즉한 하나이다.

있다 없다 하는 것은 곧 사리무애요

하나다 많다 하는 것은 사사무애도 겸하였나니,

이로 인유하여 중중重重하기에 그런 까닭으로 화장세계의 낱낱 티끌
가운데서 다 법계를 보는 것이다.

나머지는 『현담』 가운데 설한 것과 같다.

疏

土旣不等일새 因緣亦殊니 今文十中에 初三은 通顯이요 次四는
別明이요 後三은 則融攝轉變이라 言初三者는 一에 如來神力者는
謂一切淨穢等土가 皆是如來의 通慧力成이니 爲物而取하야 擬
將普應이라 佛應統之일새 皆稱佛土니 故로 蓮華藏海가 佛所嚴淨
이나 而內含淨穢니라 然就佛言之일새 故無國而不淨也니 旣卽穢
而淨일새 故不思議니라 二에 法如是者는 梵云達磨多니 此云法爾
며 或曰法性이라하니라 若是法性인댄 卽以本識인 如來藏身으로
爲所依持하야 恒頓變起外諸器界니라 若云法爾者인댄 謂有問言
호대 何以로 諸佛衆生이 起於刹土고 答云호대 法應如是하야 不可
致詰이라하니라 若會此二인댄 謂法應如是하야 藏識變起라하니라
三에 衆生業力者는 業有善惡일새 國有淨穢니 故淨名에 以萬行
爲因이라하며 又云호대 衆生之類가 是菩薩佛土라하니 謂法性雖

一이나 隨業成異하며 佛隨異類하야 取土攝生이니 涅槃微善과 觀經三心等이 其類非一이라 上三은 初는 因이요 二는 緣이요 三은 因이라

국토가 이미 같지 않기에 인연도 또한 다르나니
지금의 경문 열 가지 가운데 처음에 세 가지는 한꺼번에 나타낸 것이요
다음에 네 가지는 따로 밝힌 것이요
뒤에 세 가지는 곧 융섭하여 전변[180]한 것이다.

처음에 세 가지라고 말한 것은
처음에 여래의 신통력이라고 한 것은 말하자면 일체 정토·예토 등의 국토가 다 이 여래의 신통 지혜력으로 이루어지나니,
중생을 위하여 취하여 장차 널리 응할 것을 헤아리는 것이다.

부처님이 응당 그 국토를 통령하기에 다 부처님의 국토라 이름하나니,
그런 까닭으로 연화장세계의 바다가 부처님이 장엄하고 청정히 한 바이지만 그러나 안으로는 정토·예토도 포함하고 있는 것이다.

그러나 부처님께 나아가 그 국토를 말하기에 그런 까닭으로 국토마

---

180 원문에 後三은 즉융섭전변則融攝轉變이라고 한 것은 十中에 後三句는 다 自在란 말이 있나니, 가시적으로 융섭하여 전변함을 보여주고 있다 하겠다.

다 청정하지 아니함이 없다 한 것이니,

이미 예토에 즉한 정토이기에 그런 까닭으로 사의할 수가 없는 것이다.

두 번째 법이 응당 이와 같다고 한 것은 범어에 말하기를 달마다이니, 여기서 말하면 법이 그렇다는 것이며 혹은 말하기를 법성이라고도 한다 하였다.

만약 법성이라고 한다면 곧 근본식인 여래장신으로써 의지하는 바를 삼아 항상 밖의 모든 기계器界를 문득 변화하여 생기한다 할 것이다.

만약 법이 그렇다고 말한다면 어떤 사람이 물어 말하기를 무슨 까닭으로 모든 부처님과 중생이 찰토에 생기하는가.

답하여 말하기를 법이 응당 이와 같아서 가히 힐란함을 이룰 수 없다 말할 것이다.

만약 이 두 가지를 회통한다면 법이 응당 이와 같아서 장식으로 변화하여 생기한다 말할 것이다.

세 번째 중생의 업력[181]이라고 한 것은 업이 선업과 악업이 있기에 국토도 정토와 예토가 있나니,

그런 까닭으로 『정명경』[182]에 만행으로써 원인을 삼는다[183] 하였으며

---

181 업력이라고 한 것은 경문에는 행업行業이라 하였다.

182 『정명경』 운운이라 한 것은 『정명경』 십사품 가운데 제일의 불국품佛國品에 말을 뜻으로 인용한 것이니, 경문에 보시가 이 보살의 정토이니 보살이

또 말하기를 중생의 이류異類가 이 보살의 불토[184]라 하였으니,
말하자면 법성이 비록 하나지만 업을 따라 다름을 이루며 부처님이
이류를 따라 국토를 취하여 중생을 섭수하는 것이니,
『열반경』의 작은 선행과『관무량수경』[185]의 세 가지 마음 등 그
유형이 하나가 아니다.
이상의 세 가지는[186] 처음에는 원인이요
두 번째는 조연이요
세 번째는 원인이다.

鈔

初三者下는 第二에 正釋經文이라 釋第一句에 疏文有二하니 一은
正釋이라 言一切淨穢者는 此通三土요 唯除法性이니 以言通慧力으
로 所成故라 此卽偈文에 智慧神通力이 如是也라하니라 言爲物而取
擬將普應者는 除自受用하고 皆爲物故니라 佛應統之下는 解妨이라

성불할 때 일체 능히 희사喜捨(보시)한 중생이 그 국토에 와서 태어나며
지계가 이 보살의 정토이니 운운하였다.『잡화기』에는 만약 악업으로 예토를
감득하는 것이라면 그 뜻을 쉽게 볼 수 있는 까닭으로 인용하여 증거하지
않았다 하였다.

183 원문에 만행위인萬行爲因이라고 한 것은 만행으로 정토(佛土)에 태어나는
원인을 삼는다는 것이다.

184 불토는 초문에 정토라 하였다.

185 『열반경』과『관무량수경』의 뜻은 초문에 있다.

186 이상의 세 가지라고 한 것은 처음에 세 구절이니 一에 여래의 신통력과
二에 법이 응당 이와 같은 것과 三에 일체중생의 행업이다.

此有二妨하니 一은 皆名佛土妨이니 謂土有淨穢어니 穢豈佛土아할
새 故今答云호대 穢亦佛土니 三界朽宅이 屬于一人하고 娑婆雜惡이
居華藏內하니 是我佛土라하니라 然就佛言者는 通於穢土가 稱爲淨
妨이니 此는 由淨名經中에 寶積이 願聞得佛國土淸淨일새 而佛答云
호대 衆生之類라하니 是則不揀淨穢하고 穢亦淨土라 故生疑云호대
穢名佛土는 就統以言거니와 穢名淨土는 復據何理고할새 故有此答
호대 就佛皆淨이라하니라 所以로 身子所見은 丘陵坑坎일새 佛言하사
대 我此土淨거늘 而汝不見이라하니라 言旣卽穢而淨일새 故不思議
者는 卽以上義로 會下偈文이니 偈云호대 世尊境界는 不思議故라하
니라 若是法性者는 約如來藏隨緣하야 成立淨穢諸土니 如三昧品에
引楞伽說이라 此從通相이니 不局衆生하고 亦不局佛이라 若云法爾
者는 卽法爾道理니 如十地說하니라

처음에 세 가지라고 한 아래는 제 두 번째 바로 경문을 해석한
것이다.
제일구를 해석함에 소문에 두 가지가 있나니
첫 번째는 바로 해석한 것이다.
일체 정토·예토라고 말한 것은 이것은 삼토三土를 통석한 것이고
오직 법성토만은 제외한 것이니,
신통과 지혜의 힘으로 이루어진 바[187]라고 말한 까닭이다.

187 신통과 지혜의 힘으로 이루어진 바라고 한 것은, 법성토는 본유本有한 것이니
신통과 지혜로 만든 것이 아니다.

이것은 곧 게송문[188]에 지혜와 신통력이 이와 같다고 한 것이다.

중생을 위하여 취하여 장차 널리 응할 것을 헤아린다고 말한 것은 자수용을 제외하고는 다 중생을 위한 까닭이다.

부처님이 응당 그 국토를 통령한다고 한 아래는 방해하여 비난함을 해석한 것이다.
여기에 두 가지 비난(妨)이 있나니
첫 번째는 다 부처님의 국토라고 이름한 것을 비난한 것이니, 말하자면 국토에는 정토와 예토가 있거니 예토가 어찌 부처님의 국토이겠는가 하기에, 그런 까닭으로 지금에 답하여 말하기를 예토도 또한 부처님의 국토이니 삼계의 썩은 집이 한 사람[189]에게 속하고, 사바세계의[190] 추잡하고 추악한 것이 화장세계 안에 거처하나니 이것은 나의 불국토라 하였다.

그러나 부처님께 나아가 말한다고 한 것은 예토가 정토라고 이름한 것을 비난함을 통석한 것이니
이것은 『정명경』 가운데 보적장자[191]가 불국토의 청정함을 얻은

---

188 게송문이란, 이 아래 보현의 첫 게송이다.
189 한 사람(一人)은 부처님이다.
190 사바세계 운운은, 『잡화기』에 앞에는 곧 이것이 응신의 부처님이 그 국토를 통령한 바라 한 까닭이고, 뒤에는 곧 이것은 진신의 부처님이 장엄한 바인 까닭이다 하였다.

것을 듣기를 서원하기에, 부처님이 답하여 말씀하시기를 중생의
이류[192]라 하신 것을 인유한 것이니,

이것은 곧 정토와 예토를 가리지 않고 예토도 또한 정토라는 것이다.
그런 까닭으로 의심을 내어 말하기를 예토를 부처님의 국토라고
이름한 것은 부처님이 통령함에 나아가 말한 것이라 하거니와 예토
를 정토라고 이름하는 것은 다시 무슨 이치를 의거하여 말한 것인가
하기에, 그런 까닭으로 이 답이 있으되 부처님께 나아가기에 다
청정한 것이다[193] 하였다.

그런 까닭으로 사리불이[194] 보는 바 이 국토는 언덕이고 구덩이이기에
부처님이 말씀하시기를[195] 나의 이 국토는 청정하거늘 그대가 보지
못할 뿐이다 하였다.

---

191 보적寶積은 『정명경淨名經』에 비야리성毘耶離城의 장자長子라 하였다. 『정명
경』 14품 중 제1 불국품佛國品에 나온다.

192 중생의 이류異類란, 구체적으로 중생의 이류가 불보살불토佛菩薩佛土라 한
것이다.

193 부처님께 나아가기에 다 청정하다고 한 것은 소문에 취불언지就佛言之일새
무국부정無國不淨이라 한 것이다.

194 사리불이 운운한 것은 뜻으로 인용한 것이니 『정명경』 14품 가운데 제1
불국품에 사리불이 말하기를 내가 이 국토를 보니 언덕과 구덩이와 가시와
모래자갈과 토석土石과 모든 산에 더럽고 추악한 것이 충만하다 하였다.

195 부처님이 말씀하시기를 운운한 것은, 『정명경』에는 사리불이 말하기를 내가
이 국토를 보니 언덕과 구덩이 운운한 앞에 있는 문장이다. 초문으로는
그런 까닭으로 사리불 운운 이전에 있는 문장이다.

이미 예토에 즉한 정토이기에 그런 까닭으로 사의할 수가 없다고
한 것은 위에 뜻으로써 아래 게송문을 회석한 것이니,
게송에 말하기를[196] 세존의 경계는 사의할 수가 없는 까닭이다 하
였다.

만약 법성이라고 한다면이라고 한 것은 여래장의 수연을 잡아서
정·예의 모든 국토를 성립한 것이니,
보현삼매품에서 『능가경』을 인용하여 설한 것과 같다.
이것은 통상通相을 좇은 것이니,
중생에게 국한한 것도 아니고 또한 부처에게 국한한 것도 아니다.

만약 법이 그렇다고 말한다면이라고 한 것은 곧 법이 그러한 도리라
는 것이니,
십지에 설한 것과 같다.

業有善惡下는 先은 總釋이요 故淨名下는 後에 引證이니 引三經四文
이라 淨名有二하니 皆佛國品이라 初云호대 以萬行爲因者는 經云호
대 寶積아 當知하라 直心이 是菩薩淨土니 菩薩成佛時에 不諂衆生이
來生其國하며 深心이 是菩薩淨土니 菩薩成佛時에 具足功德衆生이
來生其國하며 菩提心이 是菩薩淨土니 菩薩成佛時에 大乘衆生이

---

196 게송에 운운한 것은 이 『화엄경』의 게송이니 이 아래 영인본 화엄 3책,
   p.716, 2행의 처음 게송에 제삼구이다.

來生其國이라하시고 次列六度等일새 故云萬行爲因이라하니라 又云
호대 衆生之類가 是菩薩佛土等者는 亦是此文이라 謂法性雖一下는
雙釋上二니 疏文有二라 初에 隨業成異는 釋上萬行爲因이니 此是土
因이요 佛隨異類하야 取土攝生은 釋上文에 又云衆生之類가 是菩薩
佛土라하니 此是土緣이라 卽佛國品에 寶積獻蓋어늘 佛爲現變하사
見淨土相하시니 便求其因일새 故初問云호대 願聞得佛國土淸淨하
노니(擧果也) 唯願世尊은 說諸菩薩의 淨土之行하소서(徵因也) 佛答
云호대 衆生之類가 是菩薩佛土니(標也下徵釋文) 所以者何오 菩薩이
隨所化衆生하야 而取佛土하며 隨所調伏衆生하야 而取佛土라하니
라 釋曰上二句는 總明取土가 一向爲物이라 經云호대 隨諸衆生이
應以何國으로 入佛智慧하야 而取佛土하며 隨諸衆生이 應以何國으
로 起菩薩根하야 而取佛土라하니라 釋曰此는 明土異之由니라 下徵
釋云호대 所以者何오 菩薩이 取於淨國은 皆爲饒益諸衆生故라하니
라 釋曰經意云호대 菩薩이 修因取土는 皆緣衆生이라 若無衆生인댄
取土何用가하니 此皆他受用土와 及變化土緣이라 故唯識中에 二土
가 皆以利他行成이라하니 明爲物取故니라 彼經擧喩호대 欲造宮室
인댄 須依空地니 若於虛空인댄 終不能成이리라 欲修淨土인댄 必緣
衆生이니 若無衆生인댄 無修土處라하니라

업이 선업과 악업이 있다고 한 아래는 먼저는 한꺼번에 해석한
것이요
그런 까닭으로 『정명경』이라고 한 아래는 뒤에 인용하여 증명한
것이니,

세 가지 경에 네 가지 문장[197]을 인용하였다.

『정명경』에 두 가지가 있나니 다 불국품이다.

처음에 말하기를 만행으로써 원인을 삼는다고 한 것은 『정명경』[198]에 부처님이 말씀하시기를 보적아, 마땅히 알아라.

곧은 마음이 이 보살의 정토이니

보살이 성불할 때 아첨하지 않는 중생이 그 국토에 와서 태어나며,

깊은 마음이 이 보살의 정토이니

보살이 성불할 때 공덕을 구족한 중생이 그 국토에 와서 태어나며,

깨달음의 마음[199]이 이 보살의 정토이니

보살이 성불할 때 대승 중생이 그 국토에 와서 태어난다 하시고,

차례로 육바라밀 등[200]을 열거하였기에 그런 까닭으로 말하기를 만행으로 원인을 삼는다 하였다.

또 말하기를 중생의 이류가 이 보살의 불토라고 한 등은 또한 이 『정명경』의 문장이다.[201]

---

197 세 가지 경(三經)은 ①『정명경淨名經』, ②『열반경涅槃經』, ③『관무수량경觀無量壽經』이다. 다만 『정명경』에만 이문二文이 있으니 세 가지 경(三經)에 네 가지 문장(四文)이다.

198 『정명경』은 제1의 불국품이다. 『잡화기』에 바로 아래 보적이란 동자(장자)의 이름이라 하였다.

199 원문에 보리심菩提心은 보통 三心에서는 대비심大悲心이라 한다.

200 등等이란, 사무량심四無量心과 사섭법四攝法과 방편方便과 삼십칠조도품三十七助道品 등을 포함하고 있다.

201 이 『정명경』의 문장이라고 한 것은 바로 위에 인용한 문장 앞에 있는 분장이다.

말하자면 법성이 비록 하나지만이라고 한 아래는 위에 두 가지를 함께 해석한 것이니

소문에 두 가지가 있다.

처음에 업을 따라 다름을 이룬다고 한 것은 위에 만행으로 원인을 삼는다고 한 것을 해석한 것이니

이것은 이 국토의 원인이요

부처님이 이류를 따라 국토를 취하여 중생을 섭수한다고 한 것은 위의 문장에 또 부처님이 말씀하시기를 중생의 이류가 이 보살의 불토라 한 것을 해석한 것이니,

이것은 국토의 조연(緣)이다.

곧 『정명경』 불국품에 보적장자가 부처님께 칠보 일산을 헌공하거늘 부처님이 그를 위하여 신변을 나타내어 정토의 모습을 보이시니 문득 그 원인을 구하려 하기에, 그런 까닭으로 처음 물어 말하기를 불국토의 청정함을 얻은 것을 듣기를 서원하노니(果를 든 것이다) 오직 원하건대 세존께서는 모든 보살의 정토행을 설하여 주소서(因을 물은 것이다).

부처님께서 답하여 말씀하시기를 중생의 이류가 이 보살의 불토이니 (표거이다. 이 아래는 묻고 해석하여 말한 것이다)

무슨 까닭인가.

보살이 교화할 바 중생을 따라서 불토를 취하며 조복할 바 중생을 따라서 불토를 취하는 것이다 하였다.

해석하여 말하면 위에 두 구절은 모두 불국토를 취하는 것이 한결같이 중생을 위하는 것임을 밝힌 것이다.

『정명경』에 말하기를 모두 중생이 응당 어떤 국토로써 부처님의 지혜에 들어갈지에 따라 부처님의 국토를 취하며,

모든 중생이 응당 어떤 국토로써 보살의 근기를 일으킬지에 따라 부처님의 국토를 취하는 것이다 하였다.

해석하여 말하면 이것은 불토가 다른 이유를 밝힌 것이다.

이 아래에 묻고 해석하여 말씀하시기를 무슨 까닭인가.

보살이 청정한 국토를 취하는 것은 다 모든 중생을 요익케 하기 위한 까닭이다 하였다.

해석하여 말하면 경의 뜻에 말하기를 보살이 인행을 닦고 국토를 취하는 것은 다 중생을 인연한 것이다.

만약 중생이 없다면 국토를 취한들 어디에 쓰겠는가 한 것이니, 이것은 다 타수용토와 변화토의 인연(緣)이다.

그런 까닭으로 『유식론』 가운데 두 가지 국토가 다 이타행으로 이루어진다 하였으니,

분명 중생을 위하여 취한 까닭이다 하겠다.

저 『정명경』에 비유를[202] 들기를 집을 짓고자 한다면 반드시 빈 땅을 의지하나니,

만약 저 허공[203]이라면 마침내 집을 이루지 못하는 것이다.

---

202 저 『정명경』에 비유를 운운한 것은 뜻으로 인용한 것이니 갖추어 인용하면 이렇다. 비유하자면 어떤 사람이 집을 짓고자 한다면 뜻을 따라 걸림 없이 짓거니와 만약 저 허공이라면 마침내 능히 집을 이루지 못하는 것과 같다. 보살도 이와 같아서 중생을 성취케 하기 위한 까닭으로 불토를 취하기를 원하나니 불토를 취하기를 원하는 것은 저 허공이 아니다 하였다.

정토를 닦고자 한다면 반드시 중생을 인연하나니,
만약 중생이 없다면 정토를 닦을 곳이 없다 하였다.

涅槃微善下는 別引他經하야 成其初義니 卽二十一經高貴德王菩
薩品이라 琉璃光菩薩이 從不動世界而來어늘 無畏菩薩이 問佛호대
此土衆生이 當造何業하야사 而得生彼不動世界닛가 佛以偈答하사
대 廣列十善하면 一一皆生이라하니라 言微善者는 彼有偈云호대 若於
佛法僧에 供養一香燈하고 乃至獻一華라도 則生不動國하며 若爲怖
畏故로 利養及福德하야 書是經一偈라도 則生不動國하며 造像若佛
塔호대 猶如大拇指하고 常生歡喜心이라도 卽生不動國이라호미 是也
니라

『열반경』의 작은 선행이라고 한 아래는 따로 저 『열반경』을 인용하
여 그 처음의 뜻[204]을 성립한 것이니,
곧 『열반경』 이십일경[205] 고귀덕왕 보살품이다.

---

203 만약 저 허공이라 한 저(於字)는 본 경문에는 불不 자이니, 말하자면 만약
빈 땅이 아니라면 마침내 집을 이루지 못하는 것이라고 『잡화기』는 말하고
있다.

204 처음의 뜻이라고 한 것은 제 세 번째 중생의 업력(行業)에 만행으로 원인을
삼으며 중생의 이류가 이 보살의 국토라 한 두 가지 뜻 가운데 처음에
뜻이다. 만행으로 원인을 삼는다고 한 것은 만행이 정토와 예토를 취하는
원인이다.

205 『열반경』 이십일경은, 남경은 19권이고, 한글장경은 열반부 일一에 p.393,
상단上段이다.

유리광보살이 부동세계로 좇아오거늘, 무외보살이 부처님께 묻기를 이 국토에 중생이 마땅히 무슨 업을 지어야 저 부동세계에 태어남을 얻습니까.

부처님이 게송으로써 답하시기를 십선十善을 널리 열거하시고 십선을 수행하면[206] 낱낱이 다 부동세계에 태어남을 얻는다 하였다. 작은 선행이라고 말한 것은 저 『열반경』에 부처님이 게송을 두어[207] 말씀하시기를

만약 부처님과 진리와 스님에게
한 개의 향과 한 개의 등을 공양하고
내지 한 송이 꽃을 헌공할지라도
곧 부동국에 태어나며

만약 두려워하는 까닭으로
이양과 그리고 복덕을 위하여
이 경의 한 게송을 서사할지라도
곧 부동국에 태어나며

불상과 혹 불탑을 조성하되
마치 엄지손가락만치 하고
항상 환희심을 낼지라도

---

206 원문에 광렬십선廣列十善이라고 한 것은 그 뜻이 광렬십선廣列十善하고 광수십선廣修十善이라는 뜻이다.

207 원문에 피유게彼有偈 운운은 한글장경 열반부 일에 p.394, 하단下段이다.

곧 부동국에 태어난다고 한 것이 이것이다.

觀經三心者는 有三種三心하니 第一은 佛爲韋提希하사 現淨土竟하시니 韋提希가 願生求因거늘 佛言하사대 欲生彼國인댄 當修三福이니 一者는 孝養父母하며 奉事師長하며 慈心不殺하며 修十善業이요 二者는 受持三歸하고 具足衆戒하야 不犯威儀요 三者는 發菩提心하고 深信因果하며 讀誦大乘하고 勸進行者니 如是三事가 名爲淨業이라 佛告阿難과 及韋提希하사대 汝今知不아 此三種業은 過去未來現在 諸佛의 淨業正因이라하니라 釋曰若具此三인댄 何淨不致리요 然이나 以生就佛일새 總名爲生이니 如上引直心이 是菩薩淨土니 菩薩成佛時에 不詔衆生이 來生其國하니라 第二는 上品上生文中云호대 若有衆生이라도 願生彼國인댄 發三種心하야사 卽便往生하나니 何等爲三고 一者는 至誠心이요 二者는 深心이요 三者는 迴向發願心이니 具足三心者는 必生彼國이라하니라 第三은 云復有三種衆生이 當得往生이니 何等爲三고 一者는 慈心不殺하고 具諸戒行이요 二者는 讀誦大乘方等經典이요 三者는 修行六念하고 迴向發願이니 願生彼國인댄 具此功德하야 一日로 乃至七日하면 卽得往生하리라하니라 釋曰第三三心은 多同初三이나 而合初二하고 開其後一하니 此上諸心이 非但得生彼國하는 而爲生因이라 亦能成彼淨國하는 得爲修因이니라 故觀經云호대 三世諸佛의 淨業正因이라하니 故今引爲佛國因也니라 上三은 初因二緣三因者는 然이나 因略有二하니 一은 變化因이니 卽第一如來通慧요 二는 感淨刹因이니 卽是第三이라 緣亦有二하니 一은 約境利物이니 衆生爲緣이요 二는 攝境從心이니 皆自識變이라 此

中第二義는 而是眞心이 隨緣變耳니라

『관무량수경』의 세 가지 마음이라고 한 것은 세 가지 삼심三心이
있나니

첫 번째는[208] 부처님이 위제희[209] 부인을 위하여 정토를 나타내어
마치시니 위제희 부인이 정토에 태어나기 원하여 그 원인을 구하거
늘, 부처님이 말씀하시기를 저 국토에 태어나고자 한다면 마땅히
세 가지 복을 닦아야 하나니,

첫 번째는 부모에게 효도하고 봉양하며 스승을 받들어 섬기며 자비
한 마음으로 죽이지 아니하며 열 가지 선업을 닦는 것이요

두 번째는 삼귀의 계를 받아가지고 수많은 계를 구족하여 위의를
범하지 않는 것이요

세 번째는 보리심을 일으키고 인과를 깊이 믿으며 대승경전[210]을
독송하고 수행자에게 정진하기를 권하는 것이니,

이와 같은 세 가지 일이 이름이 정업淨業이 되는 것이다.

부처님이 아란과 그리고 위제희 부인에게 이르시기를 그대는 지금
아는가.

이 세 가지 업은 과거와 미래와 현재 모든 부처님의 정업淨業의
정인正因이다 하였다.

해석하여 말하면 만약 이 세 가지 업을 갖춘다면 어찌 정토를 이루지

---

208 첫 번째라고 한 것은 第一의 三心이다.

209 위제희는 아사세왕의 어머니이다.

210 여기서 대승경大乘經은 방등경方等經이다.

못하겠는가.

그러나 중생으로써[211] 부처님께 나아가기에 모두 이름하여 태어난다고 한 것이니,

마치 위에서 곧은 마음이 이 보살의 정토이니 보살이 성불할 때 아첨하지 않는 중생이 그 국토에 와서 태어난다고 인용한 것과 같다.

제 두 번째[212]는 『관무량수경』의 상품상생의 문장 가운데 말하기를 만약 어떤 중생이라도 저 국토에 태어나기를 서원한다면 세 가지 마음을 일으켜야 곧 문득 가서 태어나나니,

어떤 등이 세 가지가 되는가.

첫 번째는 지극 정성의 마음(至誠心)이요

두 번째는 깊은 마음(深心)이요

세 번째는 회향하길 발원하는 마음(迴向發願心)이니,

이 세 가지 마음을 갖추는 사람은 반드시 저 국토에 태어난다 하였다.

제 세 번째[213]는 말하기를 다시 세 종류의 중생이 마땅히 가서 태어남

---

211 그러나 중생이라고 한 등은, 이상에서 저 국토에 태어나고자 한다면 마땅히 세 가지 복을 닦아야 하나니 운운한 것은 문장이 흡사 다만 스스로 태어나고 보살의 만행으로 원인을 삼아 국토를 감득한다는 뜻이 없는 것 같기에 그런 까닭으로 여기에 그것을 회통한 것이니, 그 뜻에 말하기를 태어난다고 말한 바는 유독 중생만이 스스로 저 국토에 가서 태어나는 것이 아니라, 대개 먼저 부처님이 정업으로 저 국토를 감득함이 있고서 바야흐로 중생으로써 저 부처님의 국토에 나아가게 한다는 것이다. 역시 『잡화기』의 말이다.
212 제 두 번째라고 한 것은 第二의 三心이다.
213 제 세 번째라고 한 것은 第三의 三心이다.

을 얻음이 있나니,

어떤 등이 세 가지가 되는가.

첫 번째는 자비심으로 죽이지 않고 모든 계행을 갖춘 사람이요

두 번째는 대승방등경전을 독송한 사람이요

세 번째는 육념六念[214]을 수행하고 회향하길 발원한 사람이니,

저 국토에 태어나기를 발원한다면 이 공덕을 갖추어 일일一日로

이에 칠일에 이르면 곧 가서 태어남을 얻을 것이다 하였다.

해석하여 말하면 제 세 번째 세 가지 마음은 처음에 세 가지 마음과

다분히 같지만, 그러나 처음에 두 가지 마음을 합하고[215] 그 뒤에

한 가지 마음을 열었으니,[216]

이 위에 모든 마음이 다만 저 국토에 태어남을 얻는 생인生因이

될 뿐만 아니라 또한 능히 저 청정한 국토를 이루는 수인修因이

됨을 얻는 것이다.

---

214 육념六念은 이류二類가 있다. 1은 南, 無, 阿, 彌, 陀, 佛 육자염불(六字念佛)이
   고, 2는 염불念佛, 염법念法, 염승念僧, 염계念戒, 염시念施, 염천念天이다.
215 원문에 이합초이而合初二는 第三의 三心 중에 第一心의 初三心 중 第一과
   第二를 합하여 말하기를 자심불살慈心不殺하고 구제계행具諸戒行이라 하였
   으니, 자심불살慈心不殺은 初三心 중 第一心이고, 구제계행具諸戒行은 初三
   心 중 第二心이다.
216 원문에 계기후일開其後一은 第一心의 初三心 중 第三에 발보리심發菩提心하
   고 심신인과深信因果하여 독송대승讀誦大乘하고 권진행자勸進行者라 한 것을
   第三의 三心에 第二와 第三을 나누어 (開)說하였다는 것이다. 즉 발보리심發
   菩提心과 심신인과深信因果는 第二心이고, 독송대승讀誦大乘과 권진행자勸進
   行者는 第三心이다.

그런 까닭으로 『관무량수경』에[217] 말하기를 삼세에 모든 부처님의
정업의 정인正因이다 하였으니,
그런 까닭으로 지금 인용하여 불국토의 원인을 삼은 것이다.

이상의 세 가지는 처음에는 원인이요, 두 번째는 조연이요, 세 번째도
원인이라고 한 것은 그러나 원인에 간략하게 두 가지가 있나니
첫 번째는 변화의 원인이니
곧 제일에 여래의 신통과 지혜[218]요
두 번째는 정찰淨剎을 감득하는 원인이니
곧 이것은 제삼에 중생의 업력이다.
조연에 또한 두 가지가 있나니[219]
첫 번째는 경계를 잡아 다른 사람을 이롭게 하는 것이니
중생이 조연이 되는 것이요
두 번째는 경계를 섭수하여 마음을 좇는 것이니
다 자식自識의 변화이다.
이 가운데 제 두 번째 뜻은 이 진심이 인연을 따라서 변화한다는
것이다.

---

217 『관무량수경』에 운운은 뜻으로 인용한 것이니 영인본 화엄 3책, p.709,
 3행을 볼 것이다.
218 원문에 여래통혜如來通慧란, 경문經文에는 여래신력如來神力이라 하였다.
219 조연에 또한 두 가지가 있다고 한 등은, 『잡화기』에 처음에 뜻은 곧 그
 뜻이 제 세 번째 원인 가운데 포함되어 있나니, 그러한즉 소가가 제 두
 번째로 조연을 삼은 것은 단지 뒤에 뜻만 의거한 것뿐이다 하였다.

疏

次四別明者는 有因有緣이라 初一은 自受用土因이니 大圓鏡智
之所成故요 二는 變化土因이니 謂衆生菩薩이 共構一緣하야 各隨
行業하야 來生其國하니 凡聖同居라 三四二種은 他受用土因이니
然初는 卽初地以上이니 如十大願中에 修淨土願이 是也요 後는
卽八地已上이니 功用이 不退行之所成故니 八地中에 有淨土分
이라

다음에 네 가지는[220] 따로 밝힌 것이라고 한 것은 원인(因)도 있고
조연(緣)도 있다.
처음에 한 가지는[221] 자수용토의 원인이니
대원경지의 이룬 바인 까닭이요
두 번째[222]는 변화토의 원인이니
말하자면 중생과 보살이 함께 한 인연을 맺어 각각 행업을 따라
그 국토에 와서 태어나나니, 범부와 성인이 함께 거주하는 것이다.
세 번째와 네 번째[223]의 두 가지는 타수용토의 원인이니
그러나 처음[224]에는 곧 초지 이상이니, 열 가지 대원大願 가운데

---

220 다음에 네 가지라고 한 것은 영인본 화엄 3책, p.702, 7행에 있다.
221 처음에 한 가지는 경의 제사구이다.
222 두 번째는 경의 제오구이다.
223 세 번째와 네 번째는 경의 제육구와 제칠구이다.
224 처음이란, 경의 제육구이다.

정토원²²⁵을 수행함과 같은 것이 이것이요
뒤에는²²⁶ 팔지 이상이니 공용이 물러나지 않는 행²²⁷을 이룬 바인
까닭이니,
팔지 가운데 정토분이 있다.

鈔

次四別明은 有因有緣者는 如鏡智所成은 是緣이요 變化土因은 通因
通緣이니 佛은 以生爲緣하고 生은 以佛爲緣이라 衆生菩薩이 共搆一
緣者는 上已總明이니 卽是直心이 是菩薩淨土等이라 若菩薩이 自修
直心인댄 衆生諂曲이 何由得生이리요 是故勸物하야 同修直心이라
故菩薩이 以直心之因으로 取直心之土하야 以應直心衆生으로 爲同
搆一緣하야 來生其國하나니 萬行皆然故로 云隨其行業이라하니라 言
凡聖同居者는 卽變化土라 若他受用인댄 唯聖所居요 變化之土인댄
凡聖同居라 聖居에 有二하니 一은 就機化故요 二는 於凡身中에 初證
聖果일새 亦當居之니라 他受用土因者는 略如上引한 唯識論文이니
一向就佛說因이요 今通菩薩이니 謂佛因中에 修此二因하야 成他受
用은 卽是佛因이요 二住地菩薩이 修此二因하야 得他受用은 約菩薩
因이라 初地八地는 地經廣說하니라

225 정토원은 경의 제육구에 보살엄정국토원력菩薩嚴淨國土願力이다.
226 뒤에란, 경의 제칠구이다.
227 공용이 물러나지 않는 행이라고 한 것은 무공용행이니 영인본 화엄 3책,
   p.696 제칠구에 보살성취불퇴행원菩薩成就不退行願이다.

다음에 네 가지는 따로 밝힌다고 한 것은 원인도 있고 조연도 있다고
한 것은 대원경지에서 이룬 바와 같은 것은 이 조연(緣)이요
변화토의 원인(因)은 원인에도 통하고 조연에도 통하나니,
부처는 중생으로써 인연을 삼고 중생은 부처로써 인연을 삼기 때문
이다.

중생과 보살이 함께 한 인연을 맺는다고 말한 것은 위에서 이미
모두 밝혔나니,
곧 곧은 마음이 이 보살의 정토라고 한 등이다.
만약 보살이 스스로 곧은 마음을 닦으면 중생의 아첨하고 굽은
마음이 무엇을 인유하여 일어남을 얻겠는가. 그런 까닭으로 중생에
게 권하여 함께 곧은 마음을 닦게 하는 것이다.
그런 까닭으로 보살이 곧은 마음의 원인(因)으로써 곧은 마음의
국토를 취하여 응당 곧은 마음의 중생으로 함께 한 인연을 맺어
그 국토에 와서 태어나나니,
만행이 다 그러한 까닭으로 말하기를 그 행업을 따른다 하였다.
범부와 성인이 함께 거주한다고 말한 것은 곧 변화토이다.
만약 타수용토라면 오직 성인만이 거주하는 곳이요, 변화의 국토라
면 범부와 성인이 함께 거주하는 곳이다.
성인이 거주함에 두 가지가 있나니[228]

228 성인이 거주함에 두 가지가 있다고 한 것은, 처음에 뜻은 능히 교화함에
저 중생을 위하여 거주함을 잡아 말한 것이고, 뒤에 뜻은 교화하는 바에
스스로의 과보로 거주함을 잡아 말한 것이다. 이상은 『잡화기』의 말이다.

첫 번째는 근기에 나아가 교화하는 까닭이요

두 번째는 범신凡身 가운데서 처음 성과聖果를 증득하였기에 또한 당연히 거주하는 것이다.

타수용토의 원인이라고 한 것은 간략하게 위에서 인용한 『유식론』[229]과 같나니

한결같이 부처님에게 나아가 원인(因)을 설한 것이요

지금에는 보살에게도 통하나니,

말하자면 부처님이 인행 가운데 이 두 가지 원인[230]을 닦아 타수용을 이룬 것은 곧 이 불인佛因이요, 이주지二住地 보살[231]이 이 두 가지 원인을 닦아 타수용을 얻는 것은 보살인菩薩因을 잡은 것이다.

초지와 팔지[232]는 『십지경』에 폭넓게 설하였다.

疏

後三은 融攝者는 通於因緣이니 初一은 卽八地已上에 攪大海爲酥酪하며 變大地爲黃金하며 以染爲淨하며 以淨爲染하야 自在攝

---

229 위에서 인용한 『유식론』이라고 한 것은 영인본 화엄 3책, p.698, 말행에 있다.

230 이 두 가지 원인이라고 한 것은 기구인연起具因緣 열 가지 가운데 제육에 보살엄정국토원력과 제칠에 보살성취불퇴원이다.

231 이주지二住地 보살은 초지 보살을 말한다.

232 초지와 팔지라고 한 것은 바로 앞에 소문에 초구初句는 초지에 배속하고 칠구七句는 팔지에 배속하였다.

生일새 故로 十自在中에 有刹自在라 窮其因者인댄 淸淨勝解니
勝解印持하야 隨心變故라 次一은 謂成正覺時에 其身이 充滿十
方世界의 微塵刹土하야 念劫圓融하야 一時成立은 由二種因이니
一은 善根所流니 語因中也요 二는 成道勢力이니 明果用也라
此一은 受用變化相融也니 卽如經初에 卽摩竭陀의 地堅固等이
라 後一은 無問成與不成하고 常能融攝이라 又前是妙覺이요 此是
等覺이라

뒤에 세 가지는 융섭한다고 한 것은 원인과 조연에 통하나니,
처음에 한 가지[233]는 곧 팔지 이상에 큰 바다를 섞어 수락을 만들며
대지를 변화하여 황금을 만들며 더러운 국토로써 청정한 국토를
만들며 청정한 국토로써 더러운 국토를 만들어 자재롭게 중생을
섭수하기에 그런 까닭으로 열 가지 자재 가운데 국토자재가 있는
것이다.
그 원인을 궁구하여 보면 청정하고 수승한 지해(解)이니,
수승한 지해로 인지印持하여 마음을 따라 변하는 까닭이다.
다음에 한 가지[234]는 말하자면 정각을 성취할 때에 그 몸이 시방세계
에 작은 티끌 수만치 많은 국토에 충만하여 한 생각과 수많은 세월이
원융하여 일시에 성립하는 것은 두 가지 원인을 인유하나니,
첫 번째는 선근으로 유출한 바이니 인중因中을 말한 것이요

---

233 처음에 한 가지란, 경의 제팔구이다.
234 다음에 한 가지는 경의 제구구第九句이다.

두 번째는 성도한 위력이니 과용果用을 밝힌 것이다.

이 한 가지[235]는 수용토와 변화토를 서로 융섭한 것이니,

곧 이 경 초두에 곧 마갈타국의 땅이 견고하다고 한 등이다.

뒤에 한 가지[236]는 세계가 이루어지고 이루어지지 아니함을 묻지 않고 항상 능히 융섭하는 것이다.

또 앞[237]은 이 묘각이요

여기[238]는 이 등각이다.

鈔

勝解印持者는 勝解로 以於境印持로 爲性이니 印持萬境하야 隨心轉變이라 一은 善根所流者는 卽圓融修行自他二利의 無障礙行일새 故得爾也니라

수승한 지해로 인지印持한다고 한 것은 수승한 지해로 경계를 인지하는 것으로써 성품을 삼나니,

만 가지 경계를 인지하여 마음을 따라 전전히 변하는 것이다.

첫 번째는 선근으로 유출한 바라고 한 것은 곧 자타이리自他二利의 걸림 없는 행을 원용하게 수행하기에 그런 까닭으로 그러함을 얻는

---

235 이 한 가지는 역시 제구구第九句이다.
236 뒤에 한 가지는 경의 제십구이다.
237 앞이란, 제구구이다.
238 여기란, 제십구이다.

것이다.

疏

其法性土는 通爲諸土之體니 窮其因者인댄 有正有助이니 謂法
爾로 爲其正因하고 以一切智와 及總以諸因으로 而爲緣因이라 故
其後三도 亦融前土언정 非有別體니라

그 법성토는 통석함에 모든 국토의 자체가 되나니,
그 원인을 궁구하여 보면 정인正因도 있고 조연助緣도 있나니
말하자면 법이 그러함으로써 그 정인正因을 삼고, 일체 지혜와 그리
고 다 모든 인因으로써 연인緣因을 삼는 것이다.
그런 까닭으로 그 뒤에 세 가지[239]도 또한 앞에 네 가지 국토를
융섭하는 것일지언정 따로 자체가 있는 것은 아니다.

鈔

其法性土下는 第三에 料揀妨難이라 問호대 上之十句에 含於四土어
니 何以로 特明三土因耶아할새 故爲此釋하니라 次復問云호대 四土
之外에 別說圓融하니 應有五土라할새 故今答云호대 故其後三도 但
融他四라하니 卽是我宗이언정 非別有一이니라 圓融之因은 亦如上
說하니라 又說淨土가 總有二義하니 一者는 行淨業爲因하야 感淨相

---

[239] 뒤에 세 가지라고 한 것은 제팔구와 제구구와 제십구이다.

果요 二는 以德業爲因하야 感自在淨果니 行業은 始自凡夫로 終至十
地요 德業은 始起不動하야 終至如來라 故로 第二別明은 是行業淨이
요 第三에 融攝은 是自在淨이요 第一에 總明은 具斯二淨이니 故疏爲
三하니라

그 법성토라고 한 아래는 세 번째 방해하여 비난함을 헤아려 가린
것이다.

묻기를 위의 십구十句에 네 가지 국토를 포함하였거니 무슨 까닭으로
다만 세 가지 국토의 원인만 밝히는가 하기에, 그런 까닭으로 이
해석을 하였다.

다음에 다시 물어 말하기를 네 가지 국토 밖에 따로 원융을 설하니
응당 다섯 가지 국토가 있어야 할 것이다 하기에, 그런 까닭으로
지금에 답하여 말하기를 그런 까닭으로 그 뒤에 세 가지도 다만
저 네 가지 국토를 융섭하는 것이다 하였으니,

곧 이것은 나의 종宗일지언정 따로 하나의 자체가 있는 것은 아니다.
원융의 원인(因)은 또한 위에서 설한 것과 같다.[240]

또 말하기를 정토가 모두 두 가지 뜻이 있나니

첫 번째는 수행이 청정한 업으로 원인을 삼아 청정한 모습의 과보(果)
를 감득하는 것이요

두 번째는 공덕의 업으로써 원인을 삼아 자재하고 청정한 과보를

---

240 원문에 여상설如上說이란, 영인본 화엄 3책, p.700, 말행에 융이위일融而爲一
이라 한 것이다. 『잡화기』에는 앞에 국토의 유형을 분별하는 가운데 융이위일
融而爲一이라 한 소문을 가리킨다 하였으니, 그 가리키는 곳은 같다.

감득하는 것이니,

수행의 업은 처음 범부로 좇아 마침내 십지에 이르는 것이요

공덕의 업은 처음 부동지에서 일어나 마침내 여래에 이르는 것이다.

그런 까닭으로 제 두 번째 따로 밝힌다고 한 것은 이것은 행업이

청정한 것이요

제 세 번째 융섭한다고 한 것은 이것은 자재가 청정한 것이요

제일에 한꺼번에 밝힌다고 한 것은 이 두 가지 청정함을 갖춘 것이니

그런 까닭으로 소문에서 세 가지로 하였다.[241]

疏

又此十事가 展轉生起하니 謂諸佛土가 總由佛力이라 何以由之고

法如是故니라 法爾인댄 云何而有異耶아 業不同故니라 衆生由業

거니와 佛復由何고 成 一切智之所變故니라 生佛有異어늘 何以로

凡聖同居고 同構一緣故니라 何以로 復有純菩薩國고 菩薩願行

力故니라 旣由行業인댄 何可轉變고 勝解自在故니라 云何復得融

攝重重고 佛及普賢의 自在力故니라

또 이 십사十事가 전전히 생기하나니

말하자면 모든 부처님의 국토가 모두 부처님의 힘을 인유하는 것

---

241 소문에서 세 가지로 하였다고 한 것은 영인본 화엄 3책, p.702, 7행에 지금의
   경문 열 가지 가운데 처음에 세 가지는 한꺼번에 나타낸 것이요, 다음에
   네 가지는 따로 밝힌 것이요, 뒤에 세 가지는 융섭하여 전변한 것이다 하였다.

이다.

무슨 까닭으로 그 부처님의 힘을 인유하는가.

법이 이와 같은 까닭이다.

법이 그러하다면 어떻게 다름이 있는가.

업이 같지 아니한 까닭이다.

중생은 업을 인유하거니와 부처님은 다시 무엇을 인유하는가.

일체 지혜의 변하는 바를 이루는 까닭이다.

중생과 부처가 다름이 있거늘 무슨 까닭으로 범부와 성인이 함께 거주하는가.

함께 한 인연을 맺은 까닭이다.

무슨 까닭으로 다시 순수한 보살의 국토가 있는가.

보살의 서원과 행의 힘인 까닭이다.

이미 행업을 인유하였다면 어찌 가히 전전히 변하겠는가.

수승한 지혜가 자재한 까닭이다.

어떻게 다시 융섭이 중중함을 얻겠는가.

부처님과 그리고 보현의 자재한 힘인 까닭이다.

鈔

又此十事下는 生起鉤鎖라

또 이 십사라고 한 아래는 생기하는 것이 구鉤·쇄鎖와 같다.

경 經

諸佛子야 是爲略說十種因緣이어니와 若廣說者인댄 有世界海 微塵數하니라

모든 불자여, 이것은 열 가지 인연을 간략하게 설한 것이어니와 만약 널리 설한다면 세계의 바다에 작은 티끌 수만치 많은 인연이 있습니다.

소 疏

三은 結略顯廣이니 如前已釋하니라

세 번째는 간략하게 설한 것을 맺고 널리 설한 것을 나타내는 것이니, 앞에서 이미 해석한 것과 같다.

經

爾時에 普賢菩薩이 欲重宣其義하야 承佛威力하야 觀察十方하고 而說頌言호대

所說無邊衆刹海를　　毘盧遮那悉嚴淨하시니
世尊境界不思議하고 智慧神通力如是니이다

그때에 보현보살이 거듭 그 뜻을 선설하고자 하여 부처님의 위신력을 받아 시방을 관찰하고 게송을 설하여 말하기를

설한 바 끝없이 수많은 국토의 바다를
비로자나가 다 장엄하고 청정케 하였나니
세존의 경계는 사의할 수 없고
지혜와 신통의 힘도 이와 같으십니다.

疏

第二는 偈頌이니 多以果顯因이라 文有九偈나 束爲八段하리라 第一偈는 頌佛神力이니 據此無邊刹海를 皆遮那嚴淨인댄 則下嚴華藏은 猶是分明거니와 理實而言인댄 願周法界니라

제 두 번째는 게송이니
다분히 과보로써 원인을 나타낸 것이다.

문장에 아홉 게송이 있지만 묶어서 여덟 단으로 하겠다.

첫 번째 게송은 부처님의 신통력[242]을 읊은 것이니

이 끝없는 국토의 바다를 다 비로자나가 장엄하고 청정케 한 것을
의거한다면 곧 아래에 화장세계를 장엄한 것은[243] 오히려 분명하거니
와, 이실理實[244]로 말한다면 서원이 법계에 두루한 것이다.

---

242 부처님의 신통력이라고 한 것은 경의 제일구에 여래의 신통력이라 한 것이니
영인본 화엄 3책, p.696, 6행에 있다.

243 원문에 하엄화장下嚴華藏 운운은 아래 화장세계품華藏世界品에서 화장세계를
장엄莊嚴한 것은 비로자나毘盧遮那가 장엄한 것이 분명하다는 것이다. 『잡화
기』에는 분명하다고 한 것은, 실로 수많은 국토를 장엄하였거늘 다만 화장세
계만 밝힌 까닭으로 분명하다 하였다.

244 이실理實이란, 이실법계理實法界의 의미意味를 담고 있다.

經

菩薩修行諸願海는   普隨衆生心所欲이니
衆生心行廣無邊일새 菩薩國土遍十方이니다

보살이 모든 서원의 바다를 수행하는 것은
널리 중생의 마음에 욕망하는 바를 따르려는 것이니
중생의 심행이 넓어 끝이 없기에
보살의 국토도 시방에 두루하는 것입니다.

疏

次一은 超頌衆生菩薩이 同集善根이라

다음에 한 게송은 차례를 뛰어넘어 제 다섯 번째 중생과 보살이
함께 선근을 모은 것을[245] 읊은 것이다.

---

[245] 차례를 뛰어넘었다고 한 것은, 일체중생과 그리고 모든 보살이 함께 선근을
    모은 것이라고 한 것은 제 다섯 번째 구절이기에 하는 말이다.

經

菩薩趣於一切智하야 勤修種種自在力하고
無量願海普出生하야 廣大刹土皆成就하니다

보살이 일체 지혜에 나아가
가지가지 자재한 힘을 부지런히 닦고
한량없는 서원의 바다를 널리 출생하여
광대한 국토를 다 성취하였습니다.

疏

三에 一頌은 頌第四의 成一切智하는 自受用土因이니 前半은 因이
요 後半은 果라 成唯識云호대 大圓鏡智의 相應淨識이 由昔所修인
自利無漏하고 純淨佛土가 因緣成熟하야 從初成佛로 盡未來際토
록 相續變爲純淨佛土하야 周圓無際하고 衆寶莊嚴이라하니 配經
可見이라

세 번째 한 게송은 제 네 번째 일체 지혜를 성취하는 자수용토의
인과를 읊은 것이니
앞에 반 게송은 원인이요
뒤에 반 게송은 과보이다.
『성유식론』에 말하기를[246] 대원경지의 상응하는 청정한 식이 옛날에
수행한 바 자리의 누수가 없고 순정한 불토가 인연으로 성숙함을

인유하여 처음 성불함으로 좇아 미래 세월이 다하도록 순정한 불토
를 상속하여 변위해서 끝이 없는 데까지 두루 원만히 하고 수많은
보배로 장엄한다 하였으니
경에 배속하여 가히 볼 것이다.

鈔

成唯識下는 此下之文은 前已總引하니 今當略釋하리라 大圓鏡智의
相應淨識은 卽果位第八이니 此是依因이니 依此頓變故니라 由昔所
修下는 此是行因이라 從初成佛下는 辨其果相이니 初는 明竪長이요
後에 周圓下는 明其橫廣이라

『성유식론』이라고 한 아래는 이 아래의 『유식론』문은 앞에서 이미
모두 인용하였으니,
지금에는 마땅히 간략하게 해석하겠다.
대원경지의 상응한 청정한 식이라고 한 것은 곧 과위果位의 제팔식
이니,
이것은 원인을 의지한 것이니 이것을 의지하여 문득 변하는 까닭
이다.
옛날에 수행한 바 자리의 누수가 없고 순정한 불토가 인연으로
성숙함을 인유한다고 한 아래는 이것은 원인을 행한 것이다.

---

246 『성유식론』에 말하였다고 한 것은 영인본 화엄 3책, p.698, 2행에 이미
나왔다.

처음 성불함으로 좇아서라고 한 아래는 그 과위의 모습을 분별한 것이니

처음에는 수竪로 긴 것을 밝혔고

뒤에 끝이 없는 데까지 두루 원만히 했다고 한 아래는 그 횡橫으로 넓은 것을 밝힌 것이다.

經

修諸行海無有邊하며 入佛境界亦無量하니
爲淨十方諸國土하야 一一土經無量劫이니다

모든 행의 바다를 닦은 것이 끝이 없으며
부처님의 경계에 들어간 것도 또한 한량이 없나니
시방에 모든 국토를 청정케 하기 위하여
낱낱 국토에서 한량없는 세월을 지냈습니다.

疏

四에 一頌은 頌第六의 嚴淨願力과 及第七의 不退行願이라 修諸
行海가 無有邊者는 論云호대 謂平等性智의 大慈悲力이 由昔所
修인 利他無漏하고 純淨佛土가 因緣成熟하야 隨住十地한 菩薩所
宜하야 變爲淨土호대 或小或大하며 或劣或勝하야 前後改變이라
하니 上經雖云호대 願力이라하나 非無有行이라 爲分功用有無일새
長行엔 成其二句어니와 皆他受用일새 故偈爲一하니라 初句는 頌
第六이요 次句는 頌第七이니 以八地已上이 念念入法流하며 心心
趣佛境故니라 後之半偈는 通其二文이라

네 번째 한 게송은 제 여섯 번째 보살이 국토를 장엄하고 청정케
하려는 원력과 그리고 제 일곱 번째 물러나지 않는 행원을 읊은
것이다.

모든 행의 바다를 닦은 것이 끝이 없다고 한 것은 『성유식론』[247]에
말하기를 말하자면 평등성지의 대자비력이 옛날에 수행한 바 이타의
누수가 없고 순정한 불토가 인연으로 성숙함을 인유하여 십지에
머문 보살이 마땅한 바를 따라서 정토를 변위하되 혹 작게도 하고
혹 크게도 하며, 혹 하열하게도 하고 혹 수승하게도 하여 앞뒤로
고쳐 변화한다 하였으니,

위의 경에서는 비록 말하기를 국토를 장엄하고 청정케 하려는 원력
이라 하였지만 행이 없지 않는 것이다.[248]

공용功用행이 있고 없음을 나누었기에 장행문에서는 그 두 구절[249]을
따로 성립하였거니와 다 타수용이기에 그런 까닭으로 게송문에서는
하나의 게송으로 하였다.[250]

처음 구절은 제 여섯 번째 구절을 읊은 것이요,

다음 구절은 제 일곱 번째 구절을 읊은 것이니

팔지 이상이 생각 생각에 법류法流에 들어가며 마음 마음에 부처님의
경계에 나아가는 까닭이다.

---

247 『성유식론』 운운한 것은 영인본 화엄 3책, p.698, 말행에 이미 인용한 바
있다.

248 행이 없지 않다고 한 것은 곧 이 게송 제일구에 모든 행의 바다를 닦은
것이 끝이 없다 한 것이다.

249 그 두 구절이라고 한 것은 제육구와 제칠구이다.

250 그런 까닭으로 게송문에서는 하나의 게송으로 하였다고 한 것은, 그 뜻에
말하기를 장행문에 이미 이단二段을 성립하였다면 곧 지금 가운데 또한
마땅히 두 게송을 따로 세워야 하지만, 다 타수용인 까닭으로 두 게송을
합하여 한 게송으로 하였다는 것이다. 역시 『잡화기』의 말이다.

뒤에 반 게송은 그 위에 두 구절의 문장[251]에 통하는 것이다.

鈔

論云等者는 上已具引이라 先智及行은 俱是緣因이며 亦以行爲因하고 以智爲緣일새 故云因緣이라하니라 亦上二皆因이요 隨十地菩薩은 爲緣이니 如上隨所化衆生等이라 變爲淨土는 卽是果相이니 初地엔 見刹等百三千일새 故名爲小요 二地엔 卽千이요 三地엔 萬等이라 後後가大於前前이니 前前卽劣하고 後後漸勝이라 下所引地義는 並如本品하니라

『성유식론』에 말하기를이라고 한 등은 위에서[252] 이미 갖추어 인용하였다.
먼저 지혜와 그리고 행[253]은 함께 이 연인緣因이며[254] 또 행으로써

---

251 그 위에 두 구절의 문장이라고 한 것은 제일구와 제이구이니, 즉 모든 행을 닦고(一句) 불경계에 들어간 것은(二句) 시방국토를 청정케 하여(三句) 한량없는 세월토록 지내려 한다는(四句) 것이다.
252 위에서 운운한 것은 소문의 주석에 잘 지시하였다.
253 먼저 지혜와 그리고 행이라고 한 것은, 먼저 지혜란 평등성지가 먼저 있고, 그리고 행이란 옛날에 수행한 바 이타가 뒤에 있다. 그리고 행(及行)이라 한 그 급及 자는 북장경에는 후後 자이다. 『잡화기』에는 먼저 지혜(先智)라 한 선先 자는 과상果相이 뒤(後)가 됨을 상대한 것이다 하였다.
254 함께 이 연인緣因이라고 한 것은, 이 한 가지는 통의 뜻을 따른 것이니 조연이 곧 원인인 까닭이다. 뒤에 두 가지는 별의 뜻을 따른 것이니 원인은 친하고 조연은 소원한 까닭이다. 역시 『잡화기』의 말이다.

원인을 삼고 지혜로써 조연을 삼기에 그런 까닭으로 인연이라 말한
것이다.

또 위에 두 가지는 다 원인이요

십지보살을 따른다고 한 것은 조연이 되나니

위에 교화할 바 중생을[255] 따른다고 한 등과 같다.

정토를 변위한다고 한 것은 곧 이것은 과위의 모습이니,

초지에서는 국토 등 일백의 삼천을 보기에 그런 까닭으로 이름이
소小가 되는 것이요

이지에서는 곧 일천의 삼천을 보는 것이요

삼지에서는 곧 일만의 삼천을 보는 등이다.

뒤에 뒤에가 앞에 앞에보다 크나니

앞에 앞에는 하열하고 뒤에 뒤에는 점점 수승한 것이다.

아래에 인용한 바 지地의 뜻[256]은 아울러 십지의 본품과 같다.

---

255 위에 교화할 바 중생을 운운한 것은 십지에 머문 보살이 마땅한 바를 따라
   정토를 변위한다 운운한 것이다.

256 아래에 인용한 바 지地의 뜻이라고 한 것은 바로 앞에 초지에서는 국토
   등 일백의 삼천을 본다 운운한 것이다.

經

衆生煩惱所擾濁일새 分別欲樂非一相이며
隨心造業不思議일새 一切刹海斯成立하니다

중생은 번뇌에 흔들리고 혼탁한 바이기에
분별하고 욕락하는 것이 한 가지 모습이 아니며
마음을 따라 업을 짓는 것이 사의할 수 없기에
일체 국토 바다가 이에 성립하였습니다.

疏

五에 一偈는 却頌第三의 衆生行業이나 加造業因이니 煩惱所擾일
새 造於穢刹하고 欲樂非一일새 感土有殊니라 前與菩薩同修하야
必多善業일새 故로 此明於煩惱니라

다섯 번째 한 게송은 도리어 제 세 번째 중생의 행업을 읊은 것이지만
업을 짓는 원인[257]을 더하였으니,
번뇌에 흔들리는 바이기에 예토를 짓고 욕락이 한 가지가 아니기에
국토를 감득하는 것이 다름이 있는 것이다.
앞에서는 보살로 더불어 함께 수행하여 반드시 선업이 많았기에
그런 까닭으로 여기에서는 번뇌를 밝힌 것이다.

---

257 업을 짓는 원인이라고 한 것은 즉 이 게송에 마음을 따라 업을 짓는다
한 것이다.

經

佛子刹海莊嚴藏가　離垢光明寶所成은
斯由廣大信解心이니 十方所住咸如是니이다

불자여, 국토 바다의 장엄된 창고가
때를 떠난 광명의 보배로 이루어진 바는
이것은 광대한 믿음과 지해(解)의 마음을 인유한 것이니
시방에 머무는 바가 다 이와 같습니다.

疏

六에 一頌은 頌菩薩勝解라

여섯 번째 한 게송은 제 여덟 번째 보살의 수승한 지해를 읊은
것이다.

經

菩薩能修普賢行하야 遊行法界微塵道하야
塵中悉現無量刹호대 淸淨廣大如虛空하니다

보살이 능히 보현의 행을 닦아서
법계의 작은 티끌 같은 길에 유행하여
티끌 가운데 다 한량없는 국토를 나타내되
청정하고 광대하기가 허공과 같습니다.

疏

七에 一頌은 超頌普賢願力이라 以普賢有三하니 一은 位前普賢이
니 但發普賢心으로 卽是非今所用이라 二는 位中普賢이니 卽等覺
位故로 此居佛前이라 三은 位後普賢이니 謂得果나 不捨因行故로
長行居後니라

일곱 번째 한 게송은 차례를 뛰어넘어 제 열 번째 보현의 원력을
읊은 것이다.
보현이 세 가지가 있나니
첫 번째는 위전位前 보현이니
다만 보현의 마음만 일으키는 것으로 곧 이는 지금에 인용할 바는
아니다.
두 번째는 위중位中 보현이니

곧 등각위인 까닭으로 이는 불위佛位 앞에 있는 것이다.

세 번째는 위후位後 보현이니

말하자면 과위를 얻었지만 인행을 버리지 않는 까닭으로 장행문에는
제일 뒤에 있는 것이다.[258]

---

258 장행문에는 제일 뒤에 있다고 한 것은 곧 이 게송문에는 제 일곱 번째에
있고, 장행문에는 제 열 번째에 있으니 제일 뒤에 있다 한 것이다.

等虛空界現神通하야　悉詣道場諸佛所하사
蓮華座上示衆相하사대 一一身包一切刹하니다

一念普現於三世하사　一切刹海皆成立거든
佛以方便悉入中하시니 此是毘盧所嚴淨이니다

허공과 같은 세계에 신통을 나타내어
다 도량의 모든 부처님의 처소에 나아가
연꽃의 자리 위에 수많은 모습을 시현하시되
낱낱 몸이 일체 국토를 포함하였습니다.

한 생각에 널리 삼세를 나타내어
일체 국토 바다를 다 성립하였거든
부처님이 방편으로써 다 그 가운데 들어가시니
이것은 비로자나가 장엄하고 청정케 한 바입니다.

八에 有二偈는 却頌如來自在니 前偈는 頌果用이요 後偈는 頌善
流라 略不頌法爾는 法爾는 卽是法性이니 通故略之니라 又第七偈
는 依中有依요 第八偈는 正中有依요 第九偈는 融於三世니 故로
三共顯融攝無礙라 然其無礙가 通有十種하니 諸敎說土는 或謂

但是無常이라하며 或云心變이라하니 理事懸隔이요 多一不融일새
故今經宗은 要辨無礙니라

여덟 번째 두 게송이 있는 것은 도리어 제 아홉 번째 여래의 자재를
읊은 것이니
앞에 게송은 과위의 작용을 읊은 것이요
뒤에 게송은 선근으로 유출한 바를 읊은 것이다.
법이 그러하다(法如是)[259]는 것을 생략하고 읊지 아니한 것은 법이
그러하다고 한 것은 곧 이 법성이니 통하는 까닭으로 생략하였다.

또 제 일곱 번째 게송은 의보 가운데 의보가 있는 것이요
제 여덟 번째 게송은 정보 가운데 의보가 있는 것이요
제 아홉 번째 게송은 삼세를 융섭하는 것이니
그런 까닭으로 세 가지가 함께 융섭하여 걸림이 없음을 나타내는
것이다.
그러나 그 걸림이 없다는 것이 모두 열 가지가 있나니
모든 교에서 말하기를 국토는 혹 이르기를 다만 무상할 뿐이다
하였으며,
혹 이르기를 마음이 변현한 것이다 하였으니
진리와 사실이 현격하고
많은 것과 하나가 융섭하지 않기에 그런 까닭으로 지금 화엄종에서

---

259 법이 그러하다고 한 것은 장행문 제이구第二句에 법응여시法應如是를 말하는
   것이다.

는 걸림이 없음을 분별하기를 요망하는 것이다.

鈔

又第七偈下는 以義料揀하야 成無礙行門이니 此卽賢首의 華藏觀意
라 彼有五門하니 一은 成立因緣이니 正當此門이 起具因緣이요 二는
相狀布列이니 卽華藏品의 風輪香海等이요 三은 具德圓滿이요 四는
依正融攝이요 五는 攝成觀智라 今初有二하니 先은 牒經略明이니 卽
彼第四라 然其無礙下는 卽彼第三이라 但解此二하면 自成觀智일새
略無第五라 然彼具德에 指一香樹하야 亦明十義하니 一은 此香樹가
卽佛智身德이요 二는 卽轉法輪이요 三은 事理無礙요 四는 悲智德이
요 五는 難思德이요 六은 體用無礙요 七은 定亂無礙요 八은 微細德이
요 九는 佛境界德이요 十은 緣起無礙德이라 而內外相參하야 以成十
門하고 亦不引證거니와 今爲順經하야 加減廢立에 皆引文證하야 而
具事理와 事事無礙니라 初는 總標요 二는 立意라 但是無常者는 通大
小乘이요 或云心變은 唯是大乘이요 理事懸隔은 明非實敎니라

제 일곱 번째 게송이라고 한 아래는 뜻으로써 헤아리고 가려 걸림이
없는 행문行門을 성립한 것이니,
이것은 곧 현수법사 화장세계관의 뜻이다.
저기에 오문五門이 있나니
첫 번째는 성립인연이니 바로 이 문이 기구인연起具因緣[260]에 해당하

---

260 기구인연起具因緣은 앞의 경문에 제일구이다.

는 것이요

두 번째는 형상²⁶¹을 펴서 나열하는 것이니 곧 화장세계품의 풍륜風輪

과 향수해香水海 등이요

세 번째는 갖춘 공덕이 원만한 것이요

네 번째는 의보와 정보가 융섭한 것이요

다섯 번째는 관찰하는 지혜를 섭성하는²⁶² 것이다.

지금은 처음으로²⁶³ 두 가지가 있나니

먼저는 이 경을 첩석하여 간략하게 밝힌 것이니

곧 저 현수의 제 네 번째이다.

그러나 그 걸림이 없는 것이라고 한 아래는 곧 저 현수의 제 세

번째이다.

다만 이 두 가지만 알면 스스로 관찰하는 지혜를 이루기에 제 다섯

번째²⁶⁴는 생략하고 없는 것이다.

그러나 저 현수의 갖춘 공덕(具德圓滿)에 한 그루 향나무를 가리켜

또한 열 가지 뜻을 밝혔나니

---

261 두 번째는 형상이라고 한 것은, 현수스님은 형상(相狀)이라 하였으나 영인본
　　화엄 3책, p.689 경문에는 세계해형상世界海形狀이라 하였으니 앞의 제삼구
　　이다.

262 관찰하는 지혜를 섭성한다고 한 것은 경문의 제 네 번째 보살이 일체 지혜를
　　성취한다 한 것이다.

263 지금은 처음이라 한 그 초初 자를 『잡화기』에는 소疏 자의 잘못이 아닌가
　　염려한다 하였으나 생각해 볼 것이다.

264 제 다섯 번째라고 한 것은 관찰하는 지혜를 섭성한나 한 것이다.

첫 번째는 이 향나무가 곧 부처님 지혜 몸의 공덕이요

두 번째는 곧 법륜을 전하는 것이요

세 번째는 사실과 진리가 걸림이 없는 것이요

네 번째는 자비와 지혜의 공덕이요

다섯 번째는 사의하기 어려운 공덕이요

여섯 번째는 자체와 작용이 걸림이 없는 것이요

일곱 번째는 삼매와 산란이 걸림이 없는 것이요

여덟 번째는 미세한 공덕이요

아홉 번째는 부처님 경계의 공덕이요

열 번째는 연기의 걸림이 없는 공덕이다.

그러나 현수는 안과 밖으로 서로 섞어[265] 십문을 성립하고 또한 문장을 이끌어 증거하지는 않았거니와

지금에는 경문을 따라 더하기도 하고 줄이기도 하고, 폐지하기도 하고 성립하기도 함에[266] 다 문장을 이끌어 증거하여 사실과 진리가

---

265 그러나 현수는 안과 밖으로 서로 섞었다고 한 것은, 『잡화기』에 말하기를 저 열 가지 뜻 가운데 첫 번째와 두 번째와 네 번째와 일곱 번째는 안에 속하고 나머지는 다 이 밖에 속하는 것이다. 서로 섞었다고 한 것은 서로 섞어 썼다는 것이다 하였다.

266 경문을 따라 더하기도 하고 줄이기도 하고 폐지하기도 하고 성립(건립)하기도 한다고 한 것은, 줄이기도 하고 폐지하기도 한다고 한 것은 이것은 한 뜻이니 곧 옛날 현수스님의 뜻 가운데 첫 번째, 두 번째, 네 번째, 일곱 번째, 아홉 번째가 이것이요, 더한다고 한 것은 새로운 것을 더한 것이니 곧 지금 소문 가운데 두 번째, 네 번째, 다섯 번째, 일곱 번째, 그리고 열 번째가 이것이요, 성립한다고 한 것은 옛 것을 성립하는 것이니 곧 지금 소문 가운데 첫

걸림이 없고 사실과 사실이 걸림이 없음을 갖추었다.[267]

처음에는 한꺼번에 표한 것이요

두 번째는 자기의 뜻[268]을 세운 것이다.

다만 무상할 뿐이라고 한 것은 대승과 소승에 통하는 것이요

혹 이르기를 마음이 변현한 것이라고 한 것은 오직 이는 대승뿐이요

진리와 사실이 현격하다고 한 것은 이는 실교가 아님을 밝힌 것이다.

疏

一은 理事無礙니 謂全同眞性이나 而刹相宛然하나니 經云호대 華
藏世界海에 法界無差別이나 莊嚴悉淸淨故라하니라

첫 번째는 진리와 사실이 걸림이 없는 것이니

말하자면 온전히 진성과 같지만 그러나 국토의 모습이 완연하나니,

경에 말하기를 화장세계의 바다에 법계가 차별이 없지만[269] 장엄이

번째, 세 번째, 여섯 번째, 여덟 번째, 그리고 아홉 번째가 이것이다. 이상은
다 『잡화기』의 말이다.

[267] 사실과 진리가 걸림이 없고 사실과 사실이 걸림이 없음을 갖추었다고 한
것은, 『잡화기』에 말하기를 다만 지금 소문의 뜻만 나타낸 것일지언정 고인이
해석한 뜻을 가린 것은 아니니, 고인의 해석도 또한 사실과 진리가 걸림이
없고 사실과 사실이 걸림이 없다는 두 가지 걸림이 없음을 갖추고 있는
까닭이다 하였다. 고인이란 현수스님이다.

[268] 자기의 뜻이라고 한 것은 소가疏家의 뜻이니, 즉 소문에 모든 교에서 말하기를
국토라고 한 아래는 소가가 자기의 뜻을 세운 것이라는 것이다.

[269] 법계가 차별이 없다고 한 것은 진리(理)이다.

다 청정한[270] 까닭이다 하였다.

鈔

一에 事理下는 開門列釋이라 一中引經은 卽第十經이니 偈末句云호대 安住於空虛이라하니 今但取莊嚴으로 爲事하고 法界로 爲理니라 無差別言은 卽是無礙라

첫 번째 진리와 사실이라고 한 아래는 세 번째 문門을 열어 나열하고 해석한 것이다.
첫 번째 가운데 인용한 경전은 곧 제십경이니,
십경 게송 끝 구절에 말하기를 허공에 편안히 머문다 하였으니,
지금에는 다만 장엄으로 사실을 삼고 법계로 진리를 삼는 것만 취하였을 뿐이다.
차별이 없다고 말한 것은 곧 이는 걸림이 없다는 것이다.

疏

二는 成壞無礙니 謂成卽壞요 壞卽成等이라

두 번째는 이루어지고 무너지는 것이 걸림이 없는 것이니
말하자면 이루어지는 것이 곧 무너지는 것이고, 무너지는 것이

---

270 장엄이 다 청정하다고 한 것은 사실(事)이다.

곧 이루어지는 것이라는 등이다.

鈔

二에 成壞中에 不引文者는 義易了故라 亦是此偈니 故云一一 刹種
中에 劫燒不思議니 所現雖敗惡이나 其處常堅固라하니라

두 번째 이루어지고 무너지는 것이 걸림이 없다는 가운데 문장을
인용하지 아니한 것은 뜻을 쉽게 알 수 있는 까닭이다.
역시[271] 이 십경 게송이니,
그런 까닭[272]으로 게송에 말하기를
낱낱 찰刹·종種 가운데
겁소劫燒[273]가 사의할 수 없나니
나타나는 바는 비록 부패하고 추악하지만
그 처소는 항상 견고하다 하였다.

疏

三은 廣陜無礙니 不壞相而普周라 故經云호대 體相如本無差別

---

271 역시란, 『잡화기』도 역시 이 제십경의 게송을 말하는 것이다 하였다.
272 그런 까닭이라고 한 것은 이루어지고 무너지는 것이 걸림이 없는 까닭을
   말하는 것이다.
273 겁소劫燒는 겁화劫火이니 삼재三災의 하나로서 세계가 무너질 때에 나타나는
   대화재大火災이다.

하며 無等無量悉周遍等이라하니라

세 번째는 넓고 좁은 것이 걸림이 없는 것이니
모습을 무너뜨리지 않고 널리 두루하는 것이다.
그런 까닭으로 경²⁷⁴에 말하기를 자체의 모습은 본체와 같아서 차별이
없으며,
갈을 수도 없고 헤아릴 수도 없어서 다 두루한다 한 등이다 하였다.

疏

四는 相入無礙니 下文云호대 以一刹種入一切하고 一切入一亦
無餘라하며 及此文云호대 身包一切等이라하니라 其文非一이니 亦
是一多無礙라

네 번째는 서로 들어가는 것이 걸림이 없는 것이니,
아래 경문²⁷⁵에 말하기를 한 찰종으로써 일체 찰종에 들어가고 일체
찰종으로써 한 찰종에 들어가 또한 남김없이 한다 하였으며,
그리고 여기 경문²⁷⁶에서 말하기를 낱낱 몸이 일체 국토를 포함한다
한 등이다 하였다.

---

274 경이라고 한 것은 제팔경 화장세계품 보현보살의 게송이니 이 앞에 두
　　구절이 더 있다. 즉 한 찰종이 일체에 들어가며(以一刹種入一切) 일체 찰종이
　　한 찰종에 들어가 또한 남김없이 한다(一切入一亦無餘) 한 것이다.
275 아래 경문이라고 한 것은 제팔경 게송이다.
276 여기 경문이라고 한 것은 영인본 화엄 3책, p.720, 말행이다.

그 같은 문장이 하나가 아니니 역시 하나와 많은 것이 걸림이 없다는 것이다.

鈔

三中經云호대 體相如本等者는 卽第八經에 釋刹種章偈라 及後四에 相入中所引은 卽前偈前半이니 具云以一刹種入一切하고 一切入一 亦無餘하나니 體相如本無差別하며 無等無量悉周遍이라하나라

세 번째 가운데 경에 말하기를 자체의 모습이 본체와 같다고 한 등은 곧 제팔경에 찰종장刹種章을 해석한 게송이다.
그리고 뒤에 네 번째 서로 들어가는 가운데 인용한 바는 곧 앞에 제팔경 게송의 앞에 반 게송이니,
갖추어 말한다면 한 찰종으로써 일체 찰종에 들어가고
일체 찰종으로써 한 찰종에 들어가 또한 남김없이 하나니,
자체의 모습이 본체와 같아서 차별이 없으며
같을 수도 없고 헤아릴 수도 없어서 다 두루한다 하였다.

疏

五는 相卽無礙니 文云호대 無量世界가 卽一界故라하나라

다섯 번째는 서로 즉하는 것이 걸림이 없는 것이니,
경문에 말하기를 한량없는 세계가 한 세계에 즉하는 까닭이다 하

였다.

鈔

五에 相卽無礙는 證文은 卽第十七經이라

다섯 번째 서로 즉하는 것이 걸림이 없다고 한 것은 그 증거한
경문은 곧 제십칠경이다.

疏

六은 微細無礙니 經云호대 淸淨珠玉布若雲하야 炳然顯現諸佛
影等이라하니라

여섯 번째는 미세함이 걸림이 없는 것이니,
경에 말하기를 청정한 구슬이 구름같이 펼쳐져
밝게 부처님의 그림자를 나타낸다는 등이다 하였다.

鈔

六에 淸淨珠玉等은 卽第八에 香水河偈니 具云하면 淸淨珠玉布若雲
하야 一切香河悉彌覆하며 其珠等佛眉間相하야 炳然顯現諸佛影이
라하니라 今但取初後二句니 是顯微細之義니라

여섯 번째 청정한 구슬 등이라고 한 것은 곧 제팔경에 향수하香水河의
게송이니

갖추어 말하면, 청정한 구슬이 구름같이 펼쳐져
일체 향하香河를 다 가득 덮었으며,
그 구슬이 부처님의 미간 백호상과 같아서
밝게 모든 부처님의 그림자를 나타낸다 하였다.
지금에는 다만 처음과 뒤에 두 구절만 취하였나니
이것은 미세의 뜻을 나타낸 것이다.

疏

七은 隱顯無礙니 謂染淨異類가 隱顯等殊는 見不同故니라

일곱 번째는 숨고 나타나는 것이 걸림이 없는 것이니,
말하자면 염·정의 이류異類가 숨고 나타나는 등이 다른 것은 보는
것이 같지 아니한 까닭이다.

鈔

七에 隱顯中에 略不引經은 以義多故니 卽此中偈에 隨心造業不思
議일새 一切刹土斯成立이라하니 卽其義也라 以同處異見일새 故不
可思議라하니라 又形狀偈云호대 一切塵中所現刹이 皆是本願神通
力이니 隨其心樂種種殊하야 於虛空中悉能作이라하니라 釋曰旣一
塵隨樂하야 種種皆作인댄 則隱顯自在也라 然疏文中에 略出二種隱

顯하니 一은 染淨隱顯이니 如感娑婆者가 對華藏而見娑婆인댄 則淨
隱染顯하며 感華藏者가 對娑婆而見華藏인댄 則染隱淨顯하나니 故
로 摩竭提國이 其地金剛等이라 二는 明異類隱顯이니 如須彌山形世
界의 一類顯時에 江河等形은 卽皆隱也며 長刹顯時에 短刹則隱이니
餘可例知니라

일곱 번째 숨고 나타나는 가운데 경을 생략하고 인용하지 아니한
것은 뜻이 많은 까닭이니,
곧 이 가운데 게송[277]에 마음을 따라 업을 짓는 것이 사의할 수
없기에
일체 국토가 이에 성립한다 하였으니 곧 그 뜻이다.
같은 곳에서 보는 것이 다르기에 그런 까닭으로 사의할 수 없다
하였다.
또 형상을 읊은 게송[278]에 말하기를
일체 티끌 가운데 나타낸 바 국토가
다 본래의 서원과 신통의 힘이니,
그들 마음에 좋아하는 것이 가지가지 다름을 따라서
허공 가운데 다 능히 짓는다 하였다.

---

277 이 가운데 게송이라고 한 것은 영인본 화엄 3책, p.719, 5행에 있다.
278 형상을 읊은 게송이라고 한 등은 앞의 세계의 바다 열 가지 사실 가운데
　　제 세 번째 세계의 바다에 형상을 게송으로 읊은 것이니 장행문은 영인본
　　화엄 3책, 이 위에 p.689에 있고, 게송문은 영인본 화엄 3책, 이 아래 p.740,
　　7행에 있다.

해석하여 말하면 이미 한 티끌에 좋아함을 따라서 가지가지를 다 지었다면 곧 숨고 나타나는 것이 자재한 것이다.

그러나 소문 가운데 간략하게 두 가지 숨고 나타나는 것을 설출하였으니

첫 번째는 염토와 정토가 숨고 나타나는 것이니,

마치 사바세계를 감득한 사람이 화장세계를 대하여 사바세계를 보면 곧 정토는 숨고 염토는 나타나며

화장세계를 감득한 사람이 사바세계를 대하여 화장세계를 보면 곧 염토는 숨고 정토는 나타나는 것과 같나니,

그런 까닭으로 마갈제국이 그 땅이 금강이라고 한 등이다.

두 번째는 이류異類가 숨고 나타나는 것을 밝힌 것이니,

마치 수미산 모습과 같은 세계의 한 유형이 나타날 때에 강과 내(河) 등의 모습은 곧 다 숨으며, 긴 국토가 나타날 때에 짧은 국토는 곧 숨나니,

나머지는 가히 비례하면 알 수가 있을 것이다.

疏

八은 重現無礙니 謂於塵中에 見一切刹하고 刹內塵中에 見刹亦然하야 重重無盡이 如帝網故니라

여덟 번째는 중중으로 나타나는 것이 걸림이 없는 것이니,

말하자면 한 티끌 가운데 일체 세계를 나타내고 한 세계 안의 티끌 가운데 세계를 나타내는 것도 또한 그러하여 중중으로 끝이 없는

것이 마치 제석천궁의 그물과 같은 까닭이다.

鈔

八에 重現無礙도 亦不引文은 以華藏世界所有塵의 一一塵中에 見
法界를 已頻引故니라 若更引者인댄 依住偈云호대 或有國土周法界
하대 淸淨離垢從心現하며 如影如幻廣無邊하며 如因陀羅各差別等
이라하니라

여덟 번째 중중으로 나타내는 것이 걸림이 없는 것이라고 한 것도
또한 경문을 인용하지 아니한 것은 화장세계에 있는 바 티끌의
낱낱 티끌 가운데 나타낸 법계를 이미 자주 인용한 까닭이다.
만약 다시 인용한다면 의주依住를 읊은 게송[279]에 말하기를
혹 어떤 국토는 법계에 두루하되
청정하여 때를 떠난 마음으로 좇아 나타나며[280]
영상과 같고 환상과 같아 넓고 끝이 없으며
인다라와 같아 각각 차별하다 한 등[281]이다 하였다.

---

279 의주依住를 읊은 게송이라고 한 등은 앞의 열 가지 사실 가운데 제 두
   번째 세계의 바다에 의지하여 머문다고 한 것을 게송으로 읊은 것이니
   장행문은 영인본 화엄 3책, 이 위의 p.689에 있고, 게송문은 영인본 화엄
   3책, 이 아래 p.734, 9행에 있다.
280 청정하여 때를 떠난 마음으로 좇아 나타났다고 한 것은 같은 책, 이 아래
   p.735, 4행 소문에 청정한 식으로 생기한 바다 하였다. 단 마음으로 좇아
   나타났다고 한 것은 마음으로 좇아 일어났다고 하였다.

疏

九는 主伴無礙니 凡一世界가 必有一切로 以爲眷屬이라 下經云호
대 毘盧遮那昔所行으로 種種刹海皆淸淨이라하니 種種刹은 卽眷
屬也라

아홉 번째는 주主·반伴이 걸림이 없는 것이니,
무릇 한 세계가 반드시 일체 세계로써 권속을 삼는 것이 있는 것이다.
아래 경에 말하기를 비로자나가 옛날에 수행한 바로
가지가지 국토의 바다가 다 청정하다 하였으니,
가지가지 국토는 곧 권속이다.

鈔

九에 所引은 卽第八經에 釋小海中偈라

아홉 번째 주·반에 인용한 바는 곧 제팔경에 소해小海를 해석하는
가운데 게송이다.

疏

十은 時處無礙니 謂或於一刹에 現三世劫하며 或於一念에 現無

---

281 등이란, 바로 아래 혹 가지가지 장엄 창고를 나타내되 운운한 게송을 등취한
것이다.

量刹하나니 如今第九偈文이라 又下文云호대 三世所有諸莊嚴이
摩尼果中皆顯現이라하나라

열 번째는 시간과 처소가 걸림이 없는 것이니,
말하자면 혹 한 국토에 삼세의 세월(劫)을 나타내며
혹 한 생각에 한량없는 국토를 나타내나니
지금의 제 아홉 번째 게송문과 같다.
또 아래 경문에 말하기를 삼세에 있는 바 모든 장엄이 마니과果
가운데 다 나타난다 하였다.

鈔

十中에 又下文云은 卽第八經에 河間樹林偈라

열 번째 시간과 처소 가운데 또 아래 경문에 말하기를이라고 한
것은 곧 제팔경에 하간수림의 게송이다.

疏

此十無礙가 同時具足하고 自在難知니 散在諸文이라 可以六相
融之니라

이 열 가지 걸림이 없는 것이 동시에 구족하고[282] 자재하여 알기가

─────────────

282 동시에 구족한다고 한 등은, 『잡화기』에 만약 또 위에 열 가지 걸림이

어렵나니 모든 경문에 흩어져 있다.[283]
가히 육상으로써 융섭할 것이다.

鈔

此十無礙下는 結釋六相之義니 略如前說하고 廣如十地別章하니라
起具因緣은 竟이라

이 열 가지 걸림이 없는 것이라고 한 아래는 육상의 뜻으로 맺어서
해석하는 것이니,
간략하게는 앞에서 설한[284] 것과 같고 폭넓게는 십지의 별장에서
설한 것과 같다.

기구인연起具因緣[285]은 마친다.

───────────────

없는 것을 모두 관찰한다면 곧 법을 의탁하여 지해를 내는 문(托法進修生解門)
과 같나니 십현문이 갖추어진 것이다 하였다.
283 모든 경문에 흩어져 있다는 말이 차라리 육상으로 융섭할 것이라는 말
아래에 있는 것이 옳다 여겨진다. 초문의 해석도 그렇다.
284 앞에서 설한 것이라고 한 것은 『현담』을 가리키는 것이다.
285 기구인연起具因緣이라고 한 것은 앞의 열 가지 사실 가운데 첫 번째이다.
영인본 화엄 3책, p.680, 9행에 있다.

經

爾時에 普賢菩薩이 復告大衆言호대 諸佛子야 一一世界海에 有世界海의 微塵數所依住하니

그때에 보현보살이 다시 대중에게 일러 말하기를 모든 불자여, 낱낱 세계의 바다에[286] 그 세계의 바다에 작은 티끌 수만치 많은 의지하여 머무는 바[287]가 있나니

疏

第二段은 所依住니 通染淨也라

────────────

[286] 낱낱 세계의 바다라고 한 등은, 앞의 소문(영인본 화엄 3책, p.692, 7행 이하)에 한 세계의 바다에 한 세계의 의지하여 머무는 바가 있다고 말한 등(형상, 자체, 장엄 등)은 모습에 나아가 말한 것이고, 지금 여기 경문에 낱낱 세계의 바다에 세계의 바다 미진수만치 많은 의지하여 머무는 바가 있다고 말한 등은 원융하게 섭수함에 나아가 말한 것임을 족히 볼 수 있겠다. 이상은 다 『잡화기』의 말이다.

[287] 의지하여 머무는 바라고 한 것은 능히 머무는 것을 상대하여 머무는 바라 이름한 것이니, 해석한 가운데(영인본 화엄 3책, p.728, 4행)에 매번 의지한다고 말한 것(或依, 或依라 한 것)은 비록 또한 능히 의지함에도 통하지만 그 뜻은 일체 장엄 등으로 실체를 삼는 까닭이다. 이 『화엄경』의 상·하에 다분히 이와 같은 예가 있다. 혹자가 말하기를 해석한 가운데 이미 능히 의지하고 의지하는 바를 모두 거론하였다면 곧 여기에 의거하는 바라고 한 것은 능히 의지하는 것을 상대하여 이름한 것이 아니다 하였다. 역시 『잡화기』의 말이다.

제이단[288]은 세계가 의지하여 머무는 바이니
염토와 정토에 통하는 것이다.

---

288 제이단이라고 한 것은 앞에 제일단은 기구인연起具因緣으로 열 가지 사실
　　가운데 첫 번째이고, 여기는 제 두 번째이다.

經

所謂或依一切莊嚴住하며 或依虛空住하며 或依一切寶光明住하며 或依一切佛光明住하며 或依一切寶色光明住하며 或依一切佛音聲住하며 或依如幻業生大力阿修羅形金剛手住하며 或依一切世主身住하며 或依一切菩薩身住하며 或依普賢菩薩願所生한 一切差別莊嚴海住하니라

말하자면 혹 일체 장엄을 의지하여 머물며
혹 허공을 의지하여 머물며
혹 일체 보배 광명을 의지하여 머물며
혹 일체 부처님의 광명을 의지하여 머물며
혹 일체 보배 색상의 광명을 의지하여 머물며
혹 일체 부처님의 음성을 의지하여 머물며
혹 환과 같은 업으로 생겨난 대력 아수라 형상의 금강 손을 의지하여 머물며
혹 일체 세주의 몸을 의지하여 머물며
혹 일체 보살의 몸을 의지하여 머물며
혹 보현보살의 서원으로 생긴 바 일체 차별된 장엄의 바다를 의지하여 머무는 것입니다.

疏

長行釋中에 十事는 文並可知라 然依異者는 由於心樂이 有差別
故니 謂一에 依莊嚴住者는 樂飾好故요 二는 樂無礙故요 三은 樂
卽質光故요 四는 怖衆苦故요 五는 愛離質光故니 光作寶色이언정
非實發光이요 六은 奉聖敎故요 七은 求神護故요 八은 求天護故요
九는 菩薩願力으로 所任持故요 十은 普安衆生故라

장행문의 해석 가운데[289] 십사十事는 문장을 아울러 가히 알 수가
있을 것이다.[290]
그러나 의지하는 것이 다른 것은 마음에 좋아하는 것이 차별이
있음을 인유한 까닭이니,
말하자면 첫 번째 장엄을 의지하여 머문다고 한 것은 꾸며져 좋은
것을 좋아하는 까닭이요
두 번째는 걸림이 없는 것을 좋아하는 까닭이요
세 번째는 보배 바탕에 즉한 광명[291]을 좋아하는 까닭이요
네 번째는 수많은 고통을 두려워하는 까닭이요

---

289 원문에 장행석중長行釋中이라고 한 것은 이 장행문 소위혹의所謂或依 이하
　　이다.
290 원문에 문병가지文並可知 네 글자는 다른 본엔 없다고 『잡화기』는 말한다.
291 보배 바탕에 즉한 광명이라고 한 것은 보배 바탕 가운데서 나오는 광명이고,
　　바로 아래 다섯 번째 보배 바탕을 떠난 광명이라고 한 것은 보배 바탕을
　　떠나 따로 광명이 있는 것이 흡사 저 보배 색과 같다는 것이다. 역시 『잡화
　　기』의 말이다.

다섯 번째는 보배 바탕을 떠난 광명292을 좋아하는 까닭이니
부처님의 광명 자체가 보배 색상을 지을지언정 보배가 광명을 일으
키는 것은 아니요
여섯 번째는 성인의 가르침을 받드는 까닭이요
일곱 번째는 아수라신의 보호를 구하는 까닭이요
여덟 번째는 하늘의 보호를 구하는 까닭이요
아홉 번째는 보살이 원력으로 맡아 가지는 바인 까닭이요
열 번째는 널리 중생을 편안하게 하는 까닭이다.

疏

如何廣大世界가 依有情等小類而住고 此有二義하니 一은 外由
內感일새 故說依身이라 此復有二하니 一은 宿因力이니 頌云호대
業力之所持故요 二는 現在轉變力이니 卽世主菩薩神力으로 任
持攝屬己故라 二는 由無漏體事가 大小無礙일새 得相依住故라

어떻게 광대한 세계가 유정 등의 소류小類를 의지하여 머무는가.
여기에 두 가지 뜻이 있나니
첫 번째는 밖은 안을 인유하여 감득하기에 그런 까닭으로 보살의
몸을 의지한다 말한 것이다.
여기에 다시 두 가지가 있나니
첫 번째는 숙세 인연의 힘이니,

292 원문에 이질광離質光이라고 한 것은 즉 불광명佛光明이다.

게송에 말하기를[293] 업력으로 가지는 바라 한 까닭이요

두 번째는 현재에 전전히 변하는 힘이니,

곧 세주 보살들이 신력으로 몸을 맡겨 가져서 섭속하는 까닭이다.

두 번째는 무루의 자체 사실이 크고 작은 것이 걸림이 없음을 인유하기에 서로 의지하여 머무름을 얻는 것이다.

鈔

如何廣大下는 隨難別釋이라 釋第八九에 有二義釋하니 前은 通諸教요 後에 由無漏下는 卽事事無礙宗이라 故로 上普賢云호대 一切刹土入我身하며 所住諸佛亦復然하나니 汝應觀我諸毛孔하라 我今示汝佛境界하리라하니라

어떻게 광대한 세계라고 한 아래는 비난함을 따라 따로 해석한 것이다.

제 여덟 번째와 제 아홉 번째를 해석함에 두 가지 뜻의 해석이 있나니

앞에는 모든 교에 통하는 것이요

뒤에 무루의 자체 사실이 크고 작은 것이 걸림이 없음을 인유하였다고 한 아래는 곧 사사무애의 宗[294]이다.

---

293 게송에 말하였다고 한 것은 영인본 화엄 3책, 이 아래 p.736, 9행에 광대한 업력으로 가지는 바라 한 것이다.

294 사사무애의 宗이라고 한 것은 이 화엄종이다.

그런 까닭으로 위에서 보현보살이[295] 말하기를

일체 국토가 내 몸에 들어가며,

머무시는 바 모든 부처님도 또한 다시 그러하나니,

그대들은 응당 나의 모든 털구멍을 관찰하세요.

내가 지금 그대들에게 부처님의 경계를 시현할 것입니다 하였다.

_____

295 위에서 보현보살이 운운한 것은 영인본 화엄 3책, p.687, 1행에 있는 보현보살
   의 게송이다.

經

諸佛子야 世界海에 有如是等이 世界海의 微塵數所依住하나니라

모든 불자여, 세계의 바다에 이와 같은 등이 세계의 바다에 작은
티끌 수만치 많은 의지하여 머무는 바가 있습니다.

疏

三은 結이라

세 번째는 맺는 것이다.

經

爾時에 普賢菩薩이 欲重宣其義하야 承佛威力하야 觀察十方하고 而說頌言호대

遍滿十方虛空界에 所有一切諸國土를
如來神力之所加로 處處現前皆可見케하니다

그때에 보현보살이 거듭 그 뜻을 선설하고자 하여 부처님의 위신력을 받아 시방을 관찰하고 게송을 설하여 말하기를

널리 시방에 두루한 허공계에
있는 바 일체 모든 국토를
여래 신력의 가피한 바로
곳곳에 앞에 나타내어 다 가히 보게 합니다.

疏

頌有二十二하니 文分兩別하리라 初一은 總顯一切世界가 依佛神力而住니 故梵本云호대 一切依佛神通現이라하니라 長行不列者는 若列則餘九는 非佛神通이라 故로 偈以此文으로 該於前十이니 皆佛神力이라

게송문이 스물두 가지가 있나니

그 게송문을 두 가지로 나누어 분별하겠다.

처음에 한 게송은 일체 세계가 부처님의 위신력을 의지하여 머무는 것을 한꺼번에 나타낸 것이니,

그런 까닭으로 범본에 말하기를 일체가 부처님의 신통을 의지하여 나타난다 하였다.

장행문에서 열거하지 아니한 것은 만약 열거하게 되면[296] 나머지 아홉 가지는 부처님의 신통이 아닌 것이 되기 때문이다.

그런 까닭으로 게송에 이 문장으로써 앞에 열 가지를 갖추었나니 다 부처님의 신통력이다.

---

[296] 만약 열거하게 되면이라고 한 등은 이것도 또한 첫 번째를 말한 것이니, 설사 여래의 신력으로써 처음에 열거할지라도 처음에 하나는 총이 되고 뒤에 스물하나는 별이 되는 것이 또한 어찌 방해롭겠는가. 역시 『잡화기』의 말이다.

經

或有種種諸國土는　無非離垢寶所成이니
淸淨摩尼最殊妙하야 熾然普現光明海하니다

혹 어떤 가지가지 모든 국토는
때를 떠난 보배로 이루어진 바가 아닌 것이 없나니
청정한 마니가 가장 수승하고 묘하여
치연하게 널리 광명의 바다를 나타냅니다.

疏

後에 二十一偈는 別頌前文이라 分之爲九하리니 初一은 頌依莊嚴
住라 擧能顯所니 莊嚴之具가 皆寶成故라

뒤에 스물한 게송은 앞에 경문을 따로 읊은 것이다.
나누어서 아홉 가지로 하리니
처음에 한 게송은 장엄을 의지하여 머문다는 것을 읊은 것이다.
능能을 들어 소所를 나타낸 것이니[297]
장엄의 기구가 다 보배로 이루어진 까닭이다.

---

297 능能을 들어 소所를 나타낸다고 한 것은, 보배는 이것은 능히 이루는 것이고
    장엄은 이루는 바이니, 이 다음 아래 바로 그 이유(所由)를 밝히기에 곧
    다른 말이 필요 없는 것이다. 역시 『잡화기』의 말이다. 또 능히 장엄하고
    장엄하는 바라고도 말할 수 있다.

經

或有淸淨光明刹은 依止虛空界而住하며

혹 어떤 청정한 광명의 국토는
허공계를 의지하여 머물며

疏

二에 半偈는 頌依空이라

두 번째 반 게송은 허공을 의지하여 머문다는 것을 읊은 것이다.

經

或在摩尼寶海中하며 復有安住光明藏하니다

혹 마니 보배 바다 가운데 있으며
다시 광명의 창고에 편안히 머물러 있습니다.

疏

三에 半偈는 頌依寶光明이라

세 번째 반 게송은 보배 광명을 의지하여 머문다는 것을 읊은 것이다.

經

如來處此衆會海하사　演說法輪皆巧妙하시며
諸佛境界廣無邊하시니 衆生見者心歡喜하니다

여래가 이 대중이 모인 바다에 거처하여
법륜을 연설하시는 것이 다 교묘하시며
모든 부처님의 경계가 넓어 끝이 없으시나니
중생이 보는 이가 마음에 환희하였습니다.

疏

四에　一偈는 頌佛光이니 稟佛敎光하야 成世界故라

네 번째 한 게송은 부처님의 광명이라는 것을 읊은 것이니,
부처님의 가르침의 광명을 품 받아 세계를 이루는 까닭이다.

經

有以摩尼作嚴飾하야 狀如華燈廣分布하며
香焰光雲色熾然하고 覆以妙寶光明網하니다

어떤 국토는 마니로써 장엄하고 꾸며
형상이 연꽃등과 같이 널리 분포되었으며
향불에 광명 구름은 그 색상이 치연하고
묘한 보배 광명의 그물로써 덮었습니다.

疏

五에 一偈는 頌寶色光明住니 以嚴及覆로 影顯依住라

다섯 번째 한 게송은 보배 색상의 광명을 의지하여 머문다는 것을
읊은 것이니,
장엄하고 그리고 덮은²⁹⁸ 것으로써 의지하여 머문 것을 그윽이 나타낸
것이다.

---

298 장엄하고 그리고 덮었다고 한 것은, 그 엄嚴 자는 경에 마니로써 장엄하였다고
한 그 엄嚴 자이고, 부覆 자는 묘한 보배 광명의 그물로써 덮었다고 한
그 부覆 자이다.

經

或有刹土無邊際하며 安住蓮華深大海하며
廣博淸淨與世殊하나니 諸佛妙善莊嚴故니이다

或有刹海隨輪轉이라가 以佛威神得安住하나니
諸菩薩衆遍在中하야 常見無央廣大寶하니다

혹 어떤 국토는 끝이 없으며
연꽃의 깊고 큰 바다에 안주하며
넓고 청정한 것이 세간과 더불어 다르나니
모든 부처님의 묘한 선행으로 장엄한 까닭입니다.

혹 어떤 국토의 바다는 윤전함을 따르다가
부처님의 위신력으로써 안주함을 얻나니
모든 보살 대중이 두루 그 가운데 있어서
항상 수없이 광대한 보배를 봅니다.

疏

六에 二偈는 頌佛音聲이니 謂妙善所感音聲이 有威神故라

여섯 번째 두 게송은 부처님의 음성을 의지하여 머문다는 것을
읊은 것이니,

말하자면 묘한 선행으로 감득한 바[299] 음성이 위신력이 있는 까닭이다.

經

或有住於金剛手하며 或復有住天主身하나니
毘盧遮那無上尊이   常於此處轉法輪하니다

혹 어떤 국토는 금강의 손에 머물며
혹 다시 어떤 국토는 천주의 몸에 머무나니
비로자나의 더 이상 없는 세존이
항상 이곳에서 법륜을 전하십니다.

疏

七에 一偈는 頌七八二住니 兼顯說法이라

일곱 번째 한 게송은 일곱 번째와 여덟 번째의 두 가지에 의지하여
머무는 것을 읊은 것이니,
설법도 겸하여 나타낸 것이다.

經

或依寶樹平均住하며　香焰雲中亦復然하며
或有依諸大水中하며　有住堅固金剛海하니다

或有依止金剛幢하며　或有住於華海中거든
廣大神通無不周하나니　毘盧遮那此能現이니다

或脩或短無量種이며　其相旋環亦非一이며
妙莊嚴藏與世殊하나니　淸淨修治乃能見이니다

如是種種各差別거늘　一切皆依願海住하며
或有國土常在空거늘　諸佛如雲悉充遍하니다

或有在空懸覆住하며　或時而有或無有하며
或有國土極淸淨하야　住於菩薩寶冠中하니다

十方諸佛大神通의　一切皆於此中見하며
諸佛音聲咸遍滿하나니　斯由業力之所化이니다

혹 보배 나무를 의지하여 평등하고 고르게 머물며
향불 구름 가운데도 또한 다시 그렇게 머물며
혹 어떤 국토는 모든 큰 물 가운데 머물며

혹 어떤 국토는 견고한 금강의 바다에 머뭅니다.

혹 어떤 국토는 금강당을 의지하며
혹 어떤 국토는 화장세계 바다 가운데 머물거든
광대한 신통변화가 두루하지 아니함이 없나니
비로자나가 이에 능히 나타낸 것입니다.

혹 길고 혹 짧은 것이 한량없는 종류이며
그 모습이 둥근 것도 또한 하나가 아니며
묘하게 장엄된 창고가 세간과 더불어 다르나니
청정하게 수행하고 다스려야 이에 능히 볼 것입니다.

이와 같이 가지가지 국토가 각각 차별하거늘
차별한 일체가 다 서원의 바다를 의지하여 머물며
혹 어떤 국토는 항상 허공에 있거늘
모든 부처님이 구름같이 다 충변充遍하십니다.

혹 어떤 국토는 허공에 있어 매달려 엎어져 머물며
혹 어떤 때는 있기도 하고 혹 없기도 하며
혹 어떤 국토는 지극히 청정하여
보살의 보관寶冠 가운데 머뭅니다.

시방에 모든 부처님의 큰 신통의

일체를 다 이 가운데서 보며
모든 부처님의 음성도 다 두루 가득하나니
이것은 업력의 화현한 바를 인유한 것입니다.

疏

八에 有六偈는 頌依菩薩身住니 若樹若水가 皆菩薩身이니 菩薩
現故라 長行엔 但云菩薩이나 此中엔 兼依佛身하며 此中엔 雖有願
力이나 是上宿善所持요 非普賢願이라

여덟 번째 여섯 게송이 있는 것은 보살의 몸을 의지하여 머문다는
것을 읊은 것이니,
이에 나무와 이에 물이 다 보살의 몸이니 보살이 화현한 까닭이다.
장행문에는 다만 말하기를 보살의 몸을 의지하여 머문다고만 하였으
나 이 게송 가운데는 부처님의 몸을 의지하여 머문다고 함도 겸하였
으며
이 게송 가운데는 비록 원력이 있으나, 이것은 위에 숙세의 선근[300]에
섭지하는 바요 보현의 서원은 아니다.

---

[300] 이것은 위에 숙세의 선근이라고 한 것은, 위의 장행문 별석 가운데(영인본
화엄 3책, p.729, 5행) 밖은 안을 인유하여 감득한다고 한 것에 두 가지 뜻(첫
번째 숙세 인연의 힘과 두 번째 현재 전전히 변하는 힘)이 있는 까닭이니, 지금에는
처음의 뜻에 해당함을 가리키는 것이다. 『잡화기』의 말이다. 그러나 위에라
고 한 것은 기구인연起具因緣이다. 『잡화기』는 숙세인연의 힘이라 하니
생각해 볼 것이다.

經

或有國土周法界하나니　淸淨離垢從心起하며
如影如幻廣無邊하며　　如因陀網各差別하니다

或現種種莊嚴藏호대　　依止虛空而建立하며
諸業境界不思議호대　　佛力顯示皆令見케하니다

혹 어떤 국토는 법계에 두루하나니
청정하여 때를 떠난 마음으로 좇아 일어나며[301]
영상과 같고 환상과 같아 넓고 끝이 없으며
인다라 그물과 같아 각각 차별합니다.

혹 가지가지 장엄된 창고를 나타내되
허공을 의지하여 건립하며
모든 업의 경계는 사의할 수 없으되
부처님의 신력으로 현시하여 다 하여금 보게 합니다.

疏

九에 餘八頌은 皆頌普賢願所生住라 於中三이니 初二偈는 明廣

---

[301] 원문에 종심기從心起라고 한 것은 위에서(영인본 화엄 3책, p.726, 8행) 인용하면서 종심현從心現이라 하였다.

大國土가 周法界故라 前偈는 明淨識所生이니 心外無體일새 故如
影像이요 後偈는 難思業起니 起不離空이라

아홉 번째 나머지 여덟 게송은 다 보현의 서원으로 생기한 바 장엄을
의지하여 머문다고 한 것을 읊은 것이다.
그 가운데 세 가지가 있나니
처음에 두 게송은 광대한 국토가 법계에 두루한 까닭을 밝힌 것이다.
앞에 게송은 청정한 식識으로 생기한 바[302]임을 밝힌 것이니
마음 밖에 자체가 없기에 그런 까닭으로 영상과 같다는 것이요
뒤에 게송은 사의하기 어려운 업으로 생기함을 밝힌 것이니
일어나는 것이 허공을 떠나지 않는다는 것이다.

---

302 청정한 식識으로 생기한 바라고 한 것은 경문에 청정하여 때를 떠난 마음으로
일어난다 한 것이니, 정淨 자는 경문에 청정하여 때를 떠났다는 말이고,
식소생識所生은 경문에 마음으로 좇아 일어났다는 말이다. 영인본 화엄
3책, p.726, 8행에 이미 인용한 바 있다.

經

一一國土微塵內에　　　念念示現諸佛刹호대
數皆無量等眾生하나니 普賢所作恒如是니이다

爲欲成熟眾生故로　　　是中修行經劫海하고
廣大神變靡不興하야　　法界之中悉周遍하니다

法界國土一一塵에　　　諸大刹海住其中거든
佛雲平等悉彌覆하사　　於一切處咸充滿케하니다

如一塵中自在用하야　　一切塵內亦復然하나니
諸佛菩薩大神通을　　　毘盧遮那悉能現하니다

낱낱 국토의 작은 티끌 안에
생각 생각에 모든 부처님의 국토를 시현하되
그 수를 다 한량없이 하여 중생의 수와 같이하나니
보현보살이 짓는 바는 항상 이와 같습니다.

중생을 성숙케 하고자 하기 위한 까닭으로
이 가운데 수행을 세월의 바다가 지나도록 하시고
광대한 신통을 일으켜
법계 가운데 다 두루하지 아니함이 없게 하였습니다.

법계 국토의 낱낱 티끌 가운데
모든 큰 국토의 바다가 그 가운데 머물러 있거든
부처님의 구름이 평등하게 다 채우고 덮어
일체 처소에 다 충만케 하였습니다.

한 티끌 가운데 자재한 작용과 같아서
일체 티끌 안에도 또한 다시 그러하나니
모든 부처님과 보살의 큰 신통을
비로자나가 다 능히 나타내셨습니다.

疏

次에 四偈는 明微細國土에도 調生自在라 然佛力現此하며 亦普賢
願收하니 故二段文에 皆兼佛力이라

다음에 네 가지 게송은 미세한 국토에도 중생을 조복하는 것이
자재함을 밝힌 것이다.
그러나 부처님의 신통력으로 이것을 나타내며
또한 보현의 서원으로 이것을 거두나니,
그런 까닭으로 제이단[303]의 경문에 다 부처님의 신통력도 겸하여
밝힌[304] 것이다.

---

303 제이단은 소의주所依住이다.
304 겸하여 밝혔다고 한 것은 자재와 신통력을 겸하여 밝혔다는 것이다.

經

一切廣大諸刹土가　如影如幻亦如焰하나니
十方不見所從生하며 亦復無來無去處니이다

滅壞生成互循復하야 於虛空中無暫已하나니
莫不皆由淸淨願과　廣大業力之所持니이다

일체 광대한 모든 국토가
영상과 같고 환상과 같고 또한 양염과 같나니
시방에 좇아 생기한 바를 볼 수 없으며
또한 다시 온 곳도 없고 간 곳도 없습니다.

사라지고 만들어지는 것이 서로 순환 반복하여
허공 가운데 잠시도 그치지 않나니
다 청정한 서원과 광대한 업력을 인유하여
주지하는 바가 아님이 없습니다.

疏

末後에 二偈는 彰刹體性하야 結歸有在라 初偈는 明刹依性有니
有卽非有니라 次半은 成壞更起가 猶若循環이요 後半은 結歸普願
이니 兼顯廣業이라
依住는 竟이라

말후에 두 게송은 국토의 자체성을[305] 밝혀 인유하는 바가 있다고
귀결한 것이다.

처음 게송은 국토가 자성을 의지하여 있음을 밝힌 것이니,

있다는 것은 곧 있지 않다는 것이다.[306]

다음 게송에 반 게송은 만들어졌다가 사라졌다가 다시 생기하는

것이 마치 순환하는 것과 같은 것이요

뒤에 반 게송은 넓은 서원에 귀결한 것이니

광대한 업력도 겸하여 나타낸 것이다.

세계의 의주依住는 마친다.

---

305 국토의 자체성을 운운한 것은 두 게송 가운데 처음 게송이고, 인유하는
　 바 운운한 것은 뒤에 게송이다. 국토의 자체성이라고 한 것은 영상과 환상과
　 같다는 것이다.
306 있다는 것은 곧 있지 않다는 것이라고 한 것은 국토의 자체성은 볼 수도
　 없고 거래도 없다는 것이다.

經

爾時에 普賢菩薩이 復告大衆言호대 諸佛子야 世界海에 有種種
差別形相하니

그때에 보현보살이 다시 대중에게 일러 말하기를 모든 불자여,
세계의 바다에 가지가지 차별된 형상이 있나니

疏

第三은 形相이니 亦通染淨이라

제삼단[307]은 세계의 바다에 형상이니
또한 염토와 정토에 통하는 것이다.

---

307 제삼단 운운한 것은 과목으로는 총표總標이다.

經

所謂或圓或方하며 或非圓方이 無量差別하며 或如水漩形하며 或如山焰形하며 或如樹形하며 或如華形하며 或如宮殿形하며 或如衆生形하며 或如佛形하니라

말하자면 혹 둥글기도 하고 혹 모나기도 하며
혹 둥글지도 모나지도 않는 것이 한량없이 차별하며
혹 물이 소용돌이치는 형상과 같으며
혹 산의 불꽃 형상과 같으며
혹 나무의 형상과 같으며
혹 꽃의 형상과 같으며
혹 궁전의 형상과 같으며
혹 중생의 형상과 같으며
혹 부처님의 형상과 같습니다.

疏

長行釋中에 非圓方者는 三維八隅가 皆非圓方일새 故云無量差別이라 하니라 山焰形者는 如山似焰이니 皆取上尖이니 對上方圓等故라 餘並可知라

장행문의 해석 가운데[308] 둥글지도 모나지도 않다고 한 것은 삼각형

---

308 장행문의 해석 가운데 운운한 것은 과목으로는 별석別釋이다.

(三維)이나 팔각형(八隅)이 다 둥글지도 모나지도 않는 것이기에 그런 까닭으로 말하기를 한량없이 차별하다 하였다.

산의 불꽃 형상과 같다고 한 것은 산이 흡사 불꽃과 같나니, 다 산봉우리가 뾰족함[309]을 취한 것이니 산봉우리가 모나고 둥근 등을 상대한 까닭이다.
나머지는 아울러 가히 알 수가 있을 것이다.

---

309 尖은 뾰족할 첨이다.

經

如是等이 **有世界海**의 **微塵數**하니라

이와 같은 등이 세계의 바다에 작은 티끌 수만치 많이 있습니다.

疏

三은 結이라

세 번째는 맺는 것이다.

經

爾時에 普賢菩薩이 欲重宣其義하야 承佛威力하야 觀察十方하고 而說頌言호대

諸國土海種種別과　　種種莊嚴種種住한
殊形共美遍十方하나니 汝等咸應共觀察하리다

그때에 보현보살이 거듭 그 뜻을 선설하고자 하여 부처님의 위신력을 받아 시방을 관찰하고 게송을 설하여 말하기를

모든 국토 바다에 가지가지 차별과
가지가지 장엄과 가지가지 머문
다른 형상이 함께 아름답고 시방에 두루하나니
그대 등은 다 응당 함께 관찰할 것입니다.

疏

頌中十偈니 初一은 總讚勸觀이라

게송 가운데 열 가지 게송이 있나니
처음에 한 게송은 권하여 관찰하게 하는 것을 한꺼번에 찬탄한
것이다.

經

其狀或圓或有方하며　或復三維及八隅하며
摩尼輪狀蓮華等이　一切皆由業令異케하니다

或有淸淨焰莊嚴하고　眞金間錯多殊好하며
門闥競開無壅滯하나니 斯由業廣意無雜이니다

그 형상이 혹 둥글기도 하고 혹 어떤 것은 모나기도 하며
혹 다시 삼각형도 있고 그리고 팔각형도 있으며
마니 바퀴의 형상과 연꽃의 형상 등이
일체가 다 업을 인유하여 하여금 다르게 합니다.

혹 어떤 국토는 청정한 불꽃으로 장엄하고
진금으로 사이마다 수없이 수특하고 묘호하게 섞어 장엄하며
문과 창은 열려 막힌 데가 없나니
이것은 업력이 광대함을 인유한 것으로 뜻이 잡됨이 없습니다.

疏

餘皆正頌前義니 兼擧因顯果라 於中初二는 頌前十段이요 後七
은 頌前無量差別이라 今初니 摩尼輪者는 卽水旋之類요 淨焰莊
嚴은 頌上山焰이요 門闥競開는 義兼宮殿이라

나머지는 다 앞의 뜻을 바로 읊은 것이니

원인을 들어 과보를 나타낸 것도 겸하여 밝힌 것이다.

그 가운데 처음에 두 게송은 앞에 십단을 읊은 것이요[310]

뒤에 일곱 게송은 앞에 한량없는 차별이라고 한 것을 읊은 것이다.

지금은 처음으로 마니 바퀴라고 한 것은 곧 물의 소용돌이와 같은 유형이요

청정한 불꽃 장엄이라고 한 것은 위에 산의 불꽃 형상과 같다고 한 것을 읊은 것이요

문과 창은 열렸다고 한 것은 뜻이 궁전의 형상과 같다고 한 것도 겸하여 밝힌 것이다.

---

310 앞에 십단을 읊은 것이라고 한 것은, 『잡화기』에 말하기를 진실인즉 나무의 형상, 중생의 형상, 부처님의 형상 등 삼단은 생략하고 게송으로 읊지 않았거늘, 지금에 우선 총상으로 앞에 십단을 다 읊었다고 한 것은 총상으로 말한 까닭이다 하였다. 앞에 십단이라고 한 것은 앞에 세계의 바다에 열 가지 사실이니 영인본 화엄 3책, p.690, 7행 이하이다.

經

刹海無邊差別藏가   譬如雲布在虛空하며
寶輪布地妙莊嚴에   諸佛光明照耀中이니다

一切國土心分別을   種種光明而照現하시고
佛於如是刹海中에   各各示現神通力하시니다

或有雜染或清淨하야 受苦受樂各差別하나니
斯由業海不思議니   諸流轉法恒如是니이다

국토 바다에 끝없는 차별의 창고가
비유하자면 구름이 펼쳐져 허공에 있는 것과 같으며
보배 바퀴가 땅에 펼쳐져 묘하게 장엄함에
모든 부처님의 광명이 그 가운데 비칩니다.

일체 국토에 마음의 분별을
가지가지 광명으로 비추어 나타내시고
부처님이 이와 같은 국토 바다 가운데
각각 신통력을 시현하십니다.

혹 어떤 국토는 뒤섞이어 더럽고 혹 어떤 국토는 청정하여
고통을 받고 즐거움을 받는 것이 각각 차별하나니

이것은 업력의 바다가 사의할 수 없음을 인유한 것이니
모든 유전하는 법이 항상 이와 같습니다.

疏

後七中에 分二하리니 前三은 彰刹由因異라

뒤에 일곱 게송 가운데 두 가지로 분류하리니
앞에 세 가지 게송은 국토가 원인을 인유하여 다름을 밝힌 것이다.[311]

---

311 국토가 원인을 인유하여 다름을 밝힌다고 한 것은, 앞에 두 게송 반은
국토가 다른 것이고 뒤에 반 게송은 원인을 인유한 것이니, 아래 소문에
자재함이 부처님을 인유한다(영인본 화엄 3책, p.741, 1행)고 한 것도 뜻은
또한 여기를 본받을 것이다. 역시 『잡화기』의 말이다.

經

一毛孔內難思刹이　　等微塵數種種住어든
一一皆有遍照尊하사　　在衆會中宣妙法하니다

於一塵中大小刹이　　種種差別如塵數하고
平坦高下各不同거든　　佛悉往詣轉法輪하니다

一切塵中所現刹이　　皆是本願神通力이니
隨其心樂種種殊하야　　於虛空中悉能作하니다

一切國土所有塵의　　一一塵中佛皆入하사
普爲衆生起神變하시니　毘盧遮那法如是니이다

한 털구멍 안에 사의할 수 없는 국토가
작은 티끌 수와 같이 가지가지로 머물거든
낱낱 국토에 다 변조존[312]이 계셔
대중이 모인 가운데서 묘법을 선설하고 있습니다.

한 티끌 가운데 크고 작은 국토가
가지가지로 차별한 것이 마치 티끌 수와 같고

---

312 변조존遍照尊은 곧 부처님을 말한다.

평탄하고 높고 낮은 것이 각각 같지 않거든
부처님이 다 나아가서 법륜을 전하십니다.

일체 티끌 가운데[313] 나타낸 바 국토가
다 이 본래의 서원과 신통의 힘이니
그들 마음에 좋아하는 것이 가지가지 다름을 따라서
저 허공 가운데 다 능히 지었습니다.

일체 국토에 있는 바 티끌의
낱낱 티끌 가운데 부처님이 다 들어가서
널리 중생을 위하여 신통변화를 일으키시니
비로자나의 진리가 이와 같습니다.

疏

後四는 明自在由佛이라 一毛孔內에 難思刹者는 更有一理니 謂
修行者가 居自報土가 各各不同일새 佛攝衆生에 所現國土도 以
彼報故로 重重而現이나 不離一毛니라

뒤에 네 가지 게송은 자재함이 부처님을 인유한 것임을 밝힌 것이다.
한 털구멍 안에 사의하기 어려운 국토라고 한 것은 다시 일리가

---

313 원문에 일체진중一切塵中 운운 게송은 영인본 화엄 3책, p.725, 7행 초문鈔文에
이미 인용引用하였다.

있나니[314]

말하자면 수행자가 자기의 보토報土에 기거하는 것이 각각 같지 않기에 부처님이 중생을 섭수함에 나타낸 바 국토도 저 보토와 같은 까닭으로 중중重重으로 나타내지만 한 털구멍을 떠나지 않는 것이다.

鈔

所現國土等者는 如十盞燈이 共照一毛하면 則一毛之上에 有千重
光也니 準喻思法이라
形狀은 竟이라

나타낸 바 국토라고 한 등은 일천 개의 등잔燈盞이 함께 한 털구멍을 비추면 곧 한 털구멍 위에 일천 중重의 광명이 있는 것과 같나니 비유를 기준하여 법을 생각할 것이다.

세계의 바다에 형상은 마친다.

---

314 다시 일리가 있다고 한 것은, 이 위에는 곧 부처님의 자재한 힘을 인유한 까닭으로 한 털구멍 안에 사의하기 어려운 국토가 있는 것이고, 여기는 곧 중생의 보토報土가 수많은 종류가 있음을 인유한 까닭으로 한 털구멍 안에 사의하기 어려운 국토를 나타낸 것이다. 역시 『잡화기』의 말이다.

經

爾時에 普賢菩薩이 復告大衆言호대 諸佛子야 應知라 世界海에
有種種體하니 所謂或以一切寶莊嚴爲體하며 或以一寶種種莊
嚴爲體하며 或以一切寶光明爲體하며 或以種種色光明爲體하
며 或以一切莊嚴光明爲體하며 或以不可壞金剛爲體하며 或以
佛力持爲體하며 或以妙寶相爲體하며 或以佛變化爲體하며 或
以日摩尼輪爲體하며 或以極微細寶爲體하며 或以一切寶焰爲
體하며 或以種種香爲體하며 或以一切寶華冠爲體하며 或以一
切寶影像爲體하며 或以一切莊嚴의 所示現爲體하며 或以一念
心에 普示現境界爲體하며 或以菩薩形寶爲體하며 或以寶華蘂
爲體하며 或以佛言音爲體하니라

그때에 보현보살이 다시 대중에게 일러 말하기를 모든 불자여,
응당히 알아야 합니다.
세계의 바다에 가지가지 체성이 있나니
말하자면 혹 일체 보배장엄으로써 체성을 삼으며
혹 한 보배의 가지가지 장엄으로써 체성을 삼으며
혹 일체 보배의 광명으로써 체성을 삼으며
혹 가지가지 색상의 광명으로써 체성을 삼으며
혹 일체 장엄의 광명으로써 체성을 삼으며
혹 가히 파괴할 수 없는 금강으로써 체성을 삼으며
혹 부처님의 가피지력으로써 체성을 삼으며

혹 묘한 보배의 모습으로써 체성을 삼으며

혹 부처님의 변화로써 체성을 삼으며

혹 태양 마니 바퀴로써 체성을 삼으며

혹 지극히 미세한 보배로써 체성을 삼으며

혹 일체 보배의 불꽃[315]으로 체성을 삼으며

혹 가지가지 향으로써 체성을 삼으며

혹 일체 보배의 화관으로써 체성을 삼으며

혹 일체 보배의 영상으로써 체성을 삼으며

혹 일체 장엄의 시현한 바로써 체성을 삼으며

혹 한 생각 마음에 널리 경계를 시현함으로써 체성을 삼으며

혹 보살의 모습 같은 보배로써 체성을 삼으며

혹 보배 꽃술로써 체성을 삼으며

혹 부처님의 말씀 소리로써 체성을 삼았습니다.

疏

第四는 刹體니 唯約淨刹이라 長行엔 略辨二十種體나 然其刹體는 諸敎不同이니 或以八微爲體하며 或以唯心爲體하며 或法性爲體하며 或一切法爲體어니와 今皆具之니라 謂衆寶等이 卽是八微니 加之佛音聲하면 卽九微也라 一念心現은 是唯識頓變이요 佛變

---

315 혹 일체 보배 불꽃이라고 한 등은, 『잡화기』에 이 위에는 능히 변화하는 부처님에 나아가 말한 까닭이고, 지금에는 변화하는 바 법에 나아가 말한 까닭이다 하였다.

化者는 或通果色하며 或一切法이니 令三世間으로 互相作故라 又
融上諸說하야 爲無礙刹體니라 言日摩尼輪은 卽日輪也요 香은
通質氣요 佛言爲體者는 無礙體事故라 又依如來說力起故니라

제 사단은 세계의 바다에 체성이니
오직 청정한 세계만을 잡은 것이다.
장행문에는 간략하게 스무 가지 체성을 분별하였지만 그러나 그
세계의 체성은 모든 교가 같지 않나니
혹 어떤 교는 팔미八微[316]로써 체성을 삼으며
혹 어떤 교는 오직 마음으로써 체성을 삼으며
혹 어떤 교는 법성으로써 체성을 삼으며
혹 어떤 교는 일체 법으로써 체성을 삼았거니와, 지금에는 다 그것을
갖추었다.[317]
말하자면 수많은 보배 등이[318] 곧 팔미八微이니,
부처님의 음성을 더하면 곧 구미九微이다.

---

316 팔미八微라고 한 것은 능히 짓는 사대四大와 짓는 바 사진四塵이다고 『잡화
기』는 말한다.
317 지금에는 다 그것을 갖추었다고 한 것은, 유독 법성만 없는 것은 대개
법의 모습을 융합하여 법의 체성에 돌아가면 스무 가지 체성이 오직 한
법의 체성이니, 이 뜻은 쉬운 까닭으로 말하지 않는다고 『잡화기』는 말한다.
318 수많은 보배 등이라고 한 것은, 아래 배대한 바 세 가지(九에 불변화와 十七에
일념심현과 七에 불력지)를 제외하고 그 나머지 열일곱 가지는 다 이 가운데
섭수한 것이다고 『잡화기』는 말한다.

한 생각 마음에 시현한다고 한 것은 이것은 오직 식識이 문득 변현하는 것이요.

부처님의 변화라고 한 것은 혹 과위의 색신에 통하며 혹 일체 법에도 통하는 것이니,

삼종세간으로 하여금 서로서로 짓게 하는 까닭이다.

또 위에 모든 교의 학설을 융합하여 걸림 없는 세계의 체성을 삼는 것이다.

태양 마니 바퀴라고 말한 것은 곧 일륜日輪이요

가지가지 향이라고 한 것은 본바탕의 향기에 통하는 것이요

부처님의 말씀 소리로써 체성을 삼는다고 한 것은 걸림 없는 체성의 일인 까닭이다.

또 여래의 언설력을 의지하여 생기하는 까닭이다.

鈔

諸教不同下는 卽五教出體니 釋有二意라 一은 則別配니 八微는 是小乘이요 唯心은 是始教요 法性은 是終頓二教요 或一切法은 是圓教라 二는 則通明이니 圓教는 具於四義요 頓教는 唯法性이요 小乘은 唯八微요 始終二教는 通於前三이라 若三各別인댄 卽是始教요 若三無礙하야 性相圓融인댄 卽是終教라 故法相宗에 出體云호대 一은 法性土니 以眞如爲體요 二는 實報土니 力無畏等과 一切功德과 無漏五蘊으로 以爲體性거니와 若攝相歸性인댄 亦眞如爲體라 三은 色相土니 攝境從心인댄 自利後得智爲體라 故로 佛地論云호대 最極自在

한 淨識爲相이라하니 相卽體相이어니와 若約相別인댄 卽四塵爲體라
四는 他受用土니 攝境從心인댄 利他後得智爲體요 攝相歸性인댄 亦
以眞如爲體어니와 若約相別인댄 亦是四塵이라 五는 變化土니 同前
他受用體라 是知하라 始敎는 具用三法이어니와 圓敎는 則以性融相
하야 相無礙故로 通一切法이니 則事事無礙로 而爲其體라 是故疏云
호대 今皆具之라하니라 次는 引經具收요 後는 融無礙라

모든 교가 같지 않다고 한 아래는 곧 오교에서 체성을 설출한 것이니
해석함에 두 가지 뜻이 있다.
첫 번째는 곧 따로 배석한 것이니
팔미라고 한 것은 이 소승교요
오직 마음이라고 한 것은 이 시교요
법성이라고 한 것은 이 종·돈의 두 교요
혹 일체 법이라고 한 것은 이 원교이다.

두 번째는 곧 통틀어 밝힌 것이니
원교는 네 가지 뜻을 갖춘 것이요
돈교는 오직 법성뿐이요
소승교는 오직 팔미뿐이요
시·종 두 교는 앞의 세 가지에 통하는 것이다.
만약 세 가지가 각각 다르다고 한다면 곧[319] 이것은 시교요

---

319 원문에 즉이卽二라고 한 이二 자는 없는 것이 옳다.

만약 세 가지가 걸림이 없어서 자성과 모습이 원융하다고 한다면 곧 이것은 종교이다.

그런 까닭으로 법상종에서 체성을 설출하여 말하기를

첫 번째는 법성토니

진여로써 체성을 삼는 것이요

두 번째는 실보토[320]니

십력과 사무소외 등과 일체 공덕과 무루 오온으로써 체성을 삼는 것이어니와, 만약 모습을 섭수하여 자성에 돌아간다면 또한 진여로써 체성을 삼는 것이다.

세 번째는 색상토[321]니

경계를 섭수하여 마음을 좇는다면 자리의 후득지로써 체성을 삼는 것이다.

그런 까닭으로『불지론』에 말하기를 최극으로 자재한 청정한 식으로 모습(相)을 삼는다 하였으니,

모습(相)은 곧 체상이어니와, 만약 모습의 다름을 잡는다면 곧 사진 四塵[322]으로 체성을 삼는 것이다.

네 번째는 타수용토니

경계를 섭수하여 마음을 좇는다면 이타의 후득지로써 체성을 삼는 것이요,

모습을 섭수하여 자성에 돌아간다면 또한 진여로써 체성을 삼는

---

320 실보토라고 한 것은『잡화기』에 자수용토, 타수용토라 하였다.

321 색상토라고 한 것은『잡화기』에 오직 자수용토라 하였다.

322 사진四塵은 색色, 향香, 미味, 촉觸이다.

것이어니와, 만약 모습의 다름을 잡는다면 역시 사진으로 체성을 삼는 것이다.

다섯 번째는 변화토니

앞에 타수용의 체성과 같다.

이에 알아라.

시교는 삼법[323]을 갖추어 사용하였거니와, 원교는 곧 자성으로써 모습을 융합하여 서로 걸림이 없는 까닭으로 일체 법에 통하나니 곧 사사무애로 그 체성을 삼는 것이다.

이런 까닭으로 소문에 말하기를 지금에는 다 그것을 갖추었다고 하였다.

다음[324]에는 지금의 경을 이끌어서 갖추어 거두는 것이요

뒤에[325]는 융합하여 걸림이 없는 것이다.

---

323 삼법三法이라고 한 것은 팔미와 유심과 법성이다.

324 다음이라고 한 것은 위에 영인본 화엄 3책, p.742, 8행에 말하자면 수많은 보배 등이 곧 이 팔미라 한 이하이다.

325 뒤에라고 한 것은 또 위에 모든 교의 학설을 융합한다 한 이하이니 위에 영인본 화엄 3책, p.743, 1행에 있다.

經

爾時에 普賢菩薩이 欲重宣其義하야 承佛威力하야 觀察十方하고 而說頌言호대

或有諸刹海는 妙寶所合成이며
堅固不可壞는 安住寶蓮華니이다

그때에 보현보살이 거듭 그 뜻을 선설하고자 하여 부처님의 위신력을 받아 시방을 관찰하고 게송을 설하여 말하기를

혹 어떤 국토의 바다는
묘한 보배로 합하여 이루어진 바이며
견고하여 가히 파괴할 수 없는 국토는
보배 연꽃에 편안히 머뭅니다.

疏

頌中十偈니 初는 偈頌三이니 謂初二及第六에 不可壞金剛이라

게송 가운데 열 가지 게송이 있나니
처음에 게송은 세 가지를 읊은 것이니,
말하자면 첫 번째와 두 번째와 그리고 제 여섯 번째 가히 파괴할 수 없는 금강이라고 한 것을 읊은 것이다.

經

或是淨光明은 出生不可知며
一切光莊嚴은 依止虛空住니이다

혹 이 청정한 광명의 국토는
출생한 곳을 가히 알 수 없으며
일체 광명으로 장엄한 국토는
허공을 의지하여 머뭅니다.

疏

次一偈는 頌第三第四라

다음에 한 게송은 제 세 번째와 네 번째를 읊은 것이다.

經

或淨光爲體하고 復依光明住하며
光雲作嚴飾하야 菩薩共遊處니이다

혹 어떤 국토는 청정한 광명으로 체성을 삼고
다시 광명을 의지하여 머물며
광명의 구름으로 장엄하고 꾸미어
보살이 함께 그곳에 노닙니다.

疏

三에 有一偈는 頌第五에 一切莊嚴光明이라

세 번째 한 게송이 있는 것은 제 다섯 번째 일체 장엄의 광명이라고
한 것을 읊은 것이다.

經

或有諸刹海는　　從於願力生호미
猶如影像住하야 取說不可得이니다

혹 어떤 국토의 바다는
원력을 좇아 생기한 것이
비유하자면 영상이 머무는 것과 같아서
취함도 말함도 가히 얻을 수 없습니다.

疏

四에 有一偈는 頌二種體라 願力生者는 頌佛力持요 如影像現은
頌妙寶相이라 若兼二事인댄 頌佛變化라

네 번째 한 게송이 있는 것은 두 가지 체성을 읊은 것이다.

원력으로 생기하였다고 한 것은 부처님의 가피지력[326]이라고 한
것을 읊은 것이요
영상이 나타난[327] 것과 같다고 한 것은 묘한 보배의 모습[328]이라고
한 것을 읊은 것이다.

---

326 부처님의 가피지력은 제칠구이다.
327 현現 자는 경문에는 주住 자이다.
328 묘한 보배의 모습이라고 한 것은 제팔구이다.

만약 두 가지 사실을 겸한다면 부처님의 변화[329]라고 한 것을 읊은 것이다.

---

[329] 부처님의 변화라고 한 것은 제구구第九句이다.

經

或以摩尼成하야 普放日藏光하며
珠輪以嚴地하야 菩薩悉充滿하니다

혹 마니로써 성립하여
널리 일장日藏의 광명을 놓으며
진주 바퀴로써 땅을 장엄하여
보살이 그곳에 다 충만합니다.

疏

五에 有一偈는 頌二種體니 上半은 頌日輪이요 下半은 頌微細寶라

다섯 번째 한 게송이 있는 것은 두 가지 체성을 읊은 것이니
위에 반 게송은 태양 마니 바퀴[330]라고 한 것을 읊은 것이요
아래 반 게송은 지극히 미세한 보배[331]라고 한 것을 읊은 것이다.

---

330 태양 마니 바퀴라고 한 것은 제십구이다.
331 미세한 보배라고 한 것은 세십일구이다.

經

有刹寶焰成하고 焰雲覆其上하며
衆寶光殊妙하니 皆由業所得이니다

어떤 국토는 보배 불꽃으로 성립하고
불꽃 구름으로 그 위를 덮었으며
수많은 보배 광명이 수특하고 묘하나니
다 업을 인유하여 얻은 바입니다.

疏

第六偈는 頌寶焰이니 殊妙之言은 亦兼香也라

제 여섯 번째 게송은 일체 보배 불꽃[332]이라고 한 것을 읊은 것이니,
수특하고 묘하다고 한 말은 또한 가지가지 향[333]이라고 한 것도
겸하여 밝힌 것이다.

---

332 일체 보배 불꽃이라고 한 것은 제십이구이다.
333 가지가지 향이라고 한 것은 제십삼구이다.

經

或從妙相生하야　衆相莊嚴地호미
如冠共持戴하나니 斯由佛化起니이다

혹 묘한 모습을 좇아 생기하여
수많은 모습으로 땅을 장엄한 것이
마치 보배의 화관을 함께 가져 쓴 것과 같나니
이것은 부처님의 변화를 인유하여 생기한 것입니다.

疏

第七偈는 頌寶冠이니 寶冠도 亦佛變化이나 非正頌佛化也라

제 일곱 번째 게송은 일체 보배의 화관[334]이라고 한 것을 읊은 것이니
보배의 화관도 또한 부처님이 변화한 것이기는 하지만 부처님의
변화를 바로 읊은 것은 아니다.

---

334 일체 보배의 화관이라고 한 것은 제십사구이다.

經

或從心海生하야   隨心所解住호미
如幻無處所하나니 一切是分別이니다

혹 마음의 바다를 좇아 생기하여
마음에 아는 바를 따라 머무는 것이
마치 환상이 처소가 없는 것과 같나니
일체가 이 분별입니다.

疏

第八偈는 頌一念普現境界라

제 여덟 번째 게송은 한 생각에 널리 경계를 나타낸다[335]고 한 것을
읊은 것이다.

---

335 한 생각에 널리 경계를 나타낸다고 한 것은 제십칠구이다.

經

或以佛光明과　摩尼光爲體어든
諸佛於中現하사 各起神通力이니다

혹 부처님의 광명과
마니의 광명으로써 체성을 삼았거든
모든 부처님이 그 가운데 나타나
각각 신통력을 일으키십니다.

疏

第九偈는 頌一切寶와 莊嚴示現하며 及頌後三體니 摩尼光者는
頌菩薩形寶와 及寶華藥이요 佛光明者는 頌佛音聲이니 聲光成
刹故라

제 아홉 번째 게송은 일체 보배[336]의 영상이라 한 것과 일체 장엄의
시현한 바라고 한 것을 읊은 것이며, 그리고 뒤에 세 가지 체성을
읊은 것이니
마니의 광명이라고 한 것은 보살의 모습과 같은 보배[337]라고 한

---

336 일체 보배 운운은, 『잡화기』에 일체보一切寶와 또이니 곧 일체 보배 영상과
　　그리고 일체 장엄 시현의 二句이다 하였으니, 여기 번역과 같다 하겠다.
　　일체 보배의 영상이라고 한 것은 제십오구이고, 일체 장엄의 시현한 바라고
　　한 것은 제십육구이다.

것과 그리고 보배 꽃술[338]이라고 한 것을 읊은 것이요

부처님의 광명이라고 한 것은 부처님의 말씀 소리[339]라고 한 것을 읊은 것이니

말씀 소리의 광명으로 국토를 이루는 까닭이다.

---

337 보살의 모습과 같은 보배라고 한 것은 제십팔구이다.

338 보배 꽃술이라고 한 것은 제십구구이다.

339 부처님의 말씀 소리라고 한 것은 제이십구이다.

經

或普賢菩薩이   化現諸刹海하고
願力所莊嚴이니 一切皆殊妙니이다

혹 보현보살이
모든 국토의 바다를 화현하고
원력으로 장엄한 바이니
일체가 다 수특하고 묘합니다.

疏

第十偈는 結歸普賢이라
體性은 竟이라

제 열 번째 게송은 보현보살에게 귀결한 것이다.

세계의 바다에 체성은 마친다.

經

爾時에 普賢菩薩이 復告大衆言호대 諸佛子야 應知하라 世界海에 有種種莊嚴하니 所謂或以一切莊嚴具中에 出上妙雲莊嚴하며 或以說一切菩薩功德莊嚴하며 或以說一切衆生業報莊嚴하며 或以示現一切菩薩願海莊嚴하며 或以表示一切三世에 佛影像莊嚴하며 或以一念頃에 示現無邊劫神通境界莊嚴하며 或以出現一切佛身莊嚴하며 或以出現一切寶香雲莊嚴하며 或以示現一切道場中에 諸珍妙物의 光明照耀莊嚴하며 或以示現一切普賢行願莊嚴하니라 如是等이 有世界海微塵數하니라

그때에 보현보살이 다시 대중에게 일러 말하기를 모든 불자여, 응당히 알아야 합니다.

세계의 바다에 가지가지 장엄이 있다니

말하자면 혹 일체 장엄 기구 가운데 최상의 묘한 구름을 출생함으로써 장엄하며

혹 일체 보살의 공덕을 설함으로써 장엄하며

혹 일체 중생의 업보를 설함으로써 장엄하며

혹 일체 보살의 서원의 바다를 시현함으로써 장엄하며

혹 일체 삼세에 부처님의 영상을 표시함으로써 장엄하며

혹 한 생각 지경에 끝없는 세월에 신통의 경계를 시현함으로써 장엄하며

혹 일체 부처님의 몸을 출현함으로써 장엄하며

혹 일체 보배의 향기 구름을 출현함으로써 장엄하며

혹 일체 도량 가운데 모든 진기하고 묘한 물건의 광명이 비침을
시현함으로써 장엄하며

혹 일체 보현의 행원을 시현함으로써 장엄하는 것입니다.

이와 같은 등이 세계의 바다에 작은 티끌 수만치 많이 있습니다.

疏

第五段은 刹莊嚴이니 於中에 唯明淨刹이라 其中에 或寶爲嚴하며
或人或法과 或說法과 修行示現으로 融攝하야 皆爲嚴刹하니 以人
法爲寶故라 又由說法因等하야 得莊嚴果니 以果名因하야 爲莊
嚴也니라

제오단[340]은 세계의 바다에 장엄이니

그 가운데는 오직 청정한 세계만 밝힌 것이다.

그 가운데 혹 보배로써 장엄하였으며

혹 사람과 혹 법과 혹 설법과 혹 수행과 혹 시현으로[341] 융합하고

---

340 제오단 운운한 것은, 제삼단은 염찰과 정찰에 통한다 하였고, 제사단은
정찰淨刹만 잡았다 하였고, 지금 여기 제오단도 정찰淨刹만 밝힌다 하였다.

341 그 가운데 혹 보배라고 한 것은 곧 첫 번째, 여덟 번째, 아홉 번째 장엄이고,
혹 사람이라고 한 것은 다섯 번째, 일곱 번째 장엄이고, 혹 법이라고 한
것은 여섯 번째 장엄이고, 혹 설법이라고 한 것은 두 번째, 세 번째 장엄이니
사람과 법에 통하는 것이고, 혹 수행이라고 한 것은 네 번째, 열 번째 장엄이니
또한 사람과 법에 통하는 것이고, 혹 시현이라고 한 것은 네 번째 장엄으로부

섭수하여³⁴² 다 세계를 장엄하였으니
사람과 법으로써 보배를 삼는 까닭이다.
또 설법의 원인 등³⁴³을 인유하여 장엄의 결과를 얻는 것이니
과보로써 원인을 이름하여 장엄이라 한 것이다.

鈔

或寶爲嚴者는 然莊嚴有三하니 卽名三淨이라 一은 處所淨이니 卽衆
寶爲嚴이요 二는 住處衆生淨이니 卽人寶爲嚴이요 三은 法門流布淨
이니 卽以法爲嚴이라 對文可知니라

혹 보배로 장엄하였다고 한 것은 그러나 장엄에 세 가지가 있나니
곧 이름이 세 가지 청정이다.
첫 번째는 처소가 청정한 것이니
곧 수많은 보배(財寶)로 장엄한 것이요

터 열 번째 장엄에 이르는 것이 다 이 시현이니 또한 사람과 법에 통하는
것이다. 이러한즉 총상으로 섭수하여 묶으면 이 장엄이 세 가지 청정(三淨)을
벗어나지 않는다 할 것이다. 이상은 다 『잡화기』의 말이다. 세 가지 청정은
처소와 머무는 곳과 법문이니 아래 초문에 있다.

342 융합하고 섭수한다고 한 것은 이 보배 등 모든 장엄사事를 다 융섭하여
국토의 체성을 삼는 것이니, 바로 이것은 지금 『화엄경』에서 종 삼는 바이다.
혹은 제 여섯 번째(或以一念頃)라고도 말하나니 한 생각과 끝없는 세월(劫)이
융섭하는 까닭이다. 역시 『잡화기』의 말이다.

343 등이라고 한 것은 수행과 시현示現이다.

두 번째는 머문 곳에 중생이 청정한 것이니

곧 사람의 보배(人寶)로 장엄한 것이요

세 번째는 법문이 흘러 퍼짐이 청정한 것이니

곧 법의 보배(法寶)로 장엄한 것이다.

경문을 대조하면 가히 알 수가 있을 것이다.

爾時에 普賢菩薩이 欲重宣其義하야 承佛威力하야 觀察十方하고 而說頌言호대

廣大刹海無有邊은 皆由淸淨業所成이니
種種莊嚴種種住가 一切十方皆遍滿하니다

그때에 보현보살이 거듭 그 뜻을 선설하고자 하여 부처님의 위신력을 받아 시방을 관찰하고 게송을 설하여 말하기를

광대한 국토 바다가 끝이 없는 것은
다 청정한 업을 인유하여 이루어진 바이니
가지가지 장엄과 가지가지 머무는 것이
일체 시방에 다 두루 가득합니다.

十頌分二리니 初一은 總顯刹嚴이라

열 가지 게송을 두 가지로 분류하리니
처음에 한 게송은 세계의 바다에 장엄을 한꺼번에 나타낸 것이다.

經

無邊色相寶焰雲으로　　廣大莊嚴非一種이나
十方刹海常出現하사　　普演妙音而說法하나다

菩薩無邊功德海와　　種種大願所莊嚴이나
此土俱時出妙音하사　　普震十方諸刹網하나다

衆生業海廣無量이나　　隨其感報各不同하야
於一切處莊嚴中에　　皆由諸佛能演說하나다

三世所有諸如來가　　神通普現諸刹海의
一一事中一切佛하시니　如是嚴淨汝應觀하리다

過去未來現在劫과　　十方一切諸國土에
於彼所有大莊嚴을　　一一皆於刹中見하나다

一切事中無量佛이　　數等衆生遍世間하나니
爲令調伏起神通하사　　以此莊嚴國土海하나다

一切莊嚴吐妙雲하니　　種種華雲香焰雲과
摩尼寶雲常出現거늘　　刹海以此爲嚴飾하나다

十方所有成道處에　種種莊嚴皆具足하고
流光布逈若彩雲하니 於此刹海咸令見케하니다

普賢願行諸佛子가　等衆生劫勤修習하야
無邊國土悉莊嚴거늘 一切處中皆顯現하니다

끝없는 색상에 보배 불꽃 구름으로
광대하게 장엄한 것이 한 가지가 아니지만
시방의 국토 바다에 항상 출현하여
널리 묘한 음성을 내어 법을 연설하십니다.

보살의 끝없는 공덕의 바다와
가지가지 큰 서원으로 장엄한 바이지만
이 국토에 동시에 묘한 음성을 내어
널리 시방의 모든 국토의 그물을 진동하십니다.

중생의 업의 바다가 넓어서 헤아릴 수 없지만
그들이 감득한 업보가 각각 같지 아니함을 따라서
일체 처소의 장엄하는 가운데
다 모든 부처님을 인유하여 능히 연설하십니다.

삼세에 있는 바 모든 여래가
신통으로 널리 모든 국토 바다의

낱낱 사실 가운데 일체 부처님을 나타내었으니
이와 같은 장엄청정을 그대들은 응당 관찰할 것입니다.

과거·미래·현재의 세월과
시방의 일체 모든 국토에
저곳에 있는 바 큰 장엄을
낱낱이 다 국토 가운데서 봅니다.

일체 사실 가운데 한량없는 부처님이
그 수가 중생과 같아 세간에 두루하나니
하여금 조복케 하기 위하여 신통을 일으켜
이로써 국토의 바다를 장엄하십니다.

일체 장엄이 묘한 구름을 토하여 내니
가지가지 꽃구름과 향기 불꽃 구름과
마니 보배 구름이 항상 출현하거늘
국토의 바다를 이것으로써 장엄하고 꾸미십니다.

시방에 있는 바 성도한 처소에
가지가지 장엄을 다 구족하고
흐르는 광명은 멀리까지 퍼져 빛나는 구름 같나니
이 국토 바다에서 다 하여금 보게 하십니다.

보현의 행원으로 모든 불자가
중생과 같은 세월에 부지런히 닦아 익혀
끝없는 국토를 다 장엄하거늘
일체 처소 가운데 다 나타내십니다.

疏

後九는 別頌上文이라 於中에 初一偈는 頌初妙雲이요 次一偈는
頌第二菩薩功德과 及第四菩薩願海요 次一偈는 却頌說衆生業
報요 後六偈는 如次頌後六事라
莊嚴은 竟이라

뒤에 아홉 게송은 위에 장행문을 따로 읊은 것이다.
그 가운데 처음에 한 게송은 처음에 최상의 묘한 구름이라고 한
것을 읊은 것이요
다음에 한 게송은 제 두 번째 일체 보살의 공덕과 그리고 제 네
번째 일체 보살의 서원의 바다라고 한 것을 읊은 것이요
다음에 한 게송은 도리어[344] 제 세 번째 중생의 업보를 설한다고
한 것을 읊은 것이요
뒤에 여섯 게송은 차례와 같이 뒤에 육사六事를 읊은 것이다.

세계의 바다에 장엄은 마친다.

---

344 원문에 각송却頌이란, 장행문에는 第三에 있고, 게송문에는 第四에 있기에
    각송却頌이라 한 것이다.

經

爾時에 普賢菩薩이 復告大衆言호대 諸佛子야 應知하라 世界海에 有世界海微塵數淸淨方便海하니

그때에 보현보살이 다시 대중에게 일러 말하기를 모든 불자여, 응당히 알아야 합니다.
세계의 바다에 세계의 바다 작은 티끌 수만치 많은 청정한 방편의 바다가 있나니

疏

第六段에 明刹淸淨方便者는 唯約淨也라 若約隨宜攝物인댄 佛應統之니 則淨穢皆稱佛土어니와 若就行致인댄 唯淨非穢니라

제육단에 세계의 바다에 청정한 방편[345]을 밝힌다고 한 것은 오직 청정한 세계만 잡은 것이다.
만약 마땅함을 따라 중생을 섭수함을 잡는다면 부처님이 응당 그들을 다스리는 것이니 곧 정토와 예토를 다 부처님의 극토라 이름하거니와, 만약 수행으로 이룸에 나아간다면 오직 정토를 이룰 뿐 예토를 이루지는 않는 것이다.

---

345 세계의 바다에 청정한 방편이라고 한 것은 영인본 화엄 3책, p.689 말행에는 세계의 바다에 청정이라고만 하였지 미진수라는 말도 방편이라는 말도 없다.

鈔

第六段에 明刹淸淨은 文中有四하니 一은 總標大意라 言唯約淨者는
以言淸淨故니 不同形等의 通於染淨이라 若就行致者는 卽生公意라
彼淨名注云호대 行致淨土요 非造之也니 造於土者는 衆生之類矣라
하니라 十四科中에 釋致義云호대 問이라 云何致而非得耶아 答이라
夫稱致者는 體爲物假니 雖獲非己라하니라 釋曰謂因他而得일새 故
名爲致니 謂佛修萬行하야 直趣眞極하고 不取色相과 他受用等이나
因他衆生하야 遂以大悲로 爲物取土일새 故云行致라하니라 旣因萬
行하야 而致於土인댄 必招淨也니라

제육단에 세계의 바다에 청정을 밝힌다고 한 것은 문장 가운데
네 가지가 있나니
첫 번째는 대의를 한꺼번에 표한 것이다.

오직 청정한 세계만 잡았다고 말한 것은 청정함을 말한 까닭이니
형상 등이 염·정에 통한다[346]고 한 것과는 같지 않는 것이다.

만약 수행으로 이룸에 나아간다면이라고 한 것은 곧 도생법사의
뜻[347]이다.

---

346 형상 등이 염·정에 통한다고 한 것은 제이단은 의지하여 머무는 바이니
염·정에 통한다 하고(영인본 화엄 3책, p.728, 3행), 제삼단은 형상이니 또한
염·정에 통한다 하였다(영인본 화엄 3책, p.737, 5행).

저『정명경』주注에 말하기를 만행으로 정토를 이루는 것이요 조작하
는 것이 아니니,

정토를 조작하는 것은 중생의 무리다 하였다.

십사과十四科[348] 가운데 이룬다는 뜻을 해석하여 말하기를 묻겠다.

어떻게 이루었으되 얻지 못하는가.

답하겠다.

대저 이룬다고 이름 한 것은 국토의 자체[349]를 중생을 위하여 가자한
것이니 비록 얻었으나 몸이 아니다 하였다.

해석하여 말하면 저 중생을 인하여 얻기에 그런 까닭으로 이름을
이룬다고 말한 것이니,

말하자면 부처님은 만행을 닦아 바로 진여에 나아가 이르고[350] 색상과
타수용토 등을 취하지 않지만은[351] 저 중생을 인하여 드디어 대비로써

---

347 도생법사의 뜻이라고 한 것은 영인본 화엄 7책, p.696, 6행에서도 여기에
  나왔다고 가리켰다.

348 십사과十四科라고 한 것은 영인본 화엄 3책, p.756, 2행에 도생법사의『정명
  경』십사과十四科 정토의 뜻이라 하였다.

349 원문에 체體는『잡화기』에 토체土體라 하였다.

350 원문에 진극眞極은 진여眞如에 나아가 이른다고 해석한다. 뒤에 영인본
  화엄 3책, p.754, 1행에 미극未極이라는 말과 상대된다. 미극未極은 진여眞如
  에 아직 이르지 못했다는 뜻이다.

  진극眞極은 곧 불위佛位이다. 미극未極은 등각이전等覺以前이다.

351 원문에 불취색상不取色相 타수용他受用 운운은, 고인古人은 색상色相을 취하
  지 않지만 타수용신등他受用身等이 저 중생衆生을 인因하여 운운하였다.
  이때는 타수용신他受用身이라 하고 타수용토他受用土라 하면 잘못이다. 그러
  나 색상色相과 타수용토他受用土라 번역하는 것이 좋다. 왜인가. 색상色相은

중생을 위하여 국토를 취하기에 그런 까닭으로 말하기를 만행으로
이룬다고 하였다.
이미 만행을 인하여 국토를 이루었다면 반드시 정토에서 초대할
것이다.

疏

然淨有二種하니 一은 世間淨이니 離欲穢故라 以六行爲方便하고
二界爲淨土라

그러나 청정에 두 가지가 있나니
첫 번째는 세간이 청정한 것이니
욕망의 더러움을 떠난 까닭이다.
육행六行으로써 방편을 삼고 이계二界[352]로써 정토를 삼는 것이다.

鈔

然淨有二下는 第二에 別顯其相이라 展轉開之하야 乃成四重이니 皆
以方便爲因하고 淸淨爲果라 第一對中에 言以六行爲方便者는 謂
欣上靜妙離하고 厭下苦麤障하나니 故로 以色無色界로 而爲淨土
니라

신身이고, 타수용他受用은 토土이기 때문이다.

[352] 이계二界란, 색계色界와 무색계無色界이다.

그러나 청정에 두 가지가 있다고 한 아래는 제 두 번째 그 청정의
모습을 따로 나타낸 것이다.
전전히 열어서 이에 사중四重을 이루나니
다 방편으로써 원인을 삼고 청정으로써 과보를 삼는 것이다.
제일대 가운데 육행으로써 방편을 삼는다고 말한 것은 말하자면
상계上界의 고요(靜)하고 묘妙하고 떠난 것(離)을 좋아하고,
하계下界³⁵³의 괴롭(苦)고 추잡(麤)하고 장애로운 것(障)을 싫어하
나니
그런 까닭으로 색계와 무색계로써 정토를 삼는 것이다.

疏

二는 出世間淨이라 此復二種하니 一者는 出世니 所謂二乘이 以緣
諦爲方便이라 權敎說之인댄 無別淨土어니와 約實言者인댄 出三
界外하야 別有淨土하나니 二乘所居라 智論有文하니라 二는 出世
間上上淨이니 此謂菩薩이라 卽以萬行으로 而爲方便하고 以實報
七珍으로 無量莊嚴으로 而爲其土하나니 今此는 正明菩薩하고 兼
顯二乘이라

두 번째는 출세간이 청정한 것이다.

---

353 상계上界는 색계色界와 무색계無色界이고, 하계下界는 욕계欲界이다. 그러나
   욕계의 상계上界는 색계이고, 색계의 상계는 무색계이고, 무색계의 상계는
   불계이다.

여기에 다시 두 가지가 있나니

첫 번째는 출세간이니

말하자면 이승二乘이 십이인연과 사제로써 방편을 삼는 것이다.

권교에서 말한다면 따로 정토가 없다[354] 하거니와 실교를 잡아 말한다면 삼계 밖을 벗어나 따로 정토가 있다[355] 하나니 이승이 거처하는 바이다.

『지도론』에 그 문장이 있다.

두 번째는 출세간의 상상上上 청정이니

이것은 보살의 정토를 말한 것이다.

곧 만행으로써 방편을 삼고 실보토에 칠보로 한량없이 장엄한 것으로 그 국토를 삼나니,

지금 여기에서는 보살의 정토를 바로 밝히고 이승의 정토도 겸하여 나타내었다.

鈔

此復二種下는 第二對라 二乘淨土는 玄中已明하니라

여기에 다시 두 가지가 있다고 한 아래는 제이대이다.

이승의 정토는 『현담』 가운데 이미 밝혔다.

---

354 따로 정토가 없다고 한 것은, 『잡화기』에 상종은 이승의 성불을 허락하지 않는 까닭이다 하였다.

355 따로 정토가 있다고 한 것은, 『잡화기』에 곧 방편유여토라 하였다.

疏

然이나 出世上上淨中에 復有二種하니 一者는 眞極이니 佛自受用
이라 相累兼亡으로 而爲方便이라 二者는 未極이니 等覺已還이라
故仁王云호대 三賢十聖은 住果報하고 唯佛一人은 居淨土라하나라

그러나 출세간의 상상 청정 가운데 다시 두 가지가 있나니
첫 번째는 진여에 이른 것이니
부처님의 자수용토이다.
상루상루[356]를 겸하여 잃음으로 방편을 삼는 것이다.
두 번째는 진여에 이르지 못한 것이니
등각等覺 이전이다.
그런 까닭으로 『인왕경』에 말하기를 삼현과 십성은 과보토에 거주하
고 오직 부처님 한 사람만 정토에 거주한다 하였다.

鈔

言仁王經等者는 卽菩薩行品이니 波斯匿王讚佛이라 此前一偈半云
호대 正覺無相遍法界하시니 三十生盡智圓明이라 寂照無爲眞解脫
이언만 大悲應現無與等이라 湛然不動常安隱하고 光明遍照無所照
하니 三賢十聖住果報하고 唯佛一人居淨土라하니 在文易知라 若瓔
珞經인댄 亦云호대 佛子야 有土하니 名一切賢聖의 所居之處라 是故

---

356 상루상루는 곧 색루色累, 형루形累, 형상루形相累, 색상루色相累이다.

一切衆生과 一切聖賢이 各有自居果報之土하니 若凡夫衆生인댄 住
五陰中으로 爲正報之土하고 山林大地로 爲依報土라 初地聖人도 亦
有二土하니 一은 實智土니 前智가 住後智로 爲土요 二는 變化淨穢니
經劫數量하야 應現之土와 乃至無垢地土도 亦如是하야 一切衆生과
乃至無垢地도 盡非淨土니 住果報故라 唯佛獨居中道第一法性之
土일새 是故로 我昔在普光堂하야 廣爲一切衆生하야 說淨土門이라
하니 以上二經은 唯佛爲淨이라

『인왕경』에 말하였다고 한 것은 곧 보살행품이니,
바사익왕이 부처님을 찬탄한 것이다.
이 앞[357]의 한 게송 반에 말하기를
정각의 무상이 법계에 두루하시니
삼현과 십지의 생상生相이 다하여[358] 지혜가 원명하다.
적·조 무위無爲가 진해탈이건만은
대비로 응하여 나타나는 것이 더불어 같을 이가 없다.

담연히 움직이지 않지만 항상 안은하고
광명이 두루 비추지만 비추는 바가 없나니
삼현과 십성은 과보토에 거주하고
오직 부처님 한 사람만 정토에 거주한다 하였으니,

---

357 원문에 此前이라고 한 것은 삼현십성구전三賢十聖句前을 말한다.
358 원문에 三十生盡이라고 한 것은, 『잡화기』에 삼현과 십성의 생기하는 바
　　번뇌의 모습(生相)이 모두 다한 것이다 하였다.

문장을 쉽게 알 수 있을 것이다.

만약 『영락경』이라면 또한 말하기를 불자야, 국토가 있나니 이름이 일체 현·성이 거주하는 바 처소이다.

이런 까닭으로 일체 중생과 일체 현·성이 각각 스스로 거주하는 과보의 국토가 있나니,

만약 범부중생이라면 오음 가운데 거주함으로 정보의 국토를 삼고 산림과 대지로 의보의 국토를 삼을 것이다.

초지 성인도 또한 두 가지 국토가 있나니,

첫 번째는 실지토實智土이니

앞의 지혜가 뒤의 지혜에 머무는[359] 것으로 국토를 삼는 것이요,

두 번째는 변화정예토變化淨穢土이니

겁의 수량을 지나 응하여 나타낸 국토와 내지 무구지의 국토도 또한 이와 같아서 일체중생과 내지 무구지도 다 정토가 아니니 과보에 거주하는 까닭이다.

오직 부처님만이 홀로 중도 제일 법성의 국토에 거주하기에 이런 까닭으로 내가 옛날에 보광당에 있어서 널리 일체중생을 위하여 정토의 법문 설하였다 하였으니,

이상의 두 경전은 오직 부처님이 거주하는 것으로 정토를 삼은

359 원문에 전지주후지前智住後智라고 한 것은 초지初地에서 얻은 지혜가 제이지第二地의 지혜에 이르며, 이지二地에서 얻은 지혜가 제삼지第三地에 이르는 등이다. 『잡화기』에 지위·지위마다 각각 자분自分과 승진勝進이 있나니 곧 자분은 앞의 지혜가 되고, 승진은 뒤의 지혜가 되는 것이다 하였다.

것이다.

疏

未極之中에 復有二種하니 一은 八地已上이니 一向淸淨하야 以永
絶色累하고 照體獨立하야 神無方所일새 故其淨土의 色相難名이
라 二는 七地已還이니 未出三界하야 無漏觀智가 有間斷故로 非一
向淨이라 若依瑜伽인댄 入初地去는 方爲淨土요 三賢所居는 皆稱
非淨이라하니 此分受用變化別故라 約此經宗인댄 十信菩薩도 卽
有淨土하니 故今此文에 始自近友로 終成佛力히 皆淨方便일새
故通萬行이라

진여에 이르지 못했다는 가운데 다시 두 가지가 있나니
첫 번째는 팔지 이상이니
한결같이 청정하여 영원히 색루色累를 끊고 조체照體가 독립하여
심신心神이 방소가 없기에 그런 까닭으로 그 정토의 색상을 이름하기
어려운 것이다.
두 번째는 칠지 이전이니
삼계를 벗어나지 못하여 무루로 관찰하는 지혜가 간단함이 있는
까닭으로 한결같이 청정하지 않는 것이다.

만약 유가론[360]을 의지한다면 초지에 들어간 이상은 바야흐로 정토라

───────────
360 유가론 운운한 것은 법상종法相宗이다.

하고 삼현이 거주하는 바는 다 정토가 아니라 이름하나니,
이것은 수용토와 변화토가 다름을 나누는 까닭이다.

이 화엄종을 잡는다면 십신보살도 곧 정토가 있나니,
그런 까닭으로 지금 이 경문에 처음 선우를 친근함으로부터 마침내
불력佛力을 이루기까지 다 청정한 방편이 있기에 그런 까닭으로
만행에 통하는 것이다.

鈔

言永絶色累者는 卽生公의 十四科淨土義云호대 夫未免形累者는
八地已前에 在生空觀에 卽居淨土요 出卽居穢土어니와 八地已上에
長在生空에 卽長在淨土라 故須託土하야 以自居之나 八地已上에
永絶色累하고 照體獨立하야 神無方所인댄 土復何爲리요하니 意云호
대 八地에 淨無生忍하야 得色自在하야 捨於分段일새 故云永絶色累
라하고 一切世間과 出世間心이 悉不現前일새 故云照體獨立이라하고
稱性普周일새 故云神無方所라하니 神卽心神이라 易云호대 神者는
妙萬物而爲言也니 故神無方하고 而易無體라하니라 旣無色累일새
故其土相을 難以名目이라 二에 七地已還者는 依直往者인댄 未捨分
段故라 無漏觀智가 有間斷者는 卽六地已下니 若至七地인댄 觀無有
間이라 依十地經인댄 六地已下는 爲染이요 八地已上은 爲淨이요 七
地는 亦名中間이니 亦可名染이요 亦得名淨이라 或名非染非淨이라하
니 今取染義일새 故非純淨이라 若依瑜伽下는 第三에 對敎揀定이라

영원히 색루를 끊었다고 한 것은 곧 도생법사의 『정명경』 십사과十四科 정토의 뜻에 말하기를 대저 아직 형루形累를 면치 못했다고 한 것은 팔지 이전에 생공관[361]에 있음에 곧 정토에 거주하는 것이고, 나옴에 곧 예토에 거주하는 것이어니와, 팔지 이상에 길이(長) 생공관에 있음에 곧 길이 정토에 있는 것이다.

그런 까닭으로 반드시 국토를 의지하여 스스로 거주[362]하지만 팔지 이상에 영원히 색루를 끊고 조체照體가 독립하여 심신이 방소가 없다면 국토를 다시 어떻게 하겠는가 하니,

그 뜻에 말하기를 팔지에 이미[363] 무생인을 청정히 하여 색에 자재함을 얻어 분단신分段身을 버렸기에 그런 까닭으로 말하기를 영원히 색루를 끊었다 하고, 일체 세간과 출세간의 마음이 다 앞에 나타나지 않기에 그런 까닭으로 말하기를 조체가 독립한다 하고 심성에 칭합하여 널리 두루하기에 그런 까닭으로 말하기를 심신이 방소가 없다 하였으니,

신神은 곧 심신心神이다.

『주역』에 말하기를 신神이라는 것은 만물을 영묘하게 하는 것을 말하는 것이니,

그런 까닭으로 심신이 방소가 없고 역易이 자체가 없다[364]고 하였다.

---

361 생공관生空觀이란 생공生空의 이치를 관찰하는 것이다.

362 거居 자 아래에 지之 자가 있어야 사자四字의 문장 구성이 된다 하겠다.

363 이자하已字下에 『잡화기』는 상上 자가 빠졌다 하니, 상上 자가 있다면 팔지 이상에 무생인을 청정히 한다고 번역할 것이다.

364 원문에 신자묘만물이위언神者妙萬物而爲言也라고 한 것은 설괘전說卦傳의

이미 색루가 없기에 그런 까닭으로 그 정토의 색상을 이름하기 어려운 것이다.

두 번째 칠지 이전이라고 한 것은 직왕直往[365]을 의지한다면 아직 분단신을 버리지 못한 까닭이다.

무루로 관찰하는 지혜가 간단함이 있다고 한 것은 곧 육지 이하이니, 만약 칠지에 이르면 관찰하는 지혜가 간단함이 없게 되는 것이다.

『십지경』을 의지한다면 육지 이하는 염토가 되고,

팔지 이상은 정토가 되고,

칠지는 또한 이름이 중간이니

또한 가히 염토라 이름하고 또한 정토라 이름함도 얻는 것이다.

혹은 염토도 아니고 정토도 아니라고 이름한다 하였으니,

지금에는 염토의 뜻을 취하기에 그런 까닭으로 순수한 정토가 아닌 것이다.

만약 유가론을 의지한다면이라고 한 아래는 제 세 번째 教교를

말이요, 고신무방이역무체故神無方而易無體라고 한 것은 계사상전繫辭上傳의 말이다.

365 직왕直往이라고 한 것은 직왕극락直往極樂이니 극락에 직왕하는 사람은 칠지七地는 아니고 팔지八地 이상이라야 한다. 『아미타경』에 아비발치라야 극락에 갈 수 있다 하였으니 아비발치는 불퇴不退라 번역한다. 제팔부동지第八不動地는 즉 불퇴지보살이니 이 팔지 보살 이상이라야 서방극락세계에 간다. 이 정토 극락세계에는 중생신衆生身인 분단신分段身을 버려야 간다. 칠지 이전은 아식 분단신을 버리지 못하였다.

상대하여 헤아려 결정한 것이다.

疏

然淨方便은 卽是淨因이어니와 長行엔 亦可爲等流果라 如云호대
久近善友하야 得生有善友之刹中이라하니 故卽十事가 皆淨相也
라 然望莊嚴인댄 有同이나 約門인댄 別故요 望具因緣이라도 當知
亦爾니라 又起具因緣은 通於染淨하고 此則唯淨하며 莊嚴은 多約
其果하고 淸淨은 多約其因이라 又前多修善하고 此多治惡일새 故
於世界에 此如洗滌하고 彼如粉繪하니라

그러나 세계의 바다에 청정방편이라고 한 것은 곧 이것은 정토의
원인이거니와, 장행문에는 또한 가히 등류과等流果[366]를 삼았다.
저기에 말하기를 오래도록 선지식을 친근하여 선지식이 있는 국토
가운데 태어남을 얻는다 하였으니,
그런 까닭으로 곧 십사十事[367]가 다 정토의 모습이다.
그러나 세계의 바다에 장엄[368]을 바라본다면 같음이 있으나 법문을
잡는다면 다른 까닭이요,
세계의 바다에 기구인연[369]을 바라볼지라도 마땅히 알아라. 또한

---

366 등류과等流果란 원인과 같은 결과를 말하는 것이니, 아래 경문經文 말末에
여시등유세계해미진수如是等有世界海微塵數라 한 것이다.
367 십사十事는 세계의 바다에 열 가지 사실이다.
368 세계의 바다에 장엄이라고 한 것은 제오단이다.

그러한 것이다.[370]

또 세계의 바다에 기구인연은 염토와 정토에 통하고, 여기 세계의 바다에 청정방편은 곧 오직 정토에만 통하며

세계의 바다에 장엄은 다분히 그 결과를 잡았고, 여기 세계의 바다에 청정한 방편은 다분히 그 원인을 잡았다.

또 앞[371]에서는 다분히 선善을 닦았고, 여기[372]에서는 다분히 악惡을 다스렸기에 그런 까닭으로 세계[373]에 여기 세계는 깨끗이 씻어 닦는 것과 같고, 저기 세계[374]는 색칠을 하는 것과 같다 하겠다.

鈔

然淨方便下는 第四에 對文揀濫이라 於中有二하니 先은 對此文이라 上來四對가 皆約淸淨爲果하고 方便爲因거니와 今以義通인댄 方便亦果요 親近善友는 卽是方便이라 今得人寶로 爲嚴인댄 則兼於果故니 極樂等土에 諸上善人이 俱會一處가 是等流果也라 然望莊嚴下는 第二에 對前文揀也라 如莊嚴中云호대 或以說一切菩薩功德莊嚴

---

369 세계의 바다에 기구인연이라고 한 것은 제일단이다.

370 또한 그러한 것이라고 한 것은 장엄을 바라본다면 같음이 있으나 법문을 잡는다면 또한 다르다는 것이다.

371 앞이라고 한 것은 제오단이니 영인본 화엄 3책, p.749, 7행과 p.751, 1행이다. 아래 초문 영인본 화엄 3책, p.759, 8행에 밝혔다.

372 여기라고 한 것은 여기 제육단인 세계의 바다에 청정한 방편이다.

373 세계(於世界)라고 한 것은 세계의 바다에 열 가지 사실이다.

374 저기 세계라고 한 것은 세계의 바다에 장엄이다.

은 與此增長廣大功德雲하야 遍法界故文으로 同이라 又彼偈中호대
多擧因顯果는 與此長行同하고 此云慈悲廣大遍衆生일새 以此莊嚴
諸刹海는 與莊嚴同하며 起具因緣에 諸淨刹因은 與此長行修淨因
同일새 故爲此揀이라 疏文有二하니 一은 明門別이니 謂所用雖一이
나 用處不同하나니 猶如說法이 在布施門에 名爲法施요 在智慧門에
名爲方便等이라 又起具下는 更以別理로 揀於二門이니 則具緣是通
이요 此章則局이니 故前疏云호대 唯約淨也라하니라 對於莊嚴에 則多
少不同하니 如多藥和合에 從强得名인달하야 定中有慧하면 但資於
定이요 慧中有定하면 但名般若等이니 故云彼多約果하고 此多約因
이라하니라 又前多修善者는 亦從多少이니 前則以因對果하야 論其
多少하고 此則唯就因中하야 自有多少라 前云호대 菩薩無邊功德海
와 及普賢行願으로 諸佛子가 等衆生劫에 勤修習은 此多修善也요
今文云호대 淨修廣大諸勝解와 成就方便淸淨力은 卽治惡多니라 喩
顯可知라

그러나 세계의 바다에 청정한 방편이라고 한 아래는 제 네 번째
경문을 상대하여 혼람함을 가린[375] 것이다.
그 가운데 두 가지가 있나니
먼저는 여기 경문을 상대한 것이다.

---

375 경문을 상대하여 혼람함을 가린다고 한 것은, 초단은 곧 비록 경문을 상대하여
통석함을 나타낸 것이나, 후단에 수많은 경문의 혼람함을 가린 까닭으로
많은 경문을 좇아 함께 과목하여 경문을 상대하여 혼람함을 가린다 한
것이다. 역시 『잡화기』의 말이다.

상래에 네 가지 상대가 다 청정을 잡아 과보를 삼고 방편으로 원인을
삼았거니와, 지금에 뜻으로 통석한다면 방편은 또한 과보이고 선지
식을 친근하는 것은 곧 방편이다.

지금에 인보人寶를 얻은 것으로 장엄을 삼는다면 곧 과보를 겸한
까닭이니,

극락 등의 국토에 모든 상선上善의 사람들이 함께 한 곳에 모이는
것이 이것이 등류과이다.

그러나 세계의 바다에 장엄을 바라본다고 한 아래는 앞의 경문[376]을
상대하여 혼람함을 가린 것이다.

저 세계의 바다에 장엄 가운데 말하기를 혹 일체 보살의[377] 공덕을
설함으로써 장엄하였다고 한 것과 같은 것은 여기에 광대한 공덕의
구름을 증장하여 법계에 두루한 까닭이라고 한 경문으로 더불어
같다.

또 저 게송 가운데 다분히 원인을 들어 과보를 나타낸 것은 여기
장행문으로 더불어 같고,

여기[378]에 말하기를 자비가 광대하여 중생에게 두루하기에 이로써
모든 국토에 바다를 장엄한다고 한 것은 세계의 바다에 장엄으로
더불어 같으며,

기구인연에[379] 모든 정토(淨刹)의 원인은 여기 장행문에[380] 닦아 청정

---

376 앞의 경문이라고 한 것은 세계의 바다에 장엄이다.
377 혹 일체 보살 운운한 것은 영인본 화엄 3책, p.747, 7행에 있다.
378 여기란, 아래 영인본 화엄 3책, p.763, 5행이다.

케 하는 원인으로 더불어 같기에 그런 까닭으로 여기에 가린 것이다.

소문疏文에 두 가지가 있나니
첫 번째는 법문이 다름을 밝힌 것이니
말하자면 사용할 것은 비록 하나이지만 사용할 곳은 같지 않나니,
비유하자면 설법이 보시문에 있음에 이름이 법시가 되고, 지혜문에
있음에 이름이 방편문이 되는 등과 같다.

또 세계의 바다에 기구인연이라고 한 아래는 다시 다른 이치로써
두 가지 문을 헤아려 가린 것이니
곧 저 기구인연은 통하고, 여기 문장은 곧 국한하나니,
그런 까닭으로 앞의 소문[381]에서 말하기를 오직 청정한 세계만 잡았다
고 하였다.
세계의 바다에 장엄을 상대함에 곧 많고 적은 것이 같지 않나니
마치 수많은 약을 화합[382]함에 강한 것을 좇아 약의 이름을 얻는
것과 같아서, 삼매 가운데 지혜(慧)가 있으면 다만 삼매라고 이름하

---

379 기구인연에 운운한 것은 앞에 기구인연의 십사十事(영인본 화엄 3책, p.696,
   6행)를 다 가리키고, 같은 책 p.696, 8행에 보살이 국토를 장엄하여 청정케
   하려는 원력을 그윽이 가리키고 있다 하겠다.
380 여기 장행문에 운운한 것은 여기에 청정한 방편을 다 가리키고 이 아래
   영인본 화엄 3책, p.760, 2행에 광대한 모든 수승한 지해(解)를 청정하게
   닦는다고 한 것을 그윽이 가리키고 있다 하겠다.
381 앞의 소문이란, 영인본 화엄 3책, p.751, 8행이다.
382 화합和合이란, 합하여 만드는 것, 섞어 조제하여 만드는 것이다.

고 지혜 가운데 삼매가 있으면 다만 반야(智)라고 이름하는 등이니, 그런 까닭으로 말하기를 저[383] 세계의 바다에 장엄은 다분히 결과를 잡았고, 여기[384] 세계의 바다에 청정한 방편은 다분히 그 원인을 잡았다고 하였다.

또 앞[385]에서는 다분히 선을 닦았다고 한 것은 또한 많고 적은 것을 좋은 것이니

앞에서는 곧 원인으로써 과보를 상대하여 그 많고 적은 것을 논하였고, 여기서는 곧 오직 원인 가운데 나아가 스스로 많고 적은 것이 있음을 논한 것이다.

앞에서 말하기를 보살의 끝없는[386] 공덕의 바다와 그리고 보현행원[387]으로 모든 불자가 중생 수와 같은 세월에 부지런히 닦아 익혔다고 한 것은 이것은 선을 닦은 것이 많은 것이요

지금의 경문에 말하기를 광대한 모든 수승한 지혜를 청정하게 닦는다고 한 것과 방편의 청정한 힘을 성취하였다고[388] 한 것은 곧 악을

---

383 원문에 피彼는 저 세계의 바다에 장엄이다.

384 원문에 차此는 이 세계의 바다에 청정한 방편이다.

385 종전從前이라 한 종從 자는 우又 자의 잘못이라고 『잡화기』는 말한다. 소문에도 우又 자이니 고쳐서 번역하였다.

386 보살의 끝없는 등은 앞의 영인본 화엄 3책, p.749, 7행에 있다.

387 보현행원 등은 앞의 영인본 화엄 3책, p.751, 1행에 있다.

388 방편의 청정한 힘을 성취하였다고 한 것은 영인본 화엄 3책, p.760, 5행에 성취청정방편력고成就淸淨方便力故라 하여 방편과 청정이라는 말이 바뀌어 있다.

다스린 것이 많은 것이다.

비유로 나타낸 것은 가히 알 수가 있을 것이다.[389]

---

389 비유로 나타낸 것은 가히 알 수가 있을 것이라고 한 것은 소문에 여기
세계는 깨끗이 씻어 닦는 것과 같고 저기 세계는 색칠을 하는 것과 같다고
한 것을 말한다 하겠다.

經

所謂諸菩薩이 親近一切善知識하야 同善根故며 增長廣大功德
雲하야 遍法界故며 淨修廣大諸勝解故며 觀察一切菩薩境界하
야 而安住故며 修治一切諸波羅蜜하야 悉圓滿故며 觀察一切菩
薩諸地하야 而入住故며 出生一切淨願海故며 修習一切出要行
故며 入於一切莊嚴海故며 成就淸淨方便力故라 如是等이 有世
界海의 微塵數하니라

말하자면 모든 보살이 일체 선지식을 친근하여 선근이 같은 까닭
이며
광대한 공덕의 구름을 증장하여 법계에 두루하게 한 까닭이며
광대한 모든 수승한 지해를 청정하게 닦은 까닭이며
일체 보살의 경계를 관찰하여 편안히 머무는 까닭이며
일체 모든 바라밀을 닦아 다스려 다 원만케 하는 까닭이며
일체 보살의 모든 지위를 관찰하여 들어가 머무는 까닭이며
일체 청정한 서원의 바다를 출생하는 까닭이며
일체 벗어나는 중요한 행을 닦아 익히는 까닭이며
일체 장엄의 바다에 들어가는 까닭이며
청정한 방편의 힘을 성취하는 까닭입니다.
이와 같은 등이 세계의 바다에 작은 티끌 수만치 많이 있습니다.

疏

別釋이라 於中에 一에 近善友하야 同善根者는 如善財夜神處廣說
하나니라 二는 智導慈雲하야 大彌法界라 三은 法門勝解를 皆已淨治
니 約位地前也라 四는 卽初에 地證遍行如일새 故云觀察一切境
界라하고 生如來家일새 故云安住라하나니라 五에 修治等者는 見道
之後에 修道位故니 餘雖未滿이나 一切皆修라하야거니와 若約圓
融인댄 亦得稱滿이라 六은 初地勝進에 遍學十地行法이니 後後는
但是依法行故라 上三은 皆初地니라 七은 初地에 發願順行하야
至第八地하야 一切皆成이니 故名出生一切願海라하나니라 而言淨
者는 純無漏故라 八은 卽九地이니 二乘出要는 唯止與觀이요 菩薩
出要는 唯無礙辨으로 令衆出故라 九에 一切莊嚴者는 十地二嚴을
皆成滿故라 十에 淨方便力은 卽是普賢과 佛功德也라 十中前三
은 變化淨因이요 後七은 受用淨因이라 上은 欲總收諸土일새 故로
依次豎配어니와 若約橫修인댄 初心에 卽可圓具其十이리라

따로 해석한 것이다.
그 가운데 처음에 선지식을 친근하여 선근이 같다고 한 것은 선재동
자가 주야신을 친견한 처소에 널리 설한 것과 같다.
두 번째는 지혜로 자비의 구름을 인도하여 크게 법계에 가득하게
하는 것이다.
세 번째는 법문의 수승한 지해를 다 이미 청정하게 다스린 것이니
지위를 잡는다면 지전地前이다.

네 번째는 곧 초지에 변행진여를 증득하기에 그런 까닭으로 말하기를 일체 경계를 관찰한다 하고, 여래의 집에 태어나기에 그런 까닭으로 말하기를 편안하게 머문다 하였다.

다섯 번째 일체 모든 바라밀을 닦아 다스린다고 한 등은 견도 이후에[390] 수도위인 까닭이니,

나머지 지위를 비록 만족하지 못하였지만[391] 일체 바라밀을 다 닦았다 하였거니와 만약 원융을 잡는다면[392] 또한 만족하다고 이름함을 얻을 것이다.

여섯 번째는 초지의 승진勝進[393]에 두루 십지의 행법行法을 배우는 것이니

뒤에 뒤에(後後)[394]는 다만 이 법을 의지하여 행하는 까닭이다.

이상에 세 가지[395]는 다 초지이다.

---

390 견도 이후라고 한 등은, 입심入心이 견도위에 속하면 주심住心과 출심出心은 다 수도위에 속하는 까닭이라고 『잡화기』는 말한다.

391 나머지 지위는 비록 만족하지 못하였지만이라고 한 것은 더 수승한 곳으로 나아가는 문(增勝門)을 잡은 것이니, 초지에 비록 십바라밀을 갖추어 닦았지만 오직 보시바라밀만 성만하고 나머지 바라밀은 다 아직 성만하지 못한 까닭이다고 『잡화기』는 말한다.

392 만약 원융을 잡는다면이라고 한 아래는 원융하게 수행하는 문(圓修門)을 잡은 것이라고 『잡화기』는 말한다.

393 초지의 승진勝進이라고 한 것은 각 지위마다 자분自分과 승진勝進이 있다.

394 뒤에 뒤에(後後)라고 한 등은 이지二地는 초지初地의 법을 의지하여 행하고, 삼지三地는 이지二地를 의지하여 행하는 등등이다.

395 이상에 세 가지라고 한 것은 四와 五와 六이다.

일곱 번째는 초지에 서원을 일으켜[396] 수행함을 따라 제팔지에 이르러 일체를 다 이루나니

그런 까닭으로 이름을 일체 청정한 서원의 바다를 출생한다 하였다. 청정하다고 말한 것은 순수하여 누수가 없는 까닭이다.

여덟 번째는 곧 구지이니

이승이 벗어나는 중요한 행은 오직 지止와 더불어 관觀뿐이요, 보살이 벗어나게 하는 중요한 행은 오직 무애변재로 중생으로 하여금 벗어나게 하는 까닭이다.

아홉 번째 일체 장엄이라고 한 것은 십지에 두 가지 장엄을 다 이루어 만족한 까닭이다.

열 번째 청정한 방편의 힘이라고 한 것은 곧 이것은 보현과 부처님의 공덕이다.

열 가지 가운데 앞에 세 가지는 변화정토의 원인이요, 뒤에 일곱 가지는 수용정토의 원인이다.

이상은 모든 국토를 다 거두고자 하기에 그런 까닭으로 차례를 의지하여 수竪로 배속하였거니와, 만약 횡橫으로 수행함을 잡는다면 초심에 곧 가히 그 열 가지를 원만하게 구족한다 할 것이다.

---

396 초지에 서원을 일으킨다고 한 등은, 이지로부터 팔지에 이르기까지 다이 일체라는 글자로(일체를 이룬다는 등) 섭수함을 족히 볼 수 있겠다고 『잡화기』는 말한다.

鈔

如善財夜神處說은 卽七十三經에 大願精進力夜神을 善財初見하
고 起於善知識에 同已等十心하야 便得佛刹의 微塵數行하나니 所謂
同念心이니 常憶念十方의 三世佛故요 同慧心이니 分別決定一切法
故等이니 廣如彼說하니라 此下數段은 皆如十地經文하니라

선재동자가 주야신을 친견한 처소에 널리 설한 것과 같다고 한
것은 칠십삼경[397]에 대원정진력 주야신을 선재동자가 처음 친견하고
그 선지식에게 몸이 같다는 등 열 가지 마음을 일으켜 문득 부처님
국토의 작은 티끌 수만치 많은 동행同行을 얻나니,
말하자면 생각이 같은 마음이니
항상 시방에 삼세의 부처님을 기억하여 생각하는 까닭이요,
지혜가 같은 마음이니
일체 법을 분별하여 결정하는 까닭이다 한 등이니,
폭넓게는 저 경에 설한 것과 같다.
이 아래에 여러 단段[398]은 다 『십지경』의 문장과 같다.

---

397 칠십삼경은 입법계품이다.
398 원문에 차하수단此下數段이란 七, 八, 九, 十段이다.

經

爾時에 普賢菩薩이 欲重宣其義하야 承佛威力하야 觀察十方하
고 而說頌言호대

一切刹海諸莊嚴은 無數方便願力生이요
一切刹海常光耀는 無量淸淨業力起니이다

그때에 보현보살이 거듭 그 뜻을 선설하고자 하여 부처님의 위신력
을 받아 시방을 관찰하고 게송을 설하여 말하기를

일체 국토의 바다에 모든 장엄은
수없는 방편과 원력으로 생기한 것이요
일체 국토의 바다에 항상 광명이 빛나는 것은
한량없는 청정한 업력으로 생기한 것입니다.

疏

其十頌中에 九偈分二하리라 初一은 總明能所淨이니 前半은 方便
이요 後半은 淸淨이라 皆上句果요 下句因이라

그 열 가지 게송 가운데 아홉 가지 게송[399]을 두 가지로 분류하겠다.

---

[399] 그 열 가지 게송이라고 한 것은 다른 경문을 좇아 예를 든 것이고, 열

처음에 한 게송은 능·소의 청정을 한꺼번에 밝힌 것이니

앞에 반 게송은 방편이요

뒤에 반 게송은 청정이다.

다 위에 구절은 과보이고 아래 구절은 원인이다.

鈔

前半方便이요 後半淸淨者는 以各下句에 有方便과 淸淨言故라 言皆 上句果요 下句因者는 從多分說인댄 則方便爲因이요 淸淨爲果어니 와 若從通說인댄 俱通因果니 方便約因인댄 善巧로 出生於土요 方便 約果인댄 依正業用이 是淨土相이라 淸淨約因인댄 離諸障蓋요 淸淨 約果인댄 無有三惡과 八難等故니라

앞에 반 게송은 방편이요 뒤에 반 게송은 청정이라고 한 것은 각각 아래 구절에 방편과 청정이라는 말이 있는 까닭이다.

다 위에 구절은 과보이고 아래 구절은 원인이라고 한 것은 다분多分을 좇아 말한다면 곧 방편은 원인이 되고 청정은 과보가 되거니와, 만약 통분을 좇아 말한다면[400] 원인과 과보에 함께 통하나니,

───────────────

가지 게송 가운데 아홉 가지 게송은 지금 경문에 나아가 거론한 것이다. 이상은 곧 강사의 말이다. 그러나 어리석은 나는 곧 열 가지 게송은 뜻을 잡아 거론하고, 그 열 가지 게송 가운데 아홉 가지 게송은 경문에 나아가 거론한 것이라 하겠다. 역시 『잡화기』의 말이다.

400 만약 통분을 좇아 말한다면이라고 한 등은, 이 위에 다분을 좇아 말한

방편으로 원인을 잡는다면 선교善巧로 저 국토에 출생한 것이요,
방편으로 과보를 잡는다면[401] 의보와 정보의 업용이 이 정토의 모습
이다.
청정으로 원인을 잡는다면 모든 번뇌를 떠난 것이요,
청정으로 과보를 잡는다면 삼악도와 팔란 등이 없는 까닭이다.

것은 곧 앞에 소문의 뜻이고, 여기에 통분을 좇아 말한 것은 곧 바로 지금
소문의 뜻이니 청정이 원인에 속하는 까닭이라고 『잡화기』는 말한다.
401 방편으로 과보를 잡는다고 한 것은, 비록 지금 소문 가운데 없는 바이지만
이미 통분을 잡아 말한 까닭으로 원인과 과보를 아울러 거론한 것이다고
『잡화기』는 말한다.

經

久遠親近善知識하야 同修善業皆淸淨하고
慈悲廣大遍衆生일새 以此莊嚴諸刹海이니다

一切法門三昧等과　禪定解脫方便地를
於諸佛所悉淨治일새 以此出生諸刹海이니다

發生無量決定解하야 能解如來等無異하며
忍海方便已修治일새 故能嚴淨無邊刹이니다

爲利衆生修勝行호대 福德廣大常增長호미
譬如雲布等虛空일새 一切刹海皆成就이니다

구원겁토록 선지식을 친근하여
함께 선업을 닦은 것이 다 청정하고
자비가 광대하여 중생에게 두루하기에
이로써 모든 국토의 바다를 장엄하였습니다.

일체 법문과 삼매 등과
선정과 해탈과 방편의 지위를
모든 부처님의 처소에서 다 청정하게 다스렸기에
이로써 모든 국토의 바다를 출생하였습니다.

한량없는 결정한 지해를 발생하여
능히 아는 것이 여래로 평등하여 다름이 없으며
인욕의 바다와 방편을 이미 닦아 다스렸기에
그런 까닭으로 능히 끝없는 국토를 장엄하고 청정케 하였습니다.

중생을 이익케 하기 위하여 수승한 행을 닦되
복덕을 광대하게 하고 항상 증장케 하는 것이
비유하자면 구름이 펼쳐지되 허공과 같이함과 같기에
일체 국토의 바다를 다 성취하였습니다.

疏

後八은 別頌前文이라 於中初四는 如次頌上四淨이니 初地엔 慈悲
爲首일새 故云爲生이라하고 修行이 遍滿眞如일새 故云廣大라하
니라

뒤에 여덟 가지 게송은 앞에 장행문을 따로 읊은 것이다.
그 가운데 처음에 네 가지 게송은 차례와 같이[402] 위에 네 가지
청정[403]을 읊은 것이니

---

402 차례와 같이라고 한 것은, 『잡화기』에 말하기를 처음에 반 게송(初偈中前半偈)
은 장행의 제일구(영인본 화엄 3책, p.760, 1행)를 읊은 것이고, 다음에 반
게송(初偈中後半偈)은 장행의 제이구를 읊은 것이고, 다음에 두 게송은 장행의
제삼구를 읊은 것이니 반드시 한 게송에 한 사실을 읊은 것은 아니다 하였다.
403 위에 네 가지 청정이라고 한 것은 위에 장행문 가운데 제일구의 제보살친근諸

초지에는 자비로 으뜸을 삼기에[404] 그런 까닭으로 말하기를 중생을 이익케 하기 위한 것이다 하였고,

수행이 진여에 두루 가득하기에 그런 까닭으로 광대하다 한 것이다.

菩薩親近 운운과 제이구의 증장광대增長廣大 운운과 제삼구의 정수광대淨修廣大 운운과 제사구의 관찰일체觀察一切 운운을 말한다. 이 같은 등의 십구十句는 다 세계의 바다에 작은 티끌 수만치 많은 청정한 방편의 바다라 하였다. 따라서 위에 네 가지 청정이라고 정淨 자를 쓴 것이다.

404 초지에 자비로 으뜸을 삼는다고 한 것은 곤자권崑字卷 상권 1장을 볼 것이다. 역시 『잡화기』의 말이다. 그러나 이 부분은 마지막 게송의 처음에 두 구절을 말한 것이다.

經

諸度無量等刹塵이나 悉已修行令具足케하며
願波羅蜜無有盡일새 淸淨刹海從此生이니다

모든 바라밀이 한량이 없어 국토의 티끌 수와 같지만
다 이미 수행하여 하여금 구족케 하였으며
서원의 바라밀이 다함이 없었기에
청정한 국토의 바다가 이로 좇아 생기하였습니다.

疏

第五偈는 頌修治淨하고 及超頌第七願淨이니 以願通初地八地나
此據初地일새 故超頌也니라

제 다섯 번째 게송은 제 다섯 번째 일체 바라밀을 닦아 다스린다는
청정을 읊고 그리고 차례를 뛰어넘어 제 일곱 번째 일체 서원의
바다를 출생한다는 청정을 읊은 것이니,
서원이 초지初地와 팔지에 통하지만 여기서는 초지를 의거하기에
그런 까닭으로 차례를 넘어 읊은 것이다.

經

淨修無等一切法하사 生起無邊出要行하고
種種方便化群生일새 如是莊嚴國土海하니다

비등할 수 없는 일체 법을 청정하게 닦아
끝없이 벗어나는 중요한 행을 생기하고
가지가지 방편으로 중생을 교화하기에
이와 같이 국토의 바다를 장엄하였습니다.

疏

第六偈는 頌前第八出要라

제 여섯 번째 게송은 앞의 제 여덟 번째 일체 벗어나는 중요한
행을 닦아 익힌다고 한 것을 읊은 것이다.

經

修習莊嚴方便地하야 入佛功德法門海하야
普使衆生竭苦源일새 廣大淨刹皆成就하니다

장엄의 방편 지위를 닦아 익혀
부처님의 공덕과 법문의 바다에 들어가
널리 중생으로 하여금 고통의 근원을 말리게 하기에
광대하고 청정한 국토를 다 성취하였습니다.

疏

第七偈는 頌第九하고 及却頌觀菩薩地니 地義가 通前後故니라

제 일곱 번째 게송은 제 아홉 번째 일체 장엄의 바다에 들어간다고
한 것을 읊고, 그리고 도리어 제 여섯 번째 일체 보살의 모든 지위를
관찰한다고 한 것을 읊은 것이니,
지위(地)라는 뜻이 앞과 뒤에 통하는 까닭이다.

經

力海廣大無與等이나 普使衆生種善根하며
供養一切諸如來일새 國土無邊悉淸淨하니다

힘의 바다는 광대하여 더불어 비등할 수 없지만
널리 중생으로 하여금 선근을 심게 하며
일체 모든 여래에게 공양하기에
국토가 끝없이 다 청정합니다.

疏

第八偈는 頌方便力이라 上來에 且配長行거니와 其間에 亦兼餘義
니라
淸淨은 竟이라

제 여덟 번째 게송은 제 열 번째 청정한 방편의 힘을 성취한다고
한 것을 읊은 것이다.
상래에 우선 장행문을 배속하였거니와,
그 사이에 또한 나머지 뜻도 겸하여 배속하였다.[405]

---

[405] 또한 나머지 뜻도 겸하여 배속하였다고 한 것은 제일송第一頌에 자비광대慈悲
廣大와 제삼송第三頌에 인해방편忍海方便과 제육송第六頌에 무등일체법無等
一切法이라 한 등이 다 나머지 뜻이다.
그러나 『잡화기』는 다만 제 여섯 번째 게송 가운데 무등일체법이라 한

세계의 바다에 청정은 마친다.

등과 같은 것이 다 그 나머지 뜻이다 하였다.

爾時에 普賢菩薩이 復告大衆言호대 諸佛子야 應知하라 一一世
界海에 有世界海의 微塵數佛이 出現差別하니

그때에 보현보살이 다시 대중에게 일러 말하기를 모든 불자여,
응당히 알아야 합니다.
낱낱 세계의 바다에 세계의 바다 작은 티끌 수만치 많은 부처님이
출현하는 차별이 있나니

疏

第七段에 佛出差別者는 十事五對니 於海及種에 有此差別이라

제칠단에 세계의 바다에 부처님이 출현하는 차별이 있다고 한 것은
십사十事에 오대五對이니,
세계의 바다와 그리고 세계의 종種에 이러한 차별이 있는 것이다.[406]

---

406 원문에 유차차별有此差別이란, 미진수 차별이 있다는 것이다.

經

所謂或現小身하며 或現大身하며 或現短壽하며 或現長壽하며
或唯嚴淨一佛國土하며 或有嚴淨無量佛土하며 或唯顯示一乘
法輪하며 或有顯示不可思議한 諸乘法輪하며 或現調伏少分衆
生하며 或示調伏無邊衆生하니라 如是等이 有世界海微塵數하
니라

말하자면 혹 작은 몸을 나타내며
혹 큰 몸을 나타내며
혹 짧은 수명을 나타내며
혹 긴 수명을 나타내며
혹 오직 한 불국토만 장엄하고 청정케 하며
혹 어떤 국토에는 무량한 불국토를 장엄하고 청정케 하며
혹 오직 일승의 법륜만 현시하며
혹 어떤 국토에는 가히 사의할 수 없는 제승諸乘의 법륜을 현시하며
혹 소분少分의 중생을 조복함을 현시하며
혹 끝없는 중생을 조복함을 현시하는 것입니다.
이와 같은 등이 세계의 바다에 작은 티끌 수만치 많이 있습니다.

疏

五中初二는 隨彼類故요 次一은 緣廣陜故요 次一은 隨機宜故요
五는 熟未熟故라

오대五對 가운데 처음에 이대二對는 저 유형을 따른 까닭이요
다음에 일대一對는 인연이 넓고 좁은 까닭이요
다음에 일대는 근기의 마땅함을 따른 까닭이요
제오대는 성숙하고 미숙함을 현시한 까닭이다.

鈔

初二는 隨彼類者는 如佛出娑婆인댄 但可丈六이요 若生極樂인댄 無量由旬이니 不可以無邊身如來로 以化三尺衆生이요 丈六之佛로 化萬丈之人이라 壽亦然矣니 居於此刹하야는 不滿百年거니와 彌陀人民은 壽皆無量이라 然此一對도 亦通化機多少니라 次一은 緣廣狹者는 緣廣則刹廣이니 如文殊普見之邦이요 緣狹則刹狹이니 如迦葉의 光德之國이라 四는 宜聞三則祕一乘之妙寶하고 宜聞一則廢羊鹿之小車라 五에 根熟者는 化多니 如釋迦之化요 未熟은 則化少니 如須扇多如來라 亦是因中에 緣廣狹故니라

처음에 이대二對는 저 유형을 따른다고 한 것은 만약 부처님이 사바세계에 출현한다면 다만 가히 장육금신뿐이요,
만약 극락세계에 나신다면 한량없는 유순由旬의 몸일 것이니,
가히 끝없는 몸의 여래로 삼척신三尺身의 중생[407]을 교화할 수 없고,
장육금신의 부처님으로 만장신萬丈身[408]의 사람을 교화할 수 없기

---

[407] 끝없는 몸의 여래는 극락極樂의 불신佛身이고, 삼척신 중생은 사바娑婆의 중생신衆生身이다.

때문이다.

수명도 또한 그러하나니 이 사바세계에 거처하여서는 백 년도 채우지 못하거니와, 미타국토[409]에 거처하는 인민은 수명이 다 한량이 없기 때문이다.

그러나 이 일대―對도 또한[410] 교화할 근기의 많고 적음에 통하는 것이다.

다음에 일대는 인연이 넓고 좁다고 한 것은 인연이 넓으면 곧 국토가 넓게 되나니

문수의 보견普見의 나라[411]와 같은 것이요

인연이 좁으면 곧 국토가 좁게 되나니 가섭의 광덕光德의 나라[412]와

---

408 장육금신丈六金身은 사바의 불신佛身이고, 만장신萬丈身은 극락세계의 사람 몸이다.

409 미타국토 운운한 것은 말이 많이 축약되었다. 구체적으로 말하면 내가 미타국토에 오래 거처하는 것은 미타국토의 인민들이 수명이 다 한량이 없기 때문이라는 것이다.

410 또 역亦 자가 있는 것은 제사대에도 근기의 마땅함을 따른다고 하였기 때문이다.

411 원문에 문수보견지방文殊普見之邦은 『대보적경大寶積經』 제60권에 문수文殊가 성불成佛할 때 나라 이름이 보견普見이라 하였다.

412 원문에 가섭광덕지국迦葉光德之國은 『법화경法華經』 제삼권 수기품授記品에 가섭존자迦葉尊者가 성불할 때 이름이 광명光明이고, 나라 이름이 광덕국光德國이라 하였다. 『잡화기』는 보견과 광덕은 다 나라 이름이니, 곧 저 문수와 가섭이 장차 와서 성불할 곳이다. 광덕은 『법화경』 3권 17장 이하를 볼 것이다 하였다.

같은 것이다.

제사⁴¹³대四對는 삼승三乘을 들어야 마땅한 사람에게는 곧 일승一乘의 묘한 보배를 비밀로 하고, 일승을 들어야 마땅한 사람에게는 곧 양거와 녹거의 작은 수레(小車)를 폐지하는 것이다.

제오⁴¹⁴대에 근기가 성숙하다고 한 것은 교화한 것이 많은 것이니 석가모니의 교화함과 같은 것이요

근기가 미숙하다고 한 것은 곧 교화한 것이 적은 것이니 수선다여래⁴¹⁵의 교화함과 같은 것이다.

역시 원인 가운데⁴¹⁶ 조연이 넓고 좁은 까닭이다.

---

413 三자는 四자의 잘못이다.

414 근根 자 위에 오五 자가 있어야 한다.

415 수선다여래須扇多如來는 『대지도론』 제7권이니 수선다須扇多는 심정甚淨이라 번역한다. 이 부처님은 단지 교화한 지 百一夜에 열반에 들어간다. 이 부처님이 성불할 때 제자의 행이 미숙하여 문득 버리고 열반에 들어가나니, 다만 화신불化身佛이 一劫에 머물러 중생을 제도할 뿐이다 하였다. 『잡화기』는 다만 이 부처님은 교화한 지 一日一夜에 곧 열반에 들어간다 하였다.

416 원문에 역시인중亦是因中 운운은 이 위에는 과보 상上에 근기가 生과 熟이 있고, 지금에는 원인 가운데 조연이 넓고 좁은 것이 있다. 이상은 『잡화기』의 말이다.

經

爾時에 普賢菩薩이 欲重宣其義하야 承佛威力하야 觀察十方하
고 而說頌言호대

諸佛種種方便門으로 出興一切諸刹海는
皆隨衆生心所樂이니 此是如來善權力이니다

그때에 보현보살이 거듭 그 뜻을 선설하고자 하여 부처님의 위신력
을 받아 시방을 관찰하고 게송을 설하여 말하기를

모든 부처님이 가지가지 방편문으로
일체 모든 국토의 바다에 출흥하신 것은
다 중생의 마음에 좋아하는 바를 따른 것이니
이것은 이 여래의 좋은 방편의 힘입니다.

疏

十頌分三하리니 初一은 頌總標라

열 가지 게송을 세 가지로 분류하리니
처음에 한 게송은 한꺼번에 표한 것을 읊은 것이다.

經

諸佛法身不思議며　　無色無形無影像이나
能爲衆生現衆相하사　　隨其心樂悉令見케하시니다

或爲衆生現短壽하며　　或現住壽無量劫하며
法身十方普現前케하사　隨宜出現於世間하시니다

或有嚴淨不思議한　　十方所有諸刹海하며
或唯嚴淨一國土하사　於一示現悉無餘하시니다

或隨衆生心所樂하사　　示現難思種種乘하며
或有唯宣一乘法하사　　一中方便現無量하시니다

或有自然成正覺하사　　令少衆生住於道케하며
或有能於一念中에　　開悟群迷無有數니이다

모든 부처님의 법신은 사의할 수도 없으며
색깔도 없고 형상도 없고 영상도 없지만
능히 중생을 위하여 수많은 모습을 나타내어
그들의 마음에 좋아함을 따라 다 하여금 보게 하십니다.

혹 어떤 국토는 중생을 위하여 짧은 수명을 나타내며

혹 어떤 국토는 수명이 무량한 세월에 머무름을 나타내며
법신을 시방에 널리 현전現前하게 하여
마땅함을 따라 세간에 출현하십니다.

혹 어떤 국토는 사의할 수 없는
시방에 있는 바 모든 국토의 바다를 장엄하고 청정히 하며
혹 어떤 국토는 오직 한 국토만을 장엄하고 청정히 하여
하나에 시현하기를 다 남김이 없이 하십니다.

혹 어떤 국토는 중생의 마음에 좋아하는 바를 따라서
사의하기 어려운 가지가지 승법乘法을 시현하며
혹 어떤 국토는 오직 일승법만을 선설하여
하나 가운데 방편으로 무량을 나타내십니다.

혹 어떤 국토는 자연히 정각을 성취하여[417]
적은 중생으로 하여금 도에 머물게 하며
혹 어떤 국토는 능히 한 생각 가운데
미한 중생을 개오開悟케 하는 것이 그 수가 없으십니다.

---

417 원문에 자연성정각自然成正覺은 무사자오無師自悟를 말한다.

疏

次五偈는 別釋이니 如次頌前五對라

다음에 다섯 게송은 따로 해석한 것이니
차례와 같이 앞에 오대五對를 읊은 것이다.

經

或於毛孔出化雲하사 示現無量無邊佛하시니
一切世間皆現覩어늘 種種方便度群生하시니다

或有言音普周遍하사 隨其心樂而說法하사대
不可思議大劫中에　調伏無量衆生海하시니다

或有無量莊嚴國은　衆會淸淨儼然坐어늘
佛如雲布在其中하사 十方刹海靡不充하시니다

諸佛方便不思議하사 隨衆生心悉現前하사대
普住種種莊嚴刹하사 一切國土皆周遍하시니다

혹 어떤 국토는 털구멍에 변화의 구름을 출생하여
한량없고 끝없는 부처님을 시현하시니
일체 세간이 다 현전에서 보거늘
가지가지 방편으로 중생을 제도하십니다.

혹 어떤 국토는 말소리가 널리 두루하여
그들의 마음에 좋아함을 따라 법을 설하되
가히 사의할 수 없는 큰 세월(大劫) 가운데
한량없는 중생의 바다를 조복하십니다.

혹 어떤 한량없는 장엄국토는
모인 대중이 청정하게 근엄한 모습으로 앉았거늘
부처님이 마치 구름이 펼쳐짐과 같이 그 가운데 계시어
시방의 국토 바다에 넘쳐나지 아니함이 없으십니다.

모든 부처님의 방편은 사의할 수가 없어서
중생의 마음을 따라 다 앞에 나타내되
널리 가지가지 장엄한 국토에 머물러
일체 국토에 다 두루하십니다.

疏

後四는 頌總結이라 旣隨心總遍일새 故로 刹海塵數도 未足爲多
니라
佛出差別은 竟이라

뒤에 네 가지 게송은 모두 맺는 것을 읊은 것이다.
이미 마음을 따라 모두 두루 하였기에 그런 까닭으로 국토 바다에
티끌 수만치 많은 것도 족히 많음이 되지 않는 것이다.

세계의 바다에 부처님이 출흥하시는 차별은 마친다.

爾時에 普賢菩薩이 復告大衆言호대 諸佛子야 應知하라 世界海에 有世界海의 微塵數劫住하니 所謂或有阿僧祇劫住하며 或有無量劫住하며 或有無邊劫住하며 或有無等劫住하며 或有不可數劫住하며 或有不可稱劫住하며 或有不可思劫住하며 或有不可量劫住하며 或有不可說劫住하며 或有不可說不可說劫住하니라 如是等이 有世界海微塵數하니라

그때에 보현보살이 다시 대중에게 일러 말하기를 모든 불자여,[418] 응당히 알아야 합니다.
세계의 바다에 세계의 바다 작은 티끌 수만치 많은 세월(劫)토록 머무름이 있나니
말하자면 혹 어떤 국토는 아승지 세월토록 머물며
혹 어떤 국토는 무량한 세월토록 머물며
혹 어떤 국토는 끝없는 세월토록 머물며
혹 어떤 국토는 비등할 수 없는 세월토록 머물며
혹 어떤 국토는 가히 셀 수 없는 세월토록 머물며
혹 어떤 국토는 가히 이름할 수 없는 세월토록 머물며
혹 어떤 국토는 가히 생각할 수 없는 세월토록 머물며

---

418 불자여 운운은 총표이고, 말하자면 운운은 별석이고, 이와 같은 등이 운운은 총결이다.

혹 어떤 국토는 가히 헤아릴 수 없는 세월토록 머물며

혹 어떤 국토는 가히 말할 수 없는 세월토록 머물며

혹 어떤 국토는 가히 말할 수 없고 가히 말할 수 없는 세월토록 머무는 것입니다.

이와 같은 등이 세계의 바다에 작은 티끌 수만치 많이 있습니다.

(지금에 북장경을 의지하여 증정하였다.)

疏

第八段은 劫住不同이니 謂刹住經停하는 時分也니 隨能感因하야 有長短故라 長行略列이 有十大數나 更有多少不同이니 如標結 中과 及頌所顯하니라 並通諸刹이니 不謂淨長하니라 如大地獄은 其壽更長하고 人趣却促일새 故極惡極善이 受時卽多니라 更約異 門인댄 亦不可定也니라 十中唯九者는 欠不可說不可說也니라 並 如阿僧祇品하니라

제팔단은 세월이 머무는(劫住) 것이 같지 않나니,

말하자면 국토가 머물되 지나 머무는 시간(時分)이니 능히 감당할 인연을 따라서 길고 짧음이 있는 까닭이다.

장행에는 간략하게 열거한[419] 것이 십대수세월(十大數劫)만 있지만

---

419 장행에는 간략하게 열거하였다고 한 것은 장행문의 해석 가운데는 십대수세 월만 간략하게 열거하였다는 것이다.

다시 많고 적음의 같지 아니함이 있나니[420]

총표(標)와 총결(結) 가운데와 그리고 게송에 나타난 바와 같다.

아울러 십대수세월은 모든 국토에 통하나니[421]

정토의 장시長時세월만 말한 것이 아니다.

대지옥과 같은 것은 그 수명이 다시 길고 인간계는 도리어 짧기에 그런 까닭으로 지극히 악하고 지극히 선한 사람이 받는 시간이 곧 많은 것이다.

다시 이문異門을 잡는다면[422] 또한 가히 결정할 수 없다 하겠다.

십세월(十劫) 가운데 오직 구세월(九劫)[423]에는 가히 말할 수 없고

---

420 다시 많고 적음이 같지 아니함이 있다고 한 것은, 여기 총표와 총결과 그리고 게송 가운데는 세계의 미진수라는 많고(多) 적음(少)의 말이 있다는 것이니 즉 십세월 밖에 또한 한세월의 적은 것과 무수세월의 많은 것이 있다는 것이다. 그러나 『잡화기』는 다만 말하기를 말하자면 지금 해석 가운데는 다만 십대수十大數세월만 있거니와 총표와 총결에 나타낸 바는 곧 또한 한세월의 적은 것과 무수세월의 많은 것이 있다고만 하였다.

421 아울러 십대수세월은 모든 국토에 통한다고 한 등은, 『잡화기』에 말하기를 어떤 사람이 경에 십장시세월(十長劫)을 보고 이것은 정토요 예토가 아니다 할까 염려한 까닭으로 여기에 정찰(刹)과 예찰에 통함을 밝힌 것이다 하였다.

422 다시 이문異門을 잡는다고 한 것은, 『잡화기』에 말하기를 어떤 사람이 위에 지극히 악하고 지극히 선한 사람이 받는 시간이 곧 많다고 말한 것이 우선 일상一相을 잡은 것인 줄 알지 못하고 곧 편극偏極에 집착한 사람은 시간이 많다 하고, 반상(半相; 一相의 반대)을 잡은 사람은 시간이 적다 할까 염려한 까닭으로 여기에 반드시 일정하지는 않다고 밝힌 것이니, 전전히 사라지는 도가 있는 까닭이다 하였다.

가히 말할 수 없다는 말이 빠졌다.

아울러는 아승지품과 같다.

앞의 구세월이다. 유唯 자는 십十 중의 일一이 아니고 십十 중의 아홉(九)인데
오직(唯)이라 하니 약간 어색하다 하겠다.

經

爾時에 普賢菩薩이 欲重宣其義하야 承佛威力하야 觀察十方하
고 而說頌言호대

世界海中種種劫이　廣大方便所莊嚴이니
十方國土咸觀見하사 數量差別悉明了하니다

我見十方世界海호니 劫數無量等衆生하나니
或長或短或無邊을　以佛音聲今演說하리다

그때에 보현보살이 거듭 그 뜻을 선설하고자 하여 부처님의 위신력
을 받아 시방을 관찰하고 게송을 설하여 말하기를

세계의 바다 가운데 가지가지 세월(劫)이
광대한 방편으로 장엄한 바이니
시방 국토를 다 보아
수량이 차별한 것을 다 분명하게 알았습니다.

내가 시방세계의 바다를 보니
세월(劫)의 수가 무량하여 중생과 같나니
혹 길기도 하고 혹 짧기도 하고 혹 끝이 없기도 한 것을
부처님의 음성으로 지금에 연설하겠습니다.

疏

偈中十頌이라 然이나 劫但時分이요 無別義理일새 故此偈文은 轉
勢頌之하니 略分爲三하리라 初二는 總標許說이니 頌上標也라

게송 가운데 열 가지 게송이 있다.
그러나 세월(劫)은 다만 시간(時分)일 뿐 별다른 뜻이 없기에 그런
까닭으로 이 게송문은 문세를 전변하여 읊었나니,[424]
간략하게 분류하여 세 가지로 하겠다.
처음에 두 게송은 한꺼번에 표하고 설하기를 허락한 것[425]이니,
위에 한꺼번에 표한 것을 읊은 것이다.

---

424 전변하여 읊었다는 것은, 上下의 송세頌勢가 반드시 한 게송이 長行文에
열거한 바를 의지하여 차례로 읊었거늘, 지금 여기에는 다만 한 게송으로써
위의 장행에서 열거한 것을 통틀어 읊고 나머지 게송은 다만 總標와 總結을
읊은 것이다고 『잡화기』는 말한다. 다만 한 게송이란 제 세 번째 게송이다.
425 한꺼번에 표하고 설하기를 허락한 것이라고 한 등은 구체적으로 말하면
처음에 게송은 한꺼번에 표한 것을 읊은 것이고, 두 번째 게송은 설하기를
허락한 것을 읊은 것이다.

經

我見十方諸刹海호니　或住國土微塵劫하며
或有一劫或無數하나니 以願種種各不同하니다

내가 시방의 모든 국토의 바다를 보니
혹 어떤 국토는 미진수 세월토록 머물며
혹 어떤 국토는 한 세월토록 머물고 혹 수없는 세월토록 머무나니
원력으로 가지가지가 각각 같지 아니합니다.

疏

次有一偈는 通頌上列하고 兼顯修短之因이 以願力故라

다음에 한 게송이 있는 것은 위에 열거한 것을 통틀어 읊고,
길고 짧은 원인이 원력임도 겸하여 나타낸 까닭이다.

經

或有純淨或純染하며 或復染淨二俱雜일새
願海安立種種殊하야 住於衆生心想中하시니다

혹 어떤 국토는 순전히 청정하고 혹 순전히 더러우며
혹 다시 더럽고 청정한 것이 둘이 함께 섞이어 있기에
서원의 바다를 안립하되 가지가지로 다르게 하여
중생의 심상心想 가운데 머무십니다.

疏

餘七은 頌總結이라 偈各一義니 一은 明修短이 通於染淨하고 結以
心想이라

나머지 일곱 게송은 총결總結을 읊은 것이다.
게송이 각각 한 가지 뜻이 있나니
첫 번째 게송은 길고 짧은 것이 더럽고 청정함에 통함을 밝히고
심상으로써 맺은 것이다.

經

往昔修行刹塵劫하사 獲大淸淨世界海일새
諸佛境界具莊嚴하사 永住無邊廣大劫하니다

지나간 옛날에 수행을 국토의 미진수 세월토록 하여
크고 청정한 세계의 바다를 얻었기에
모든 부처님의 경계가 장엄을 구족하여
영원히 끝없는 광대한 세월에 머무는 것입니다.

疏

二는 淨劫住久니 釋以因深이라

두 번째 게송은 청정한 세월(劫)에 머물기를 오래한 것이니
인행이 깊음을 해석한 것이다.

經

有名種種寶光明이며 或名等音焰眼藏이며
離塵光明及賢劫이니 此淸淨劫攝一切하니다

어떤 국토는 이름이 가지가지 보배 광명이며
혹 이름이 평등한 음성에 빛나는 눈동자[426]이며
티끌을 떠난 광명이며 그리고 현겁賢劫 세월이니
이 청정한 세월(劫)이 일체 세월을 섭수합니다.

疏

三은 列諸劫名이니 染淨相攝이라

세 번째 게송은 모든 세월의 이름을 열거한 것이니
더럽고 청정한 세월이 서로 섭수하는 것이다.

---

426 안장眼藏이란 눈의 창고, 눈동자를 말한다.

經

有淸淨劫一佛興하시며 或一劫中無量現하며
無盡方便大願力으로　入於一切種種劫하니다

어떤 국토는 청정한 세월에 한 부처님이 출흥하시며
혹 한 세월 가운데 한량없는 세월을 시현하며
끝없는 방편과 큰 서원의 힘으로
일체 가지가지 세월에 들어갑니다.

疏

四는 佛興願異일새 故로 入劫不同이라

네 번째 게송은 부처님이 출흥하심에 서원이 다르기에 그런 까닭으
로 세월에 들어가는 것도 같지 않는 것이다.

經

或無量劫入一劫하며 或復一劫入多劫하야
一切劫海種種門이 十方國土皆明現하니다

혹 한량없는 세월이 한 세월에 들어가며
혹 다시 한 세월이 수많은 세월에 들어가
일체 세월의 바다에 가지가지 문이
시방 국토에 다 분명하게 나타났습니다.

疏

五는 一多互融하고 齊攝雙現이라

다섯 번째 게송은 한 세월과 수많은 세월이 서로 융합하고 가지런히
섭수하여 함께 나타나는 것이다.

經

或一切劫莊嚴事가 於一劫中皆現覩하며
或一劫內所莊嚴이 普入一切無邊劫하니다

혹 일체 세월에 장엄한 일이
한 세월 가운데 다 나타남을 보며
혹 한 세월 안에 장엄한 바 일이
널리 일체 끝없는 세월에 들어갑니다.

疏

六은 時法相攝하야 普入無邊이라

여섯 번째 게송은 시간과 법이 서로 융섭하여 널리 끝없는 세월에
들어가는 것이다.

經

始從一念終成劫히 悉依衆生心想生하나니
一切刹海劫無邊을 以一方便皆清淨하나다

처음 한 생각으로 좇아 마침내 한량없는 세월을 이루기까지
다 중생의 심상心想을 의지하여 생기하나니
일체 국토 바다의 세월이 끝이 없는 것을
한 방편으로써 다 청정케 합니다.

疏

七은 結由想心하야 示以方便이라 一方便者는 即了唯心也라 一念
與劫은 並由想心이니 心想不生인댄 長短安在리요 非長非短을 是
謂清淨이요 不壞於相을 則劫海無邊이라

일곱 번째 게송은 상심想心을 인유함을 맺어 방편으로써 시현한
것이다.
한 방편이라고 한 것은 곧 오직 마음임을 아는 것이다.
한 생각과 더불어 한량없는 세월이 아울러 상심을 인유하나니 심상
이 일어나지 아니하면 길고 짧은 시간이 어찌 있겠는가.
길지도 않고 짧지도 않는 것을 이것을 청정이라 말하고, 모습을
무너뜨리지 않는 것을 곧 세월의 바다가 끝이 없다 하는 것이다.

鈔

一念與劫下는 釋唯心方便之義라 然이나 一念與劫이 並由想心은
此有二意하니 一者는 由有想念하야 即有刹那하고 積此刹那하야 終
竟成劫이니 心想若滅하면 生死長絶하리라 此順經文이라 二者는 一
切境界가 皆依妄念하야 而有差別하니 若離心念하면 則無一切境界
之相하리라 此順經意하야 成唯心觀이니 是故疏云호대 心想不生인댄
長短安在리요하니라 無長無短은 即心體淸淨이니 是以經言호대 以
一方便으로 皆淸淨也라하니 此約眞性故니라 第三句는 是不壞相義
니 相性無礙는 刹海義也라

劫住는 竟이라

한 생각과 더불어 한량없는 세월이라고 한 아래는 유심방편의 뜻을
해석한 것이다.

그러나 한 생각과 더불어 한량없는 세월이 아울러 상심을 인유하였
다고 한 것은 이것은 두 가지 뜻이 있나니

첫 번째는 상념이 있음을 인유하여 곧 찰나가 있고 이 찰나를 쌓아
마침내 한량없는 세월을 이루나니,

심상이 만약 사라진다면 생사가 길이 끊어질 것이다.

이것은 경문을 따른 것이다.[427]

---

427 이것은 경문을 따른 것이라고 한 것은, 고래로 강사가 이 가운데 경문을
    따르고 뜻을 따른다는 것은 일게一偈의 송문頌文을 통틀어 따르고 일게一偈의
    뜻을 통틀어 따르는 것이라고 말하였다. 그러나 『잡화기』는 경문을 따른다고

두 번째는 일체 경계가 다 망념을 의지하여 차별이 있나니,

만약 마음에 망념을 떠난다면[428] 곧 일체 경계의 모습이 없을 것이다.

이것은 경의 뜻을 따라 유심관을 성립한 것이니,

이런 까닭으로 소문에 말하기를 심상이 일어나지 아니하면 길고 짧은 시간이 어찌 있겠는가 하였다.

길지도 않고 짧지도 않다고 한 것은 곧 심체心體가 청정한 것이니,

이런 까닭으로 경문에 말하기를 한 방편으로써 다 청정케 한다 하였으니

이것은 진성을 잡은 까닭이다.

제 세 번째 구절은 이것은 모습을 무너뜨리지 않는다는 뜻이니 자성과 모습이 걸림이 없는 것은 국토 바다의 뜻이다.

세계의 바다에 세월(劫)이 머무는 것은 마친다.

한 것은 위에 반게송의 문장이고, 뜻을 따른다고 한 것은 끝구절의 뜻이라 하였다.

428 만약 마음에 망념을 떠난다면이라고 한 아래는 『기신론』의 문장이다.

經

爾時에 普賢菩薩이 復告大衆言호대 諸佛子야 應知하라 世界海에 有世界海의 微塵數劫이 轉變差別하니

그때에 보현보살이 다시 대중에게 일러 말하기를 모든 불자여, 응당히 알아야 합니다.
세계의 바다에 세계의 바다 작은 티끌 수만치 많은 세월이 전변하여 차별함이 있나니

疏

第九段에 劫轉變差別者는 此有二種하니 一者는 但約感成住壞劫인댄 皆名轉變이요 二는 唯約住劫之中에 居人善惡인댄 令染淨轉變이라

제구단에 세월(劫)이 전변하여 차별함이 있다고 한 것은 여기에 두 가지가 있나니
첫 번째는 다만 성·주·괴겁을 감득함만을 잡는다면 다 전변한다 이름할 것이요
두 번째는 오직 주겁住劫 가운데 거주하는 사람이 선하고 악함만을 잡는다면 더러운 사람과 깨끗한 사람으로 하여금 전변케 한다 이름할 것이다.

鈔

二는 唯約住劫之中에 居人善惡은 復有二義하니 一은 約衆生인댄
引因所得이요 二는 約菩薩인댄 居中作用心이 純善이니 故로 染淨交
徹耳니라

두 번째는 오직 주겁 가운데 거주하는 사람이 선하고 악함만을
잡는다고 한 것은 다시 두 가지 뜻이 있나니
첫 번째는 중생을 잡는다면 인인引因[429]으로 얻은 바요
두 번째는 보살을 잡는다면 거주하는 사람 가운데 작용하는 마음이
순박하고 착한 것이니,
그런 까닭으로 더러운 사람과 깨끗한 사람이 서로 사무치는 것이다.

---

429 인인引因이란, 이인二因의 하나이니 『불교사전』을 참고할 것이다.

經

所謂法如是故로 世界海에 無量成壞劫이 轉變하며

말하자면 법이 이와 같은 까닭으로 세계의 바다에 한량없는 성겁·
괴겁이 전변하며

疏

二에 釋中具二니 初一은 卽是前義니 故云無量成壞劫轉變이라하
니라 言法爾者는 法爾隨業轉也라 若爾인댄 何異起具因緣고 因緣
은 意在於因이요 轉變은 意彰於果니라 又因緣은 通有唯成不壞니
如自受用因이 是也니라 餘九는 釋後義니라

두 번째 해석하는 가운데 두 가지를 갖추었나니
첫 번째 하나는 곧 이 앞의 뜻[430]이니
그런 까닭으로 말하기를 한량없는 성겁·괴겁이 전변한다 하였다.
법이 그렇다[431]고 말한 것은 법이 그렇게 업을 따라 전변한다는
것이다.

---

430 이 앞의 뜻이라고 한 것은 이 앞의 제구단第九段 가운데 두 가지에 첫 번째는
다만 성, 주, 괴겁을 감득함만 잡는다면 다 전변한다 이름할 것이라고 한
것이 이것이다.

431 법이 그렇다(法爾)고 한 것은 바로 위의 경문에 법이 이와 같다(法如是)고
한 것이다.

만약 그렇다면 어찌 기구인연起具因緣과 다르겠는가.

기구인연은 뜻이 원인에 있고, 전변은 뜻이 과보에 있음을 나타낸 것이다.

또 기구인연은[432] 오직 성成과 불괴不壞의 뜻이 있음에도 통하나니 자수용의 원인과 같은 것이 이것이다.

나머지 아홉 가지는 뒤의 뜻[433]을 해석한 것이다.

---

432 또 기구인연이라고 한 것은, 『잡화기』에 이 위에는 인과를 잡아 다름을 가리고 여기는 통하고 국한함을 잡아 다름을 가린 것이니, 말하자면 전변은 곧 오직 성과 괴만 있거니와 인연은 곧 오직 성과 괴뿐이 아니라 또한 오직 성과 불괴의 뜻이 모두 다 있는 까닭으로 다른 바라 하였다. 좀 더 자세히 살펴보면 이 위에 전변은 오직 성겁과 괴겁만 있을 뿐이거니와 지금에 인연은 오직 성겁과 괴겁이 있을 뿐만이 아니라 또한 성겁과 불괴겁의 뜻이 있음에도 통하는 것이다. 위에 인연과 전변은 인과를 잡아 인연은 원인이고, 전변은 과보라 하였다. 그러나 여기는 통과 국을 잡아 성겁과 괴겁을 국으로 하고, 성겁과 불괴겁을 통으로 하였다. 불괴겁은 주겁의 뜻을 포함하고 있다.

433 뒤의 뜻이라고 한 것은 앞 제 두 번째 주겁住劫 가운데 거주하는 사람이 선하고 악함을 잡았다는 것이다. 선한 사람은 보살로서 정淨이고, 악한 사람은 중생으로서 염染이라 할 것이다.

經

染汚衆生住故로 世界海에 成染汚劫이 轉變하며

더러운 중생이 거주하는 까닭으로 세계의 바다에 더러움을 이루는
세월이 전변하며

疏

一은 遇惡緣故로 淨變爲染이니 下文云호대 泉池皆枯涸等이라하
니라

첫 번째는 악연을 만난 까닭으로 깨끗한 세월(淨劫)이 변하여 더러운
세월(染劫)이 되나니
아래 경문에 말하기를 샘과 연못이 다 마른다고 한 등이다 하였다.

鈔

遇惡緣故로 淨變爲染은 卽是經中에 染汚衆生住故라하니라 七十二
經云호대 往昔此城邑에 大王未出時에 一切不可樂호미 猶如饑鬼處
하야 衆生相殺害하고 竊盜縱婬佚하며 兩舌不實語하며 無義麤惡言
하며 貪愛他財物하며 瞋恚懷毒心하며 邪見不善行하야 命終墮惡道
하니라 以是等衆生이 愚癡所覆蔽로 住於顚倒見일새(上惡緣也) 天
旱不降澤하나니 以無時雨故로 百穀悉不生하고 草木皆枯槁하며 泉

流亦乾竭하니라 大王未興世엔 河池悉枯涸하고 園苑多骸骨하야 望
之如曠野라하니라(卽劫變也)

악연을 만난 까닭으로 깨끗한 세월이 변하여 더러운 세월이 되었다
고 한 것은 곧 이 경전 가운데 더러운 중생이 머무는 까닭이라
한 것이다.

칠십이경[434]에 말하기를 지나간 옛날 이 성읍에 대왕[435]이 출현하지
아니한 때에 일체 처소가 가히 즐겁지 아니한 것이 마치 아귀들의
처소와 같아, 중생들이 서로 살해하고 도둑질하고 방종하고 간음하
고 질투하며
양설兩舌로 말이 진실하지 못하며
의리 없이 말이 추악하며
다른 사람의 재물을 탐내고 좋아하며
성질로 독한 마음을 품으며
사견으로 행이 착하지 못하여 목숨이 마침에 악도에 떨어졌다.
이와 같은 등의 중생이 어리석음에 덮인 바로 전도된 소견에 머물기
에(上은 악연이다) 하늘이 가물게 하여 비를 내려주지 않나니,
시우時雨가 없는 까닭으로 백곡이 다 자라나지 않고 초목이 다 마르며
샘물도 또한 말라 다하였다.

---

434 칠십이경은 역시 입법계품이다.
435 대왕大王은 전륜성왕轉輪聖王이다.

대왕이 세상에 출흥하기 전에는 시냇물과 연못이 다 마르고 동산에
는 해골이 많아 그것을 바라봄에 마치 광야와 같았다 하였다(곧
세월이 전변하였다는 것이다).

經

修廣大福하는 衆生住故로 世界海에 成染淨劫이 轉變하며

광대한 복을 닦은⁴³⁶ 중생이 머무는 까닭으로 세계의 바다에 더럽지
만 깨끗함도⁴³⁷ 이루는 세월이 전변하며

疏

二는 修人天大福하야 令世界로 多染少淨일새 故先云染이라하니
如下文云호대 粳米自然生等이라

두 번째는 인간과 천상의 광대한 복만 닦아 세계로 하여금 더러운
것을 많게 하고 깨끗한 것을 적게 하였기에 그런 까닭으로 먼저
말하기를 더럽다⁴³⁸ 하였으니
아래 경문에 갱미粳米가 자연히 난다고 한 등과 같다.

鈔

粳米自然生等은 卽是上經이라 次文云호대 大王이 昇寶位하야 廣濟

---

436 광대한 복을 닦는다고 한 아래는 인천人天이다.
437 더럽지만 운운한 것은, 더럽지만이라고 한 것은 염분染分이 많다는 것이요,
　　깨끗하다고 한 것은 정분淨分이 적다는 것이다.
438 먼저 말하기를 더럽다고 한 것은 경문에 성염정겁成染淨劫이라 하여 염染을
　　먼저 말하였다는 것이니 그 세계는 염분이 많다는 것이다.

諸群生하니 油雲被八方하고 普雨皆充洽하며 乃翻十惡하야 成其十
善이라 其中翻偸盜云호대 往昔諸衆生이 貧窮少衣服하야 以草自遮
蔽하며 饑羸如餓鬼러니 大王旣興世하고는 粳米自然生하고 樹中生
妙衣하야 男女皆嚴飾이라하니 卽其事也니라

갱미가 자연히 난다고 한 등과 같다고 한 것은 곧 이 위에 인용한
경[439]이다.

그 다음 문장에[440] 말하기를 대왕이 보위寶位에 올라 널리 모든 중생을
제도하시니,

유연油然[441]한 구름이 팔방에 덮고 넓은 빗줄기가 다 가득 흡족하게
내리며

이에 십악을 번복하여 그 십선을 이루었다.

그 가운데 투도를 번복하여 말하기를 지나간 옛날에 모든 중생이
가난하여 의복이 적어서 풀로써 스스로를 가리며 줄이고 파리하여
아귀와 같더니,

대왕이 이미 세상에 출흥하시고는 갱미가 자연히 나오고 나무 가운
데 묘한 옷이 나와 남녀가 다 엄식하였다 하였으니

곧 그 사실이다.

---

439 상경上經이라고 한 것은 곧 위에서 인용한 칠십이경이지 상경上經을 말하는
　　것은 아니다. 곧 바로 앞에 소초문에 인용하였다.

440 그 다음 문장이라고 한 것은 지금 소문에 인용한 칠십이경 끝구절 다음에
　　이어지는 문장이다.

441 유油는 유연油然이니 힘 있게 피어나는 모습이다.

經

信解菩薩住故로 世界海에 成淨染劫이 轉變하며

신信·해解 보살[442]이 머무는 까닭으로 세계의 바다에 깨끗하지만
더러움도 이루는 세월이[443] 전변하며

疏

三은 卽地前이니 以未斷障일새 故非純淨하고 以淨多故니 故先云
淨이라하니라 經多云호대 染淨이라하니 與前何別고 或譯人之失이
라하며 或傳寫之誤라하니라

세 번째는 곧 지전보살[444]이니,
아직 번뇌를 다 끊지 못하였기에 그런 까닭으로 순전히 깨끗하지는
않고 깨끗한 것이 많은 까닭이니
그런 까닭으로 먼저 말하기를 깨끗하다 하였다.

---

442 신信·해解 보살이라고 한 아래는 삼현三賢 보살이다.

443 원문에 성염정겁成染淨劫이라고 한 것은 성정염겁成淨染劫이라 해야 옳다.
제 두 번째에서 성염정겁이라 했으니 여기 세 번째에서는 성정염겁이라
해야 한다. 소문에서도 정다고淨多故니 선운정先云淨이라 한다 하였다. 즉
그 세계는 정분淨分이 많다는 것이다. 다시 말하면 제 두 번째 성염정겁成染淨
劫은 염다정소染多淨少요, 여기 제 세 번째 성정염겁成淨染劫은 정다염소淨多
染少이다.

444 지전보살이란, 삼현 보살이다.

경에 많고 적은 것을 말하기를[445] 더럽지만 깨끗하다 하였으니,
앞에 제 두 번째로 더불어 어떻게 다른가.
혹자는 번역한 사람이 실수한 것이라[446] 하며,
혹자는 전하여 쓴 사람이 잘못 전하여 쓴 것이라 하였다.

鈔

卽地前者는 信解는 是地前通稱이라 亦名勝解行住니 未證眞如하야
但依解力하야 而修行故니라

곧 지전보살이라고 한 것은 신信·해解는 이 지전보살의 통칭이다.
또한 이름이 승해행주勝解行住니,
아직 진여를 증득하지 못하여[447] 다만 해력解力만을 의지하여 수행하
는 까닭이다.

---

445 원문에 경다운經多云이라고 한 것은 경다소운經多少云이라 할 것이다.
446 혹자는 번역한 사람이 실수한 것이다 운운한 것은,『잡화기』에 아래 게송도
  또한 응당 여기를 기준할 것이다 하였다.
447 아직 진여를 증득하지 못했다고 한 것은, 소문에는 아직 번뇌를 다 끊지
  못했다고 하였다.

經

無量衆生이 發菩提心故로 世界海에 純淸淨劫이 轉變하며

한량없는 중생[448]이 보리심을 일으키는 까닭으로 세계의 바다에
순전히 청정한 세월이 전변하며

疏

四는 卽證發心이니 居受用土일새 故로 但云純淨이라하니라

네 번째는 곧 증발심[449]이니,
수용토에 거주하기에 그런 까닭으로 다만 말하기를 순전히 청정하다
하였다.

---

448 한량없는 중생이라고 한 아래는 초지보살이다.

449 증발심이라고 한 것은 초지보살의 발심이니 세 가지 발심의 하나이다.
세 가지 발심이라고 한 것은 신성취발심信成就發心과 해행발심解行發心과
증발심證發心이니 신성취발심은 십신十信이고, 해행발심은 삼현三賢이고,
증발심은 십지十地(초지初地)이다.

經

諸菩薩이 各各遊諸世界故로 世界海에 無邊莊嚴劫이 轉變하며

모든 보살이[450] 각각 모든 세계에 노니는 까닭으로 세계의 바다에
끝없이 장엄한 세월이 전변하며

疏

五에 各各遊者는 卽二地로 至十地히 諸菩薩이 遊戲神通이니 以
多莊嚴으로 而嚴一刹하며 或以一嚴으로 而嚴多刹하야 所至染刹
을 則能莊嚴也니라

다섯 번째 각각 노닌다고 한 것은 곧 이지二地로부터 십지十地에
이르기까지 모든 보살이 신통에 노니는 것이니,
많은 장엄으로써 한 국토를 장엄하며 혹은 한 장엄으로써 많은
국토를 장엄하여 이르는 곳마다 더러운 세계를 곧 능히 장엄하는
것이다.

鈔

以多莊嚴而嚴一刹者는 如第五迴向이니 卽願普攝十方三世의 所
有佛刹하야 一切莊嚴으로 而嚴一刹하고 一切亦然이라하니라 至登地

---

450 모든 보살이라고 한 아래는 이지二地부터 십지十地까지이다.

竟하야사 能如願成이니 如八地十地中說하니라 或以一嚴而嚴多刹
者는 第二迴向云호대 以一莊嚴嚴一切나 亦不於法生分別하며 如是
開悟諸衆生이나 一切無性無所觀이라하니라

많은 장엄[451]으로써 한 국토를 장엄하였다고 한 것은 제오 회향과
같나니
곧 원컨대 널리[452] 시방삼세에 있는 바 부처님의 국토를 섭수하여
일체장엄으로 한 국토를 장엄하고 일체 국토도 또한 그렇게 한다
하였다.
등지登地에 이르러 마쳐야 능히 서원이 이루어지는 것과 같나니
팔지와 십지 가운데서 설한 것과 같다.

혹은 한 장엄으로써 많은 국토를 장엄하였다고 한 것은 제이 회향

---

451 장엄이라고 한 아래에 이엄일찰而嚴一刹이라는 말이 있는 것이 좋다. 세
　　줄 뒤에 혹이或以 운운 인용구引用句와 비견하여 보증하였다. 북장경은 이렇
　　게 되어 있기도 하다.

452 원컨대 널리 운운은 제오 회향의 문장을 뜻으로 인용한 것이니 구체적으로
　　살펴보면 이렇다. 원컨대(願普攝) 이와 같이 과거 미래 현재(十方三世) 일체
　　모든 부처님이 소유(所有)한 국토의 청정한 장엄(佛刹一切莊嚴)으로 다 저
　　한 세계를 장엄(而嚴一刹)하고 저 일체 모든 부처님이 소유한 장엄과 같아서
　　다 성취하며 운운하여 한 세계와 같아서 진법계 허공계 일체 세계도 다
　　또한 이와 같다(一切亦然) 하였다. 그 원문은 願以如是去來現在一切諸佛의
　　所有國土淸淨莊嚴 운운이다. (　) 안의 원문은 초문의 말로서 제오 회향의
　　말에 내가 배속하여 넣은 것이다.

게송에 말하기를

한 장엄으로써 일체 국토를 장엄하지만

또한 저 법에 분별심을 내지 아니하며,

이와 같이 모든 중생을 열어 깨닫게 하지만

일체 중생에 자성도 없고 관찰하는 바도 없다 하였다.

經

十方一切世界海에 諸菩薩雲集故로 世界海에 無量大莊嚴劫이
轉變하며

시방의 일체 세계의 바다에 모든 보살이 구름같이 모이는 까닭으로
세계의 바다에 한량없이 크게 장엄한 세월이 전변하며

疏

六에 大莊嚴者는 卽普賢位에 嚴於微塵內刹이니 如上口光召衆
等이 是라

여섯 번째 크게 장엄하였다고 한 것은 곧 보현 위에서 작은 티끌
안에 국토를 장엄한 것이니,
위에 구광口光으로 대중을 소집한 것[453]과 같은 등이 이것이다.

鈔

如上口光召衆者는 卽第六經이니 其諸菩薩이 旣至會中에 現自在
用云호대 如是坐已하고 其諸菩薩이 身毛孔中에 一一各現十世界海

---

453 위에 구광口光으로 대중을 소집하였다 한 것은 『화엄경』 제육경 여래현상품
제이第二, 영인본 화엄 3책, p.479, 6행 소문에 구광口光이 각각 일억시방一億
十方을 비춘다 하였다.

微塵數一切寶種種色光明하며 一一光中에 現十世界海微塵數諸
菩薩이 皆坐蓮華藏師子之座하고 此諸菩薩이 悉能遍往一切法界
의 諸安立海에 所有微塵하니 彼一一塵中에 皆有十佛世界微塵數
諸廣大刹하며 一一刹中에 皆有三世諸佛世尊거늘 此諸菩薩이 悉能
遍往하야 親近供養等이라하니 卽嚴淨塵中刹也니라

위에 구광口光으로 대중을 소집한 것과 같다고 한 것은 곧 제육경
이니

그 모든 보살이 이미 회중에 이름에 지재한 작용을 나타내어 말하기
를 이와 같이[454] 앉아 마치고 그 모든 보살이 몸의 털구멍 가운데
낱낱이 각각 시방세계의 바다에 작은 티끌 수만치 많은 일체 보배의
가지가지 색상 광명을 나타내며,

낱낱 광명 가운데 십 세계의 바다에 작은 티끌 수만치 많은 보살이
다 연화장 사자의 자리에 앉아 있음을 나타내고,

이 모든 보살이 다 능히 일체 법계의 모든 안립한 바다에 있는
바 작은 티끌 속에 두루 들어가니

저 낱낱 티끌 가운데 다 십불세계에 작은 티끌 수만치 많은 모든
광대한 국토가 있으며,

낱낱 국토 가운데 다 삼세에 모든 부처님 세존이 있거늘

이 모든 보살이 다 능히 두루 가서 친근하고 공양했다 한 등이라

---

454 이와 같이라고 한 아래는 제육경 여래현상품 제이第二로써 영인본 화엄
　　3책, p.480, 1행에 있다.

하였으니

곧 작은 티끌 가운데 국토를 장엄하고 청정히 했다는 것이다.

經

諸佛世尊이 入涅槃故로 世界海에 莊嚴滅劫이 轉變하며

모든 부처님 세존이 열반에 들어간 까닭으로 세계의 바다에 장엄이
사라진 세월이 전변하며

疏

七에 莊嚴滅者는 此明失善緣而惡現이니 謂如來示滅에 能事隨
滅하고 佛滅百年에 乳不及水어든 況今之世며 況於滅極에 稗爲上
味하고 鐵爲上嚴이리요

일곱 번째 장엄이 사라졌다고 한 것은 이것은 선연善緣이 상실되고
악연惡緣이 나타남을 밝힌 것이니,
말하자면 여래가 적멸을[455] 시현하심에 능사能事[456]도 따라 사라지고,
부처님이 적멸을 시현하신 지 백년에는 우유가 물에도 미치지 못하
거든
하물며 지금의 세상이며,
하물며 감겁의 말극에[457] 피[458]로 최상의 맛을 삼고 쇠로 최상의 장엄을

---

455 여래가 적멸 운운한 것은, 여래 적멸시현은 열반 즉시를 말하고, 적멸시현
　　백년은 열반하신 지 백년 뒤를 말하고, 지금 세상은 말세를 말하고, 감겁의
　　말극은 말세의 종극을 말한다.
456 능사能事라고 한 것은 선연善緣을 말한다.

삼는 것이겠는가.

鈔

佛滅百年者는 育王經說호대 育王이 常供養諸聖僧한대 上座가 食乳
稍多어늘 育王白言호대 乳若多食인댄 恐生疾患이니다 上座云호대
此乳有何力이릿가 不及世尊의 在世時水어든 今佛滅度에 一切精淳
이 皆沈地下리요 育王이 願見佛在時水어늘 上座展手하야 地下取水
하니 育王嘗之하고 實過於乳라하니 明知하라 福人滅矣에 能事隨滅
하니라 百年尙爾어든 況今去聖이 將二千年에 尤更淡薄이리요 況於
滅極에 鐵爲上嚴하고 稗爲上味는 如起世等經說하니라

부처님이 적멸을 시현하신 지 백년이라고 한 것은 『아육왕경』[459]에
말하기를 아육왕이 항상 모든 성인과 승려에게 공양한데 상좌上座가
우유를 드시는 것이 점점 많아지거늘, 아육왕이 여쭈어 말하기를
우유를 만약 많이 드신다면 병이 생길까 두렵습니다.
상좌가 말하기를 이 우유가 무슨 힘이 있겠습니까.
세존이 세상에 계실 때의 물에도 미치지 못하거든, 지금에 부처님이
열반하심에 일체 정순精淳한 물이 다 지하에 잠긴 것이겠습니까.

---

457 원문에 감극減極이라고 한 것은 감겁減劫의 말극末極이니 인수팔만사천세人
壽八萬四千歲에서 감소하고 감소하여 십세가 되는 때를 말한다.

458 稗는 피 패이니 피밥(稗飯)을 말한다.

459 『아육왕경』은 4조四祖 우바국다優婆鞠多 당시의 왕이다. 우바국다가 가장
많은 사람을 제도하였다.

아육왕이 부처님이 세상에 계실 때의 물을 보기를 원하거늘 상좌가
손을 펴 지하에 물을 취하니 아육왕이 그 물을 맛보고 실로 우유
맛을 지닙니다 하였으니,

분명히 알아라.

복인이 열반을 시현하심에 능사能事도 따라 사라지는 것이다.

백년도 오히려 그러하거든 하물며 지금에 부처님이 가신 지가 장차
이천년에 이르러 더욱 다시 담박함이겠는가.

하물며 감겁의 말극에 쇠로[460] 최상의 장엄을 삼고 피로 최상의
맛을 삼는다고 한 것은 『기세경起世經』[461]에 설한 것과 같다.

---

460 쇠로 운운한 것은, 소문에는 피로 최상의 맛을 삼고 쇠로 최상의 장엄을
   삼는다 하여 말이 바뀌어 있다.
461 『기세경起世經』은 10권으로 수隋나라 사나굴다가 번역하였다. 또 다른 번역
   본 『기세인본경起世因本經』은 역시 10권으로 달마굽다가 번역하였다.

經

諸佛이 出現於世故로 一切世界海에 廣博嚴淨劫이 轉變하며

모든 부처님이 세상에 출현한 까닭으로 일체 세계의 바다에 넓게
장엄한 세월이 전변하며

疏

八은 如彌勒來也라

여덟 번째는 미륵보살이 오신 것과 같다.

鈔

如彌勒來者는 卽彌勒下生經說호대 佛告舍利弗云호대 四大海水가
以漸減少三千由旬하니 是時에 閻浮提地가 長十千由旬이요 廣八千
由旬이라 平坦如鏡하고 名華軟草는 遍覆其地하고 種種樹木에 華果
茂盛하고 其樹는 悉皆高三十里요 城邑次比하고 雞飛相及하고 人壽
八萬歲요 智慧威德과 色力具足하야 安隱快樂하니라 有一大城하니
名翅頭末底라 長十二由旬이요 廣七由旬이라 其城七寶요 上有樓閣
에 戶牖軒窓이 皆是衆寶요 眞珠網覆요 街廣十二里요 巷陌處處에
皆有明珠之柱하고 處處에 皆有金銀之聚하고 便利不淨은 地裂受之
하고 受已還合하고 亦無衰惱水火力兵과 及諸饑饉毒害之事하고 園

林池沼에 八功德水와 衆華異香이 皆悉盈滿하고 不生草穢하고 一種
七穫호대 味甚香美하야 增色力等이라하니 廣如彼說하니라

미륵보살이 오신 것과 같다고 한 것은 곧 『미륵하생경』에 말하기를
부처님이 사리불에게 일러 말씀하시기를 사대해四大海의 물이 점점
삼천 유순까지 감소하나니,

이때에 염부제의 땅이 길이는 십천 유순이고 넓이는 팔천 유순이다.
평탄하기는 거울과 같고, 이름난 꽃과 부드러운 풀은 두루 그 땅을
덮었고, 가지가지 나무에 꽃과 과실이 무성하고, 그 나무는 다 높이가
삼십 리이고, 성읍은 차례로 절비하고, 닭의 낢462 서로 미치고,
사람의 수명은 팔만 세이고, 지혜와 위덕과 형색과 힘을 구족하여
안은하고 쾌락하다.

여기에 하나의 큰 성이 있으니

이름이 시두말저翅頭末底이다.

길이는 십이 유순이고 넓이는 칠 유순이다.

그 성은 칠보로 되어 있고, 그 성 위에 있는 누각에 창문과 난간의
창문이 다 수많은 보배로 되어 있고, 진주 그물로 덮었고, 시가市街의
넓이는 십이 리十二里이고, 길거리463 곳곳에 다 명주明珠의 기둥이
있고, 곳곳에 다 금과 은의 뭉치가 있고, 대변·소변의 깨끗하지

---

462 닭의 낢(雞飛)이란, 사람이 많이 산다는 뜻이다. 고사古辭에 계명구폐鷄鳴狗吠
　　라는 말이 있다. 즉 닭의 울음소리와 개 짖는 소리가 여기저기서 난다는
　　뜻으로 인가人家가 상접相接하여 많이 산다는 것을 비유한 말이다.
463 陌은 길 맥이다.

못한 것은 땅이 갈라지면서 받고 받아 마침에 도리어 땅이 합하여지고, 또 노쇠함과 뇌로움과 물과 불과 칼과 병사와 그리고 모든 굶주림과 악독함과 해치는 일이 없고, 동산 숲과 연못에 팔공덕수와 수많은 꽃과 기이한 향기가 다 차서 가득하고, 더러운 풀은 나지 않고, 한 번 심어 일곱 번 수확[464]하되 맛이 좋고 향기가 좋아 색력色力을 증익하는 등이라 하였으니,

폭넓게 설한 것은 저 『하생경』에 설한 것과 같다.

---

[464] 한 번 심어 일곱 번 수확한다고 한 것은 여기에서 수확하는 쌀알 한 개는 사바세계에 쌀 한 말만하다 하였다.

經

如來神通變化故로 世界海에 普淸淨劫轉變하니라 如是等이 有
世界海의 微塵數하니라

여래가 신통으로 변화한 까닭으로 세계의 바다에 널리 청정한
세월이 전변합니다.
이와 같은 등이 세계의 바다에 작은 티끌 수만치 많이 있습니다.

疏

九는 以佛神通으로 于何不淨이리요 淨名에 足指案地와 法華에
三變淨土가 卽其類也니라

아홉 번째는 부처님의 신통으로 어찌 청정케 하지 못하겠는가.
『정명경』에 발가락으로 땅을 누른 것과『법화경』에 정토를 세 번
변화한 것이 곧 그 유형이다.

鈔

淨名에 足指按地者는 卽佛國品說호대 隨其心淨하야 則佛土淨이라
한대 爾時舍利弗이 承佛威神하야 作是念言호대 若菩薩心淨하야 則
佛土淨者인댄 我世尊이 本爲菩薩時에 意豈不淨간대 而是佛土가 不
淨若此아하니 佛知其意하시고 卽告之言하시대 我此土淨거늘 而汝不

見이라하시며 爾時世尊이 即以足指按地하시니 即時三千大千世界
가 若干百千衆寶嚴飾이 譬如寶莊嚴佛의 無量功德寶莊嚴土라 一
切大衆이 歎未曾有라하고 而皆自見坐寶蓮華等이 是也니라 法華에
三變淨土者는 即見寶塔品에 大樂說이 請開塔戶한대 佛言하사대 須
集分身이리라 大樂說이 請集分身佛한대 世尊이 放光遠召하사 爲欲
受分身佛故로 一變娑婆하고 二於八方에 各更變二百萬億那由他
國土하사 皆令淸淨케하사대 坐佛不足거늘 第三更變二百萬億那由
他國土하사 皆令淸淨케하시니 故云三變이라하니라

『정명경』에 발가락으로 땅을 눌렀다고 한 것은 곧 불국품[465]에 말하기
를 그 마음이 청정함을 따라 곧 부처님의 국토가 청정하다 한데,
그때에 사리불이 부처님의 위신력을 받아 이와 같은 생각을 하기를
만약 보살이 마음이 청정하여 곧 부처님의 국토가 청정하다고 한다
면 우리 세존이 본래 보살이 되었을 때에 뜻이 어찌 청정하지 못하였
기에 이 부처님의 국토가 청정하지 못한 것이 이와 같은가 하니,
부처님이 그 사리불의 뜻을 아시고 곧 그에게 일러 말씀하시기를
나의 이 국토가 청정하거늘 그대가 보지 못하는구나 하시며, 그때에
세존이 곧 발가락으로 땅을 누르시니 즉시에 삼천대천세계가 약간의
백천 가지 수많은 보배로 장엄하고 꾸민 것이 비유하자면 보장엄
부처님의 무량한 공덕 보배 장엄국토와 같았다. 일체 대중이 미증유
라 찬탄하고 다 스스로 보배 연꽃에 앉음을 보았다 한 등이 이것이다.

---

465 불국품은 『정명경』 제일품이다.

『법화경』에 정토를 세 번 변화한 것이라고 한 것은 곧 견보탑품[466]에 대락열보살이[467] 보탑의 문[468]을 열기를 청한데, 부처님이 말씀하시기를 반드시 분신불을 모을 것이다 하였다.

대락열보살이 분신불 모으기를 청한데, 세존께서 광명을 놓아 멀리로부터 불러 모아 분신불을 받고자 하는 까닭으로 첫 번째 사바세계를 변화하였고

두 번째 팔방에 각각 다시 이백만억 나유타 국토를 변화하여 다 하여금 청정케 하였으나 앉아 있는 부처님이 부족하거늘 제 세 번째 다시 이백만억 나유타 국토를 변화하여 다 하여금 청정케 하였다 하였으니

그런 까닭으로 세 번 변화한 것이다 하였다.

疏

上之十事가 初總餘別이니 不出業故라 又初二는 屬凡이요 次四는 菩薩이요 後三은 屬佛이라 又約佛菩薩인댄 卽染令淨이요 約於凡 夫인댄 卽淨成染이라

위에 열 가지 일이 처음에 한 가지는 총總이요
나머지 아홉 가지는 별別이니

---

466 견보탑품見寶塔品은 『법화경』 제사권第四卷이다.
467 대락열보살 운운은 『법화경』 제사권 견보탑품 36장 이하를 볼 것이다.
468 탑호塔戶는 다보여래多寶如來가 계시는 탑문이다.

업력을 벗어나지 않는 까닭이다.

또 처음에 두 가지는 범부에 속하고,

다음에 네 가지는 보살에 속하고,

뒤에 세 가지는 부처님에 속하는 것이다.

또 부처님과 보살을 잡는다면 더러움에 즉하여 하여금 청정케 하는 것이요

범부를 잡는다면 청정함에 즉하여 더러움을 이루는 것이다.

經

爾時에 普賢菩薩이 欲重宣其義하야 承佛威力하야 觀察十方하
고 而說頌言호대

一切諸國土가　皆隨業力生이니
汝等應觀察하라 轉變相如是니이다

染汚諸衆生이　業惑纏可怖하니
彼心令剎海로　一切成染汚케하니다

若有淸淨心으로 修諸福德行인댄
彼心令剎海로　雜染及淸淨케하니다

信解諸菩薩이　於彼劫中生하야
隨其心所有하야 雜染淸淨者니이다

無量諸衆生이　悉發菩提心에
彼心令剎海의　住劫恒淸淨케하니다

無量億菩薩이　往詣於十方에
莊嚴無有殊나　劫中差別見하니다

一一微塵內에　佛剎如塵數인

菩薩共雲集하니 國土皆淸淨하니다

世尊入涅槃하사 彼土莊嚴滅하니

衆生無法器하고 世界成雜染하니다

若有佛興世인댄 一切悉珍好리니

隨其心淸淨하야 莊嚴皆具足하리다

諸佛神通力으로 示現不思議하시니

是時諸刹海에　一切普淸淨하니다

그때에 보현보살이 거듭 그 뜻을 선설하고자 하여 부처님의 위신력

을 받아 시방을 관찰하고 게송을 설하여 말하기를

일체 모든 국토가

다 업력을 따라 생기하나니

그대 등은 응당히 관찰하세요.

전변하는 모습이 이와 같습니다.

오염된 모든 중생이

업혹에 얽혀 가히 두려워하나니

서 마음이 국토의 바나로 하여금

일체 오염을 이루게 합니다.

만약 어떤 중생이[469] 청정한 마음으로
모든 복덕의 행을 닦는다면
저 마음이 국토의 바다로 하여금
잡염케도 하고 그리고 청정케도 합니다.

신해의 모든 보살이
저 세월(劫)[470] 가운데 태어나
그들의 마음에 있는 바를 따라서
잡염케도 하고 청정케도 합니다.[471]

한량없는 모든 중생이
다 보리심을 일으킴에
저 마음이 국토의 바다에
머무는 세월로 하여금 청정케 합니다.

한량없는 억 보살이

---

469 만약 어떤 중생이 운운한 것은 장행문에서는 광대한 복덕을 닦는 중생이라
하였다.

470 저 세월(劫)이라고 한 것은 성청염겁成淸染劫이다.

471 원문에 잡염청정이라고 한 것은 장행문을 기준한다면 청정잡염이라 할
것이다. 이미 위에 소문에서 밝혔다.

시방에 나아감에
장엄이 다름이 없지만
세월 가운데 차별을 봅니다.

낱낱 작은 티끌 안에
부처님의 국토에 티끌 수와 같은
보살이 함께 구름같이 모이니
국토가 다 청정합니다.

세존이 열반에 들어
저 국토에 장엄이 사라지니
중생은 법기가 없고
세계는 잡염을 이루었습니다.

만약 어떤 부처님이라도 세상에 출흥하시면
일체가 다 진귀하고 좋을 것이니
그들의 마음이 청정함을 따라서
장엄을 다 구족할 것입니다.

모든 부처님이 신통력으로
사의할 수 없음을 시현하시니
이때에 모든 국토의 바다에
일체가 널리 칭징합니다.

經

爾時에 普賢菩薩이 復告大衆言호대 諸佛子야 應知하라 世界海에 有世界海微塵數無差別하니

그때에 보현보살이 다시 대중에게 일러 말하기를 모든 불자여, 응당히 알아야 합니다.
세계의 바다에 세계의 바다 작은 티끌 수만치 많은 차별이 없는 문이 있나니

疏

第十에 無差別者는 謂前九는 辨諸世界호대 約相不同이니 隨業染淨은 由於衆生이 有差別故라 今云無差는 性無二故니 故偈云業性起也라하니라

제십단에 차별이 없는 문이라고 한 것은 말하자면 앞에 아홉 단은 모든 세계를 분별하되 모습이 같지 아니함을 잡은 것이니,
업을 따라 더럽기도 하고 청정하기도 한 것은 중생이 차별이 있음을 인유한 까닭이다.
지금에 말하기를 차별이 없다고 한 것은 자성이 둘이 없는 까닭이니 그런 까닭으로 아래 게송[472]에 말하기를 업의 자성으로 일어난다

---

472 아래 게송이라고 한 것은 영인본 화엄 3책, p.793, 7행이다.

하였다.

鈔

謂前九下는 皆釋標名이라 於中有三하니 一은 約性相相對니 相則有
差요 性則無差라

말하자면 앞에 아홉 단이라고 한 아래는 다 세계해의 이름[473]을
표한 것을 해석한 것이다.
그 가운데 세 가지가 있나니
첫 번째는 자성과 모습을 잡아서 상대한 것이니
모습은 차별이 있고 자성[474]은 차별이 없는 것이다.

疏

又約權說인댄 則種種差別이어니와 今約實說인댄 則一切無差니
如教法中에 或說三乘은 卽是差別이요 說華嚴時는 一切無差라

또 방편을 잡아 설[475]한다면 곧 가지가지 차별이 있거니와 지금에
진실을 잡아 설한다면 곧 일체 차별이 없나니,

---

473 원문에 표명標名이라 한 명名은 앞에 세계해의 이름이니 곧 세계해의 십종사十
種事이다. 영인본 화엄 3책, p.680, 9행에 있다.
474 모습이란, 앞에 구단이다. 자성이란, 여기 제십단이다.
475 설設 자는 설說 자의 잘못이라고 『잡화기』는 말한다.

교법 가운데 혹 삼승을 설한 때는 곧 이 차별이요
화엄을 설한 때는 일체 차별이 없는 것과 같다.

鈔

又約權說下는 約權實相對니 實則無差라

또 방편을 잡아 설[476]한다고 한 아래는 두 번째 방편과 진실을 잡아
상대한 것이니,
진실은 곧 차별이 없는 것이다.

疏

又皆是諸佛之所用故며 ──融攝에 等無異故니 故前九差別은
是此無差之差요 今此無差는 卽是前九의 差之無差也라 故法華
云호대 衆生見燒어니와 淨土不毀라하니 二皆相卽이라 由依此義
하야 說淨土中에 十八圓滿이 ──稱眞하야 皆周遍故니라

또 모두 다 이것은 모든 부처님의 작용하는 바인 까닭이며
낱낱이 융섭함에 평등하여 다름이 없는 까닭이니
그런 까닭으로 앞에 아홉 단의 차별은 이 차별이 없는 차별이요,
지금 여기에 무차별은 곧 이 앞에 아홉 단의 차별이 있는 무차별이다.

---

476 설設은 역시 설說 자의 잘못이라고 『잡화기』는 말한다.

그런 까닭으로『법화경』에 말하기를 중생은 소진[477]함을 보거니와 정토는 훼손되지 않는다 하였으니,

둘이 다 서로 즉卽하는 것이다.

이 뜻을 의지함을 인유하여 정토 가운데 십팔원만[478]이 낱낱이 진여에 칭합하여 다 두루함을 설한 까닭이다.

鈔

又皆是諸佛下는 三에 收差與無差하야 皆歸果用이니 前之二對에 性相權實은 二不相卽이요 今則融卽이라 言無差之差者는 是圓融之行布也요 差之無差者는 是行布之圓融也라 若離圓融인댄 非圓敎法이요 若無差別인댄 無可圓融이니 如攬別成總에 非離別外에 而有此總하니라 故法華下는 但明二不相離라 由依此義下는 顯十八圓滿이 由此而成이라

또 모두 다 이것은 모든 부처님의 작용하는 바라고 한 아래는 세 번째 차별과 더불어 무차별을 거두어 다 과위의 작용에 귀결하는 것이니,

앞의 이대二對에 자성과 모습과 방편과 진실은 둘이 서로 즉하지 않고, 지금은 곧 융섭하여 즉하는 것이다.

---

477 원문에 小燒 자는 소진燒盡의 뜻이니 겁소劫燒, 겁화劫火이다.『불교사전』에 겁화를 볼 것이다.

478 십팔원만十八圓滿은 영인본 화엄 3책, p.690, 6행을 참고하라.

차별이 없는 차별이라고 말한 것은 이것은 원융의 행포行布⁴⁷⁹요
차별이 있는 무차별이라고 한 것은 이것은 행포의 원융이다.
만약 원융을 떠난다면 원교의 법이 아니요
만약 차별이 없다면 가히 원융이 아니니,
마치 별別을 잡아 총總을 이룸에 별別을 떠난 밖에 이 총總이 있지
않는 것과 같다.

그런 까닭으로 『법화경』에 말하였다고 한 아래는 다만 두 가지가
서로 떠나지 아니함을 밝힌 것이다.
이 뜻을 의지함을 인유하였다고 한 아래는 십팔원만이 이 뜻을
인유하여 이루어짐을 나타낸 것이다.

---

479 원융은 무차별이고, 행포行布는 유차별이다.

所謂一一世界海中에 有世界海微塵數世界호대 無差別하며 一
一世界海中에 諸佛出現에 所有威力이 無差別하며 一一世界海
中에 一切道場이 遍十方法界가 無差別하며 一一世界海中에 一
切如來의 道場衆會가 無差別하며 一一世界海中에 一切佛光明
이 遍法界가 無差別하며 一一世界海中에 一切佛變化名號가 無
差別하며 一一世界海中에 一切佛音聲이 普遍世界海의 無邊劫
住가 無差別하며 一一世界海中에 法輪方便이 無差別하며 一一
世界海中에 一切世界海가 普入一塵이 無差別하며 一一世界海
中에 一一微塵의 一切三世에 諸佛世尊의 廣大境界가 皆於中現
이 無差別하니라

말하자면 낱낱 세계의 바다 가운데 세계의 바다에 작은 티끌 수만치
많은 세계가 있으되 차별이 없으며
낱낱 세계의 바다 가운데 모든 부처님이 출현하심에 있는 바 위력
이 차별이 없으며
낱낱 세계의 바다 가운데 일체 도량이 시방법계에 두루한 것이
차별이 없으며
낱낱 세계의 바다 가운데 일체 여래의 도량에 모인 대중이 차별이
없으며
낱낱 세계의 바다 가운데 일체 부처님의 광명이 법계에 두루한
것이 차별이 없으며

낱낱 세계의 바다 가운데 일체 부처님이 변화하신 명호가 차별이 없으며

낱낱 세계의 바다 가운데 일체 부처님의 음성이 널리 세계의 바다에 끝없는 세월토록 두루하여 머무는 것이 차별이 없으며

낱낱 세계의 바다 가운데 법륜의 방편이 차별이 없으며

낱낱 세계의 바다 가운데 일체 세계의 바다가 널리 한 티끌에 들어가는 것이 차별이 없으며

낱낱 세계의 바다 가운데 낱낱 작은 티끌에 일체 삼세의 모든 부처님 세존의 광대한 경계가 다 그 가운데 나타나는 것이 차별이 없는 것입니다.

疏

二는 釋中十事니 一은 海中包數同이니 則盡海之塵에 一塵一刹이 已是含攝之義요 二는 佛示威力同이요 三은 道場同이니 同眞性故요 四는 衆會同이니 常隨衆故요 五는 光明이요 六은 名號요 七은 音聲이요 八은 法輪方便이니 上七은 皆約不動一하고 而普遍無差라 九는 塵含刹海요 十은 塵容佛境이니 此二는 約不壞相하고 而廣容無差라

두 번째는 해석하는 가운데 십사十事가 있나니

첫 번째는 바다 가운데 포함한 수가 같나니

곧 모든 바다의 티끌에 한 티끌 한 국토[480]가 이미 이 함섭의 뜻이요

두 번째는 부처님이 위신력을 보인 것이 같은 것이요

세 번째는 도량이 같나니 진성과 같은 까닭이요

네 번째는 모인 대중이 같나니 상수중常隨衆인 까닭이요

다섯 번째는 광명이요

여섯 번째는 명호요

일곱 번째는 음성이요

여덟 번째는 법륜의 방편이니

이상의 일곱 가지는 다 하나[481]를 움직이지 않고 널리 두루하되 차별이 없음을 잡은 것이다.

아홉 번째는 한 티끌에 국토의 바다를 포함한 것이요

열 번째는 한 티끌에 부처님의 경계를 용납한 것이니,

이 두 가지는 모습을 무너뜨리지 않고 널리 용납하되 차별이 없음을 잡은 것이다.

---

480 한 티끌 한 국토라고 한 것은 이미 한 티끌 한 국토라고 하였다면 곧 이것은 한 티끌의 한 무차(一無差)에 해당하고, 이미 한 티끌이 한 무차에 해당한다고 말하였다면 곧 이것은 한 세계 바다 가운데 스스로 미진수 개箇의 무차가 있는 것이며, 이미 한 세계의 바다에 스스로 미진수 개의 무차가 있다고 말하였다면 결정코 세계 세계가 서로 바라보아 그 무차 수를 논할 수 없는 것이니 곧 이것은 함섭含攝의 뜻을 잡아 말한 것이다. 처음 구절이 이미 그러하거니 하물며 다시 나머지 구절에 미진수 무차가 있는 것이야 말할 것이 있겠는가. 다 『잡화기』의 말이다.

481 하나라고 한 것은 자성(性)이다.

鈔

則盡海之塵者는 以經云호대 一一世界海中에 有世界海微塵數世
界호대 無差別이라하니 謂一箇世界海에 還有世界海微塵數世界인
댄 則義當一塵이 是一世界意라 唯就此一句하야 已顯融攝하야 釋無
差別하니 義善成矣니라 若界界相望하야 論無差者인댄 無差全少어
니와 今十句中에 句句各有世界海塵인댄 則一海之中에 已有十世界
海塵數無差니 故須融攝이라

곧 모든 바다의 티끌이라고 한 것은 경에 말하기를 낱낱 세계의
바다 가운데 세계의 바다 작은 티끌 수만치 많은 세계가 있으되
차별이 없다 하였으니,
말하자면 한 개의 세계 바다에 도리어 세계의 바다 작은 티끌 수만치
많은 세계가 있다면 곧 뜻이 마땅히 한 티끌이 이 한 세계의 뜻[482]이다.
오직 이 한 구절에 나아가 이미 융섭을 나타내어 차별이 없음을
해석하였으니 뜻이 잘 이루어졌다 하겠다.
만약 세계와 세계가 서로 바라보아 차별이 없음을 논한다면[483] 차별

---

482 경竟 자는 의意 자의 잘못이다.
483 만약 세계와 세계가 서로 바라보아 차별이 없음을 논한다 운운한 것은
『잡화기』에 말하기를 『간정기』의 뜻을 배척하는 것이다 하였다. 앞에 영인본
화엄 3책, p.691, 6행에 어떤 사람이 말하기를 일체 세계가 서로서로 바라봄
에 서로 같기에 차별이 없다고 이름한다 운운한 것과 같은 책 p.692, 9행에
어떤 사람이 말하기를 낱낱 국토 바다 가운데 있는 바 모든 국토가 각각
일인一因 등이라고 한 그 어떤 사람(有云)이란 다 『간정기』의 원공을 가리키는

이 없다는 말이 온전히 없어야 할 것이어니와, 지금에는 십구十句 가운데 구절구절마다 각각 세계의 바다에 티끌이 있다면[484] 곧 한 세계의 바다 가운데 이미 십 세계의 바다에 작은 티끌 수만치 많은 세계가 있으되 차별이 없다는 것이니

그런 까닭으로 융섭함을 수구한 것이다.[485]

것이다.

484 십구十句 가운데 구절구절마다 각각 세계의 바다에 티끌이 있다고 한 등은 처음 구절은 문유文有이고, 나머지 구절은 의유義有이다.

485 원문에 故須融攝이라고 한 것은 融攝을 잡아 無差別을 해석하였다는 뜻이다.

經

諸佛子야 世界海無差別을 略說如是어니와 若廣說者인댄 有世
界海微塵數하니라
爾時에 普賢菩薩이 欲重宣其義하야 承佛威力하야 觀察十方하
고 而說頌言호대

一微塵中多刹海가　　處所各別悉嚴淨하야
如是無量入一中이나　一一區分無雜越하니다

一一塵內難思佛이　　隨衆生心普現前하야
一切刹海靡不周나　　如是方便無差別하니다

一一塵中諸樹王에　　種種莊嚴悉垂布하야
十方國土皆同現이나　如是一切無差別하니다

一一塵內微塵衆이　　悉共圍遶人中主한대
出過一切遍世間이나　亦不迫隘相雜亂하니다

一一塵中無量光이　　普遍十方諸國土하야
悉現諸佛菩提行이나　一切刹海無差別하니다

一一塵中無量身이　變化如雲普周遍하야
以佛神通導群品이나　十方國土亦無別하니다

一一塵中說衆法에　其法淸淨如輪轉하니
種種方便自在門의　一切皆演無差別하니다

一塵普演諸佛音하야 充滿法器諸衆生케하야
遍住刹海無央劫이나 如是音聲亦無異하니다

刹海無量妙莊嚴이　於一塵中無不入하니
如是諸佛神通力의　一切皆由業性起하니다

一一塵中三世佛이　隨其所樂悉令見케하나
體性無來亦無去하야 以願力故遍世間하니다

모든 불자여, 세계의 바다에 차별이 없는 것을 간략하게 말한다면
이와 같거니와 만약 폭넓게 설한다면 세계의 바다에 작은 티끌
수만치 많은 차별이 없는 것이 있습니다.

그때에 보현보살이 거듭 그 뜻을 선설하고자 하여 부처님의 위신력
을 받아 시방을 관찰하고 게송을 설하여 말하기를

하나의 작은 티끌 가운데 많은 국토의 바다가
처소마다 각각 다르게 다 장엄하여
이와 같이 한량없는 국토가 하나의 티끌 가운데 들어가지만
낱낱이 구분되어 섞이거나 차서를 넘은 것이 없습니다.

낱낱 티끌 안에 사의할 수 없는 부처님이
중생의 마음을 따라 널리 앞에 나타나
일체 국토의 바다에 두루하지 아니함이 없으시지만
이와 같은 방편은 차별이 없습니다.

낱낱 티끌 가운데 모든 나무왕에
가지가지 장엄이 다 내려 펼쳐져
시방의 국토에 다 같이 나타나지만
이와 같은 일체는 차별이 없습니다.

낱낱 티끌 안에 작은 티끌같이 많은 대중이
다 함께 사람 가운데 주인을 에워쌌는데
그 주인은 일체를 벗어나 세간에 두루하시지만
또한 좁거나 서로 섞여 혼란하지 않습니다.

낱낱 티끌 가운데 한량없는 광명이
널리 시방의 모든 국토에 두루하여
다 모든 부처님의 깨달음에 행을 나타내지만

일체 국토의 바다는 차별이 없습니다.

낱낱 티끌 가운데 한량없는 몸이
변화하여 구름같이 널리 두루하여
부처님의 신통으로써 중생을 인도하지만
시방의 국토는 또한 차별이 없습니다.

낱낱 티끌 가운데 수많은 법을 설함에
그 법이 청정하기가 운전輪轉과 같나니
가지가지 방편의 자재한 법문
그 일체를 다 연설하지만 차별이 없습니다.

한 티끌 안에 널리 모든 부처님의 음성을 연설하여
법기法器인 모든 중생에게 충만케 하여
세계의 바다에 무앙수 세월토록 두루 머물게 하지만
이와 같은 음성은 차이가 없습니다.

국토의 바다에 한량없는 묘한 장엄이
한 티끌 가운데 들어가지 아니함이 없나니
이와 같은 모든 부처님의 신통력
그 일체는 다 업의 자성을 인유하여 일어납니다.

낱낱 티끌 가운데 삼세의 부처님이

그들이 좋아하는 바를 따라 다 하여금 보게 하시지만
그 자체성은 온 적도 없고 또한 간 적도 없이
원력인 까닭으로 세간에 두루하십니다.

疏

頌中十頌이니 如次頌上十義라 但第六은 約身이니 與前名體異
耳라 而前但約平漫無差어니와 今顯塵內에 重疊融攝하야 無差之
義라 若云約共同事者인댄 何以로 不言染同業苦同고 豈世界海
中에 都無此耶아

게송 가운데 열 가지 게송이 있나니
차례와 같이 위에 열 가지 뜻을 읊은 것이다.[486]
다만 제 여섯 번째 게송만 몸(身)을 잡았나니
앞으로 더불어 명名과 체體만 다를 뿐이다.[487]
그러나 앞에서는 다만 평만하여 차별이 없음을 잡았거니와, 지금에
는 한 티끌 안에 중첩으로 융섭하여 차별이 없는 뜻을 나타낸 것이다.
만약 말하기를 함께 같다고 한 사실을 잡는다면[488] 무슨 까닭으로

---

486 차례와 같이 위에 열 가지 뜻을 읊은 것이다 한 것은, 일곱 번째와 여덟
번째는 오히려 앞뒤가 바뀐 것 같으나 많은 것을 좇아 그렇게 차례와 같이
읊었다고 말하는 것이다. 혹은 소본이 다름이 있는가. 『잡화기』의 말이다.
487 앞으로 더불어 명名과 체體만 다르다고 한 것은 앞의 장행문에는 명호名號라
하였고, 여기 게송에서는 무량신無量身이라 하였다.
488 만약 말하기를 함께 같다고 한 사실을 잡는다면이라고 한 것은 곧 십사무차十

더러운 세계가 같고 업과 고품의 세계가 같다고 말하지 않는가.
어찌[489] 세계의 바다 가운데 모두 이것이 없겠는가.

鈔

而前但約下는 卽長行云호대 一一世界海中에 所有佛威力이 無差
別이라하고 今乃皆云호대 一一塵中無量光等이라하니 卽是重疊無
差別也라 若云已下는 結彈古人이니 謂經擧十事는 皆約融攝거니와
若依昔義인댄 何以로 不言一一世界海中에 染刹無差別하며 一一世
界海中에 衆生受苦가 無差別고 以世界海中에 皆有染有苦故니 豈
世界海中에 都無此耶아 今經不言이니 明知하라 約融攝無差別耳니라
無差別은 竟이라

그러나 앞에서는 다만 평만하여 차별이 없음을 잡았다고 한 아래는
곧 장행문에 말하기를 낱낱 세계의 바다 가운데 있는 바 부처님의
위신력이 차별이 없다 하였고, 지금 게송에는 이에 다 말하기를
낱낱 티끌 가운데 한량없는 광명 등이라 하였으니
곧 이것이 중첩으로 융섭하여 차별이 없다는 것이다.

만약 말하기를이라고 한 이하는 맺고 고인[490]을 탄핵한 것이니,

事無差니 앞에 영인본 화엄 3책, p.790, 4행에 십사十事가 같다고 한 것을
말하는 것이다.
489 어찌 운운한 것은 답이다.

말하자면 경에 거론한 십사十事는 다 융섭을 잡았거니와 만약 옛날
사람의 뜻을 의지한다면 무슨 까닭으로 낱낱 세계의 바다 가운데
더러운 국토가 차별이 없으며 낱낱 세계의 바다 가운데 중생이
고통을 받는 것이 차별이 없다 말하지 않는가.
세계의 바다 가운데 다 더러운 세계도 있고 고통의 세계도 있는
까닭이니 어찌 세계의 바다 가운데 모두 이것이 없겠는가.
지금의 경에서 말하지 않았을 뿐이니 분명히 알아라.
융섭하여 차별이 없는 뜻을 잡은 것이다.

세계의 바다에 차별이 없는 것은 마친다.

---

490 고인古人은 『간정기刊定記』의 원공苑公이다. 영인본 화엄 3책, p.791에 말한
것을 참고하여 볼 것이다.

청량 징관(淸涼 澄觀, 738~839)

중국 화엄종의 제4조.

절강성浙江省 월주越州 산음山陰 사람으로, 속성은 하후夏候, 자는 대휴大休, 탑호는 묘각妙覺이다.

11세에 출가하여 계율, 삼론, 화엄, 천태, 선 등을 비롯, 내외전을 두루 수학하였다. 40세(777) 이후 오대산 대화엄사에 머물면서『화엄경』을 여러 차례 강설하였으며, 이를 토대로『대방광불화엄경소』60권,『대방광불화엄경수소연의초』90권을 저술하고 강의하였다. 796년에는 반야삼장의 『40권 화엄경』번역에 참여하였고, 덕종에게 내전에서 화엄의 종지를 펼쳤다. 덕종에게 청량국사淸涼國師, 헌종에게 승통청량국사僧統淸涼國師라는 호를 받는 등 일곱 황제의 국사를 지냈다.

저서로『화엄경주소華嚴經註疏』,『화엄경수소연의초華嚴經隨疏演義鈔』,『화엄경강요華嚴經綱要』,『화엄경략의華嚴經略義』,『법계현경法界玄鏡』,『삼성원융관문三聖圓融觀門』등 400여 권이 있다.

관허 수진貫虛 守眞

1971년 문성 스님을 은사로 출가, 1974년 수계, 해인사 강원과 금산사 화엄학림을 졸업하고, 운성, 운기 등 당대 강백 열 분에게 10년간 참문수학하였다.

1984년부터 수선안거 10년을 성만하고, 1993년부터 7년간 해인사 강원 강주로 학인들을 지도하였다.

대한불교조계종 교육위원, 역경위원, 교재편찬위원, 중앙종회의원, 범어사 율학승가대학원장 및 율주를 역임하였다.

현재 부산 승학산 해인정사에 주석하면서, 대한불교조계종 고시위원장, 단일계단 계단위원·존증아사리, 동명대학교 석좌교수, 동명대학교 세계선센터 선원장 등의 소임을 맡고 있다.

청량국사화엄경소초 21 - 세계성취품

초판 1쇄 인쇄 2022년 5월 17일 | 초판 1쇄 발행 2022년 5월 27일
청량 징관 **찬술** | 관허 수진 **현토역주** | 펴낸이 김시열
펴낸곳 도서출판 운주사

(02832) 서울시 성북구 동소문로 67-1 성심빌딩 3층

전화 (02) 926-8361 | 팩스 0505-115-8361

ISBN 978-89-5746-679-7 94220
ISBN 978-89-5746-592-9 (총서) 값 22,000원

http://cafe.daum.net/unjubooks 〈다음카페: 도서출판 운주사〉